社会政策学会誌第11号

新しい社会政策の構想

20世紀的前提を問う

法律文化社

社会政策学会誌編集委員会

編集委員長　松丸　和夫　　編集副委員長　深澤　敦

　　石田　好江　＊川島　美保　　京谷　栄二
　　椎名　　恒　＊田口　典男　　所　　道彦
＊富田　義典　＊中川　スミ　＊中山　　徹
　　乗杉　澄夫　＊橋元　秀一　　久野　国夫
　　藤本　　剛　＊三山　雅子　　渡辺　　満

付記：本誌の編集は，春季号編集委員会（＊印の委員で構成）が担当した。

はじめに

　本誌は，社会政策学会第106回大会の大会報告を中心に編集したものである。2003年5月17日（土）～18日（日）に一橋大学・国立東キャンパスで開催された大会の参加者総数は400人を超える盛会であった。この大会の会場設営，プログラムの準備と発送，開催日前日からの各種委員会会場のマネジメントなど，実行委員長をお引き受けいただいた藤田伍一会員（一橋大学）をはじめ，一橋大学の会員，学生諸氏およびその他一橋大学関係者にこの場を借りてお礼を申し上げたい。

　さて，本学会春季企画委員会を中心に準備が進められた大会の共通論題は，「新しい社会政策の構想――20世紀的前提を問う」であった。第2日目におこなわれた共通論題報告と総括討論をふまえ，会員外のゲスト1人を含む4人の報告者論文と武川正吾会員の座長報告を本誌に収録することができた。いずれもご多忙の最中にもかかわらず，全員の方に論文を執筆いただいたことに編集委員会を代表してあらためてお礼を申し上げたい。

　さて，「社会政策は一定の目的を実現しようとする営みであり，何らかの価値や規範を前提として初めて成立するが，これまでの社会政策学会の共通論題では，規範的な理論を正面から取り上げることが少なかった」との学会の現状認識および「哲学や倫理学の分野では，抽象的に価値や規範について論じるだけでなく，現実とのつながりを求める動きも出てきている」（共通論題報告要旨「趣旨」より）という学界動向に刺激されて，各報告は全体として20世紀の社会政策のフレームワークを根本から問い直す意欲に満ちたものであった。座長を務めていただいた武川正吾・木本喜美子会員には，大会当日までの数次にわたる報告者打ち合わせ，研究会のコーディネート役，そして大会と大会の間に続く長い縦走路のチームリーダーの労をとっていただいた。「20世紀的前提」を問い返し，編み直す作業は，今回の大会での議論で尽くされたものではなく，今後も継続的な研究課題となるであろう。

大会第1日目におこなわれた11のテーマ別分科会における29本の報告のなかから、本誌に掲載できたのは5報告の論文に過ぎず、もっと多くの報告論文を掲載できなかったことは非常に残念である。ただし、これら5本の論文のうち、3本は中国および韓国の研究者による執筆であり、学会としてのアジアを中心とする国際交流活動の前進の反映とみることができよう。テーマ別分科会での報告内容および質疑応答・討論のようすについては、11分科会すべてから座長報告を執筆していただき本誌に掲載することができた。なお、大会の詳細については、後掲「学会記事」に記載されている第106回大会プログラム（一部訂正の上掲載）をもとにした記録を参照されたい。

　学会誌の国内外への情報発信という観点からみると、本号でも英文サマリを掲載論文すべてに付していることは、この間の学会誌改革の成果であるが、英文論文ページ数の割合を高めるという学会誌の編集方針からみると、本号でも和文論文しか掲載されなかったのは残念な結果であった。

　最後に、本誌のすべての執筆者の皆様をはじめ、厳しさを増す出版情勢にもかかわらず、本書刊行のためにご尽力いただいた法律文化社社長の岡村勉氏および編集担当の田靡純子氏と浜上知子氏に感謝の意を表して、編集委員会としてのご挨拶としたい。

　　2004年3月

　　　　　　　　　　　　　　　　　　　　　　社会政策学会誌編集委員会

目　次

はじめに

Ⅰ　共通論題＝新しい社会政策の構想—20世紀的前提を問う—

1　卓越・正義・租税 ……………………………………… 川本隆史　3
　　——社会政策学の《編み直し》のために——

　　　はじめに——「編み直し」（unthinking）というアプローチ　3
　　　1　卓越——塩野谷祐一の新構想をめぐって　4
　　　2　正義——「ローカルな正義」と「介護の町内化」　7
　　　3　租税——社会的連帯の「下部構造」　10
　　　おわりに——残された課題　14

2　ベーシック・インカム構想と
　　新しい社会政策の可能性 ……………………………… 小沢修司　18

　　　はじめに　18
　　　1　BI 構想とは　18
　　　2　20世紀型「福祉国家」の見直しと BI 構想新展開の意味　21
　　　3　20世紀的前提（「労働」「家族」「環境」）を越えて　25
　　　おわりに　28

3　労働の未来 ……………………………………………… 田中洋子　32
　　——ドイツからの提言——

　　　1　労働の未来論とは何か　32
　　　2　労働の未来論の問題提起　33
　　　3　生業・非生業の制度的流動性の創出
　　　　　——ドイツにおける時間主権政策の展開　38
　　　4　労働の再定義　45
　　　5　おわりに——労働の未来論の展望　46

4　「男性稼ぎ主」型から脱却できるか ………………… 大沢真理　52
　　——社会政策のジェンダー主流化——

　　　1　はじめに　52

iii

2　社会政策システムの「型」　53
　　　3　転換の萌芽から小泉改革へ　58
　　　4　「型」の転換の意味　62

〔座長報告〕
5　「新しい社会政策の構想」に寄せて……………………武川正吾　67
　　——第106回大会の前と後——
　　　1　社会政策学の伝統　67
　　　2　資本制と家父長制　67
　　　3　臨床哲学・応用倫理・公共哲学　69
　　　4　没価値的な政策論と没政策的な価値論と　70
　　　5　KWSからSWSへ？　71
　　　6　構想される新しい社会政策　73
　　　7　問われる20世紀的前提　74
　　　8　21世紀型福祉国家の前提　75

Ⅱ　テーマ別分科会＝報告論文と座長報告

テーマ別分科会1＝中国社会保障——失業保険と医療保険制度改革を中心として
1　中国における基本医療保険制度の形成とその実態……于　洋　81
　　はじめに　81
　　　1　従来の医療保険制度の仕組みとその実態　81
　　　2　改革期における動向とその実態　86
　　　3　基本医療保険制度の形成とその実態　91
　　　4　従来の制度から基本医療保険制度への道　93
　　おわりに　97

テーマ別分科会3＝ジェンダー・ケア労働・セクシュアリティ
2　高齢者介護倫理のパラダイム転換とケア労働，
　　ジェンダー……………………………………………春日キスヨ　100
　　——「痴呆介護実務研修」をフィールドとして——
　　　1　「業務中心ケア」から「心のケア」へ　100
　　　2　あるべきケアワーカー像と指導者の人間観，ジェンダー観　104

3　ユニットケアの労働条件と介護ストレス　112

テーマ別分科会4＝政策分析・政策評価──福祉・保健医療領域を中心に
3　高齢者ケアのウェルフェアミックス：
　　介護・医療システムの再編成 …………………………河野　真　116
         1　はじめに　116
         2　高齢者ケアのウェルフェアミックス　116
         3　高齢者ケアシステム改革の背景　120
         4　公的ケアサービスの抑制　121
         5　介護サービスの民営化・市場化　125
         6　公的セクターの規制力　127
         7　まとめ　129

テーマ別分科会11＝IMF危機後の韓国社会政策1
4　金大中政府の「生産的福祉」……………………………李　惠炅　134
　　──その歴史的意味と残された課題──
         1　はじめに　134
         2　IMF危機と金大中政府の「生産的福祉」　135
         3　金大中政府の社会福祉改革　138
         4　未完の課題と新しい政府の選択　145

テーマ別分科会11＝IMF危機後の韓国社会政策2
5　金大中政府の女性政策 …………………………………鄭　鎭星　149
         1　金大中政府の女性政策を決定した変数　149
         2　金大中政府の女性政策の内容　151
         3　女性労働および女性福祉政策　152
         4　女性暴力，女性の人権および女性の代表性増進政策　155
         5　女性機構および法・制度整備　158
         6　女性運動とジェンダー・ポリティックス　160
         7　むすびにかえて　162

〔座長報告〕
第1分科会　中国の社会保障（Part 2）（埋橋孝文）　167
　　──失業保険と医療保険制度改革を中心として──

第2分科会 〈社会政策〉の範疇概念（小笠原浩一） 172
第3分科会 ジェンダー・ケア労働・セクシュアリティ（室住眞麻子） 176
第4分科会 政策分析・政策評価（平岡公一） 182
　　　　　　──福祉・保健医療領域を中心に──
第5分科会 変容する労働運動（大塚　忠） 186
　　　　　　──イギリス，フランス──
第6分科会 介護保険は地域福祉か（高田一夫） 190
第7分科会 医療政策におけるニュー・パブリック・マネジメントの動向
　　　　　　（三重野卓） 193
第8分科会 社会政策の政治学（宮本太郎） 197
　　　　　　──福祉国家変容と政治対抗──
第9分科会 家内労働・小規模生産の可能性（小野塚知二） 201
　　　　　　──歴史的視点による再評価──
第10分科会 雇用保険制度の行方（大須眞治） 205
　　　　　　──失業時の所得保障のあり方をめぐって──
第11分科会 IMF危機後の韓国社会政策報告（伊藤セツ） 208

III 投稿論文

新自由主義と福祉政策 ……………………………………… 金　成垣 215
　　──韓国の「生産的福祉」からの一考察──
　　　はじめに　215
　　　1　問題の所在と本稿の課題　215
　　　2　新自由主義と福祉国家　217
　　　3　「生産的福祉」と韓国的経験　222
　　　4　「生産的福祉」の可能性　230
　　　おわりに　232

SUMMARY
学　会　記　事
編　集　後　記
『社会政策学会誌』投稿論文募集について

I 【共通論題】新しい社会政策の構想 20世紀的前提を問う

卓越・正義・租税　　　　　　　　　　川本隆史

ベーシック・インカム構想と
　新しい社会政策の可能性　　　　　　小沢修司

労働の未来　　　　　　　　　　　　　田中洋子

「男性稼ぎ主」型から脱却できるか　　大沢真理

座長報告：
「新しい社会政策の構想」に寄せて　　武川正吾

共通論題＝新しい社会政策の構想―20世紀的前提を問う―― 1

卓越・正義・租税
社会政策学の《編み直し》のために

川本隆史 Kawamoto Takashi

　　　　　はじめに――「編み直し」（unthinking）というアプローチ

　社会政策の「20世紀的前提を問う」姿勢を，イマニュエル・ウォーラーステインが社会科学の「19世紀パラダイム」の限界を剔抉するために採った《unthinking＝編み直し》〔Wallerstein 1991〕から学びとりたい。これは「通常科学」でもしばしばなされる rethinking＝再考とどう違うのか。鶴見俊輔によれば，unthink という動詞は「考えを戻す，またその考えを振りほどく」という反復行為を表すもので〔鶴見 1994：2-3〕，セーターをほどいて同じ毛糸で次のセーターを身の丈に合わせて編み直すように，ある思想体系に間違いが見られたからといってこれを捨て去るのでなく，誤りに対する共感をくぐりながら私たちの必要に合わせてその思想を再編成する営みを指す〔鶴見 1997：310〕。

　本報告では，3つのトピックに定位して社会政策学の《編み直し》を試みる。第1に，「分配の正義」や「セーフティー・ネット」の配備にとどまらず，「存在の卓越」および「ポジティブな社会保障」を志向する塩野谷祐一の『経済と倫理』〔塩野谷 2002a〕と，同書が巻き起こした論争。第2に，ジョン・ロールズ流の一元論的・普遍主義的な分配原理と区別される，「ローカルな正義」の実相に迫ろうとするヤン・エルスターの解明作業〔Elster 1992〕および「介護の町内化」（三好春樹）。最後に，ライアム・マーフィーとトマス・ネーゲルの共著『所有権の神話』〔Murphy & Nagel 2002〕を参考に，社会的連帯の「下部構造」ともいうべき「租税」の根拠をさぐってみる。

Ⅰ　共通論題

1　卓越——塩野谷祐一の新構想をめぐって

（1）卓越主義の経済哲学

　『経済と倫理』〔塩野谷 2002a〕は，「理念」の次元における「効率対正義」の哲学的基礎を論究した前著『価値理念の構造』〔塩野谷 1984〕の続編である。ここで著者は，『正義論』以降に登場した諸潮流（自由至上主義や共同体主義，徳の倫理学など）の精査を踏まえて，「自由対卓越」の哲学的基礎を論じ，さらに「資本主義・民主主義・社会保障」の三層構造からなる福祉国家という「制度」に照準して，「理念」と「制度」との整合化を企てている。「制度」や「行為」に加えて，人間の「存在」（ストック）という概念の重要性を強調する塩野谷は，卓越主義の立場からする福祉国家の《編み直し》へと踏み出そうとする。

　　「われわれは，福祉国家の目標は人間存在の「悲惨」を救うことから出発して，それを「卓越」にまで高めることにあると論ずる。「効率」と「正義」はむしろ「卓越」の補助概念として位置づけられるのではないだろうか。……「正義」は「効率」に対する強力な抵抗の立場であるが，権利の配分を指示するにとどまる。自由の条件の下で，達成される経済と人間の質を問い質すことが「卓越」の立場に他ならない。「卓越」は「効率」と「正義」の向けられるべき経済社会の方向を指示する」〔塩野谷 2002a：ⅲ〕。

（2）「ポジティブな社会保障」と「人間味ある社会」

　塩野谷がカバーしようとする問題領域は，善，正，徳といった倫理学の基礎概念の体系的説明に始まり，社会保障改革のヴィジョンにまで及ぶ。ここでは社会政策学に関連する論点に絞ろう。それは，「社会保障を人間の能力の開発に向けて策定する「ポジティブな社会保障」」〔塩野谷 2002a：287〕およびそれが目指す社会像である。

　まずは社会保障の目標および手段の《編み直し》から見るとしよう。

　　「伝統的な社会保障は，「正」の観点に立って，ある種の私的財の配分を通じてえられる「善」を公共的管理の下に置いた。たしかに福祉国家は「善」の再配分にはかかわることができたが，「善」の質の評価と改善には踏み込んでこなかった。質の評価

と改善には，2つの側面がある。第1に，社会保障サービスは，人間の能力の拡大すなわち生の機会の拡大とその成果の達成に向けて積極的に貢献すべきである。社会保障そのものがダイナミックな目標を持たなければならない。……この考え方は，社会保障の機能をセーフティー・ネットからスプリングボードへと変換させるであろう。第2に，提供される社会保障サービスは，この目標に向けて質の変革と向上を図らなければならない。これが，社会保障制度の枠内におけるダイナミックな原動力としての競争メカニズムの役割である。……「ポジティブな社会保障」とは，この2つのこと，すなわち社会保障の目標と手段における動態性を意味するものと解したい」〔塩野谷 2002a：374〕。

福祉国家をセーフティー・ネットからスプリングボードに変換するというアイディアは，イギリス「新生」労働党の政策綱領「第三の道」の基礎となった公共政策研究所・社会正義委員会の報告書に登場する〔塩野谷 2002a：424〕。この「第三の道」（およびそれを領導したアンソニー・ギデンズ）に対して，塩野谷は「社会主義の崩壊後における平等主義的思想の再構築のあり方を示したもの」として評価しつつも，この綱領が「その倫理学的基礎を十分に明らかにしていない」点を衝き，「「第三の道」において効率と正義，経済的動態と社会的連帯とを媒介するものは，共同体を基礎にした卓越である」と主張する〔塩野谷 2002a：372-374〕。その当否を判定するためにも，次に著者が理想とする社会像を吟味せねばなるまい。

「「卓越」した社会こそ，豊かな社会の目指すべき目標である。それは伝統の中で自己を形成し，多様な文化的可能性を許容しつつ，人間の創造的能力が発揮され，知的フロンティアがたえず拡大され，人類の遺産として残るに値する学問・芸術・思想・文化・道徳・教育を生み出すような共同体である。……「卓越」は，このような狭義の「文化」と呼ばれる特定の知的分野における傑出性だけを意味するものではない。あらゆる人間が有徳の存在として能力を十分に発揮し，個性的な生き方を生み出し，全体として高度の人間味ある社会を作り上げることが「卓越」である」〔塩野谷 2002a：381〕。

「エリート的卓越主義とは異なるリベラルな卓越主義」〔塩野谷 2002a：137〕に立とうとする著者の努力にもかかわらず，この社会構想から「エリート主義」を看取するのもあながち無理な読み込みではない〔森村 2002；今田 2003〕。このままではせっかくの「卓越」の理念も宙に浮いてしまう。そこで作家の森

I 共通論題

まゆみの達見を借りて,塩野谷の「卓越」を換骨奪胎するとしよう。バブル経済の崩壊後「本当の生活の豊かさ」を保障するのは「収入の多寡ではなく,町と人間関係が大きな要素で」あることに人びとが気づき始めており,「私は,自分の生活を自分の力で豊かにしてきたかもしれない」と自ら振り返った森は,「生活の豊かさ」を構成する事項をこう列挙していく。

> 「気に入った喫茶店があるということ,気になる木や花のある散歩道をみつけたこと,すし,うなぎ,そば,天ぷら,カレーなど納得のいく店をみつけられたこと,上り込んでお茶ののめる友人の家が町に多くあるということ,町に出れば友達と出会い立話ができること,子供を寝せたあとにサンダルをつっかけて仲間のいる飲屋へいけること,使いやすい図書館と仲のいい本屋があること,ギャラリーやコンサートホールが近いこと,自分でもお祭りに関わり,あるいは四季折々の下町のお祭りを楽しめるということ,行きつけの信頼できる病院があり,医者がいること,子供を預けあえる子育て仲間がいること,病気のとき,世話をしあえる友人が町にいること,お金はなくともこんなことだけで生活は十分,豊かになった。ここでの生活をいま手放そうとは思わない」〔森 1997:254-255〕。

「気に入った喫茶店がある」に始まる12項目は,「～できること」(行為)および「～になれること」(存在)の集合である「生きかたの幅」,つまりアマルティア・センのいう capability の次元に即して活写されている。こうしたアプローチでもって「卓越」の中身を充実させる方向に,私は進みたい。

(3) 批評と応答

本書についてはすでに複数の書評が公表されており〔池上 2002;小林 2002;森村 2002;今田 2003;川本 2003〕,その一部に対する著者のリプライ〔塩野谷 2002b;2003〕も読むことができる。

私が注目したいのは,社会学者の今田高俊と著者との応酬である。今田は,本書を「経済と倫理の復縁をはかり,危機に瀕した福祉国家の再建をめざした」ものと性格づけ,「卓越の倫理を福祉国家の第一原理として,素直に受け入れられるか否か」を問うた。そして「福祉国家を新たに構想するには,正義の倫理に代わるもうひとつの倫理が必要である」と述べて,その候補として「ケアの倫理」に注目する。最後に「著者の卓越主義はケアの倫理と弱者の視

点から再構成されるとき，真に効率や正義を補強する倫理となり，新しい福祉国家像の基礎となるに違いない」と結ぶ〔今田 2003〕。これに対して著者は，「卓越」の観念がエリート主義だとする今田の批難は「単に語感に囚われたイデオロギー的反発をしているにすぎない」と断ずる。さらに，正義の倫理に代わるものは「卓越の倫理ではなくケアの倫理である」との今田の主張に関して，ケアは卓越の観念の一サブカテゴリーに収まるものに他ならず，「〔経済システムを規制し，福祉国家を活性化するなどの〕目的を離れて，ケアか卓越かを争うのは不毛である」と斬り返したのである〔塩野谷 2003〕。フェミニズムの問題提起を受けとめつつ「ケアと正義」を統合する理路をさぐってきた私〔川本 1995：65-79, 202-205〕にとっても，裨益するところの多い論争であった。「配慮」や「世話」という能動的な面と「心配」や「気苦労」という受動的な面を有する「ケア」が，はたして卓越の下位概念に含められるものかどうか。「さまざま思想を学際的・俯瞰的観点から見るとき，知的整合化を必要とする観念が多い」〔塩野谷 2003：34〕ことを認める著者をも巻き込んだ，共同の探究がなおいっそう必要となってくるだろう。

2 正義——「ローカルな正義」と「介護の町内化」

(1)「ローカルな正義」——エルスターの新機軸

私が守備範囲としてきた現代の社会正義論においても，《編み直し》の努力が着実に積み重ねられている。そのひとつに，「分析派マルクス主義」運動をリードしてきたエルスターの『ローカルな正義』〔Elster 1992〕がある。彼は，「社会の基礎構造」に適用される普遍的・一元的な正義原理を探り当てようとしたロールズとは異なり，社会正義の原理が本来的に多元的なものであるとの前提に基づいて，正義に関する「説明的 (explanatory) アプローチ」を採用する〔Elster 1995〕。これは，ある社会のメンバーが「正義にかなう／正義にもとる」の判断をどう下しているかを実証的に明らかにする「記述的アプローチ」（いわば「正義の社会心理学」）と，ロールズのようにあるべき正義の構想を固めようとする「規範的アプローチ」との間にあって，両者の橋渡しをねらうもの

である。さらにエルスターは,「ソフトな正義論」を標榜している。つまり,何らかの仕方で確証された正義の第一原理をトップダウン式に現実のケースに当てはめようとする「ハードな正義論」とは異なり,あくまでも具体的状況のもとでなされる正／不正の直観的判断が理論の経験的制約条件をボトムアップ式に組み立てると想定する〔Elster 1992 : 189-190〕。ここに著者による正義論の方法論的《編み直し》を見てとることができよう。

「ローカルな正義」とは,政府および市場から相対的に独立した意思決定主体である「諸制度」(病院,福祉事務所,学校など)が,関係者に対する現物支給を通じてその実現を図る「正義」を言い,「グローバルな正義」(集権的な政府が主体となって,住民がこうむった不運に金銭的補償をすることで達成される「正義」)と区別される〔Elster 1992 : 4〕。具体的には,希少な医療資源を誰にどう配分するか,人件費節約のために誰を解雇するか,どのような移民を受け入れるか……といった,アクチュアルな懸案と取り組んでいる。その際「ローカル」という形容詞は,三重の意味──①相異なる制度が別々の配分原理を採用していること,②同種の財(たとえば医療サービス)の配分原理が国ごとに異なること,③一国内の同一制度においても地域ごとに配分の差異が見られること──を負わされることになる。

エルスターは,「ローカルな正義」の配分原理がどう選ばれていくかを「説明」するために,原理の選択に関与するアクターの四元モデルを提案する。その第1が,配分される財の総量を決定する主体＝当局(first-order authorities 典型的には「政府」)であり,これは「全体としての効率性」を目標とする。第2のアクターは,決定された財の総量の枠内で「誰に」配分するかを決定する主体(second-order actors もしくは allocative officers),具体的には「公平さとローカルな効率性」を追求する「制度」とそのエキスパート(医師,教職員,公務員など)。第3に,配分に与る受益者で,彼女／彼らはとりあえず「自己利益」を追い求める主体として想定される。第4に,世論というアクター。各種マスコミによって告発された配分の不公平や非効率に敏感に反応し,「ローカルな正義」の実現に間接的に寄与する主体のことである。

（2）老人の「生活ケア」と「介護の町内化」──三好春樹の実践

　ただしこうした四元モデルは，あくまでアメリカの社会的現実から構成されたものにほかならない。その問題設定からして「ローカルな正義」という《編み直し》は，個々の具体的な制度をにらみつつ遂行される必要がある。そこで，現代日本の「公的介護保険」を例にとって，「ローカルな正義」がどれほど実現／阻害されているかを調べてみよう。

　「介護の達人」を自称する理学療法士（PT）三好春樹は，「どの専門性によっても私物化されることのない〈生活〉の側から，「医療」や「保健」や「リハビリテーション」という枠組みを創り変えていくこと」〔三好 1986：まえがき〕を目論んで，老人の「生活ケア」，「生活リハビリ」を自ら実践・提唱してきた。その三好によれば，現行の介護保険制度には3つ問題点がある。すなわち，①ケアを知らないケアマネージャー（介護支援専門員）を大量に生み出す，②介護の質を一切問わないで，量に還元されたケアプランが作成される，③高齢者の生活障害・関係障害の治癒に向かわず，ボケと寝たきりに対する「後始末としてのケア」が主流になる〔三好 1999：113-118〕。彼に言わせれば，もっぱら医療スタッフの都合で狭くて高いベッドに老人を寝かせるような介護のあり方こそ，「その有する能力に応じ自立した日常生活を営むことができるよう」と明記している介護保険法第一条違反に相当する。

　「介護の社会化」が「介護の企業化とマニュアル化」に成り果てることを恐れる三好は，「介護力の社会化」には賛成しながらも，「介護関係の社会化」には反対する。なぜなら介護の本質は人間が互いに求め合う関係としての「エロス的関係」にあるのに，それをいきなり「社会化」することは無理があるからである。「社会化した介護力の提供によって，親子のエロス的関係が維持，回復していくとするなら，そのとき介護保険が意味あるものとなるだろう」〔三好 2001：27〕。ついで三好は，「「介護の社会化」という抽象的な広い言い方ではなくて，「介護の町内化」が必要だ」と示唆する。

　「「あそこのおばあさんがね」「ああ，あそこの家の，あの息子さんはどこどこに勤めていて」というような人たちが，ではどうしてあげればいいのっていうことでやるのがケアプラン。〔原文改行〕顔も見たことない，ましてや広域連合をつくって，机の

Ⅰ 共通論題

上だけで書類だけ見ている人がケアプランを立てて運命を決めるというのではなくてですね，「ああ，あそこの人ね」と，誰か知っているというのが，「ではどうしようか」という，そういう小規模で顔が見える，顔が見える社会主義というのがありましたけど，「顔が見える介護保険」みたいなことはできないだろうかというふうに思っているんですよ」〔佐藤 2000：185-186〕。

　介護保険の「ローカルな正義」を「介護の町内化」の路線でとことん追いかけてみる。まずこの作業が「正義」の《編み直し》につながるだろう。

3　租税——社会的連帯の「下部構造」

（１）「租税の根拠」をめぐって

　最後のトピックに移る。社会的連帯の「下部構造」であり，塩野谷の言う「ポジティブな社会保障」の財源でもある「租税」を取り上げよう。数年前より高等学校公民科「現代社会」の教科書執筆に関与してきた私であるが，「高等学校学習指導要領」の第7次改訂（1999年3月告示）に準拠した改訂版では「豊かな生活と社会福祉」という章を担当した〔川本 2002〕。苦心の挙句，その第三単元（「福祉のための費用はだれがどう負担するのか」）は，税金という制度の身近さと捉えにくさから書き起こし，「税金とは何か」の説明に進み，租税法学や財政学でいう「租税の根拠」論（代表的なものに「利益説」，「義務説」，「保険説」がある）に説き及んでから，次のように結んでみた。

> 「もちろんわたしたち一人一人が善意に満ちあふれていて，苦しい生活を強いられている人々を直接扶助できるのであれば，納税を義務として課さなくとも社会福祉は成り立つかもしれない。しかし，わたしたちの善意にも限りはあるし，わたしたちの目の届かないところで苦しんでいる人は援助の対象からはずれてしまう。そうした現実と政府や税金についての理論とを照らし合わせるならば，豊かな生活を分かち合うための費用として税金を強制的に集めることがどれほど妥当かを納得できよう」〔河合 2002：13〕。

「租税の根拠」をこのように解きほぐしたとき，ヒントになったのが財政学者，宮島洋の明快な文章だった。

> 「税や社会保険料を払う義務は，国民が自らに課した義務であって，政府がむりやり

押しつけたものではありません。……強制, 義務自体が不人気の原因であることは認めますが, それは政府の役割・仕事の性質から, そして〔全員が等しく正直で勤勉で合理的で, 正義感と責任感と慈悲心に富んでいるわけではないという〕人々の現実の姿から決定された費用負担の方式なのです」〔宮島 1992：25〕。

（2）現代正義論における「租税」論の展開

では翻って, ロールズ以降の現代正義論において「租税」はどう扱われてきたのか。残念ながら, その実情はきわめてお寒い状態にある。再分配の原理や根拠を考察しながらも, 大半の論者は租税政策をめぐるホットな論争との接触を避けようとしてきた〔Murphy & Nagel 2002：4〕。とはいえ「租税の根拠」やその制度の基本デザインについての言及がまったくないわけではない。

まずロールズから見ておく。論文「分配の正義」(1967) において彼は, ニコラス・カルドア〔Kaldor 1955〕を引きながら, 累進所得税よりも定率の支出税 (proportional expenditure tax) のほうが正義にかなうと主張する。ただし「現行のシステムが不正義であることを仮定するなら, 急勾配の累進所得税すら, 概して正義と効率を高めないということになるわけではない。実際には, われわれは通常もろもろの正義に反する制度編成の中から選択しなければならないのであって, 従って問題は不正義のより少ないものを見出すことなのである」〔Rawls 1999a：143-144／訳142-143〕) と慎重に付言するのを忘れていない。『正義論』(1971) になると, この定率支出税と累進相続税とがセットで論じられる〔Rawls 1999b：245-246〕。こうした税制プランは, 経済学者ジェームズ・E・ミードが首唱した「財産所有のデモクラシー」の政体を下支えするものとして, 一貫して保持されたのである〔Rawls 2001：160-161〕。

続いて自由至上主義者のロバート・ノージックは, 「最小国家」の正当化と強制的な再分配政策への攻撃を繰り広げたが, その理論的ベースには「租税の根拠」に関する素朴な「利益説」および自己所有権がおかれている〔Nozick 1974〕。さらにロナルド・ドゥウォーキンは, 一種の「保険説」を拠りどころに, 仮想的保険市場での保険料をモデルとする累進所得税と急勾配の累進相続税からなる平等主義的な税制を素描している〔Dworkin 2000：347-349／訳

I　共通論題

460-463〕。以上のような蓄積を足場にして，正義論と税金論争とのギャップを埋めようとしたのが，マーフィとネーゲルの共著〔Murphy & Nagel 2002〕である。

　本書の紹介に移る前に，著者の一人であるネーゲルが「没人格的な帰結主義」（impersonal consequentialism）から租税の正当性を導き出そうとした箇所を読んでおきたい。

　　「適正な限界内では，政府が携わっている〔課税や徴兵などの〕制度実践は，それらが何と呼ばれようとも，容認しうる。もし年収2000ドルの人が年収10万ドルの人に銃を突きつけて，財布を差し出させたとしたら，それは強盗である。もし連邦政府が年収10万ドルを稼いでいる人の給料の一部を天引きし，その一部を年収2000ドルの人に生活保護手当，食料切符，無料のヘルスケアというかたちで与えるとすれば，それは課税である。……第二のケースでは，強制的手段は合法的で妥当（legitimate）である。なぜなら，そうした手段が，特定の結果を推進する目的で設立された制度によって，没人格的に賦課されているからである。……平等を尊重する福祉国家における課税が達成する諸結果は，個人資産に対する収用の権利によっても，慈善の義務によっても生み出されはしないだろう。それゆえ課税は，公的道徳が私的道徳からではなく没人格的な帰結主義的考量から導き出されるという事例を提供してくれる」〔Nagel 1978：88／訳139-140〕。

　『所有権の神話』のポイントは，以下のようにまとめることができる。「われわれが所得を稼ぎ，政府はその一部をわれわれから取り立てる」という粗野だが人を惹きつけるファンタジー（日常のリバタリアニズム）が所有権に関する通俗的神話を産み，これが租税への敵意を蔓延させてきた。しかし「課税前所得はそれ自体で正義にかなっている」という考えは根拠のない推定に過ぎず，「課税前所得」は道徳の観点からは無意味である。したがって「租税の公正（tax fairness）よりもむしろ社会の公正（societal fairness）こそが租税政策を導く価値であるべきで，所有権は因習・規約に基づくもの（conventional）にすぎない（つまり，所有権の大半は社会正義の基準でもって評価されねばならない租税政策の所産にほかならず，したがってどの租税が正義にかなうかを決めるのに所有権を用いることはできない）──これが本書を貫く主要なメッセージである」〔Murphy & Nagel 2002：173〕。

　本書は次のような希望的観測で結ばれている。

「20世紀における生産手段の公有の試みが決定的な失敗に終わったにもかかわらず，多くの人びとが次第に以下の信念を抱くようになるだろう。すなわち，資本主義のもとにあってさえ，経済を組織化し，その産物を公的支配と私的支配とに振り分けることが，持続的な集団的選択の妥当な目標であり，しかもこの選択は経済面からのみでなく道徳面からそれを正当化する根拠に基づいてなされねばならない，という信念である。……もちろんそうした選択を決定する価値観に関しては，つねに意見対立が生じる余地がある。だが少なくともそうした〔人びとの信念の収斂に関する〕見通しさえあれば，租税政策に正義の諸基準を応用するための部署ははっきり画定できるし，正義の諸基準をめぐる対立を哲学の立場から追究するという任務も生じるものである」〔Murphy & Nagel 2002：190〕。

「社会の公正」という視座に立って，租税の実証理論と規範理論との連携を図り，ナイーブな反税感情と対峙しながら，租税の《編み直し》を企てたマーフィーとネーゲルの志，これを私は高く買いたい。

(3)「累進消費税」構想とのつき合わせ

　もちろんロールズからマーフィーとネーゲルにいたる展開を，日本の租税制度の《編み直し》に直接当てはめることはできない。ここではその媒介項として，まずロールズに共鳴する経済学者，橘木俊詔による「累進消費税」の提唱を用いるとする。「多額の消費（あるいは高価な物品）に高い税率を，少額の消費（あるいは低価格の物品や食料品）に低い税率をかける……「累進」によって公平性を期待し，「消費税」によって効率性を期待する」〔橘木 1998：190〕という長期的な改革案を，机上の空論としりぞけるのでなく，その規範的含意を真剣に受けとめたい〔川本 1999〕。

　次に塩野谷祐一の『経済と倫理』を再び引き合いにだす。「現実に見られる保険料と租税との区別は道徳原理から見て適切でなく，とりわけ租税についての一般的観念の再評価が必要である」〔塩野谷 2002a：363〕と訴える彼が，保険と租税を原理的に区別する通説を批判し，「保険方式と租税方式とを一体のものとして理解する道徳原理，およびそれに基礎を置く民主主義的政治意識が，社会保障制度の財政的基礎の再建にとっても不可欠である」〔塩野谷 2002a：369〕と結論するのは私にも理解できる。だがせっかく「理念」と「制度」の整合化

I 共通論題

を論じようとするのなら，もう少し具体的な税制改革論に立ち入った指針が欲しい。現実の「税制改革」論議を見聞きするにつけ，著者の正論とは無縁の，さまざまな思惑が入り乱れているだけのように思われてならないからである。たとえば経済財政諮問会議が従来の「公平・中立・簡素」という税の三原則を「公正・活力・簡素」へと切り替えようとしたところ，政府税調から猛反発が沸き上がったそうだ〔日本経済新聞 2002：85〕。ところが2つの集団の利害対立は報道されても，公正や活力といった理念はほとんど問われることがないし，ましてそれらが「租税」の《編み直し》にどれほど資するのかも不明のままとどまっている。道徳原理に依拠した塩野谷の税制改革論を期待するとともに，本学会でも改革の指針をめぐって活発な議論が起こることを強く要望する。

おわりに——残された課題

ルートヴィヒ・ウィトゲンシュタインの『哲学探究』(1953) に，「哲学上の問題が解決されるのは，新しい経験をもち出すことによってではなく，とうに知られている事柄をまとめ上げること (Zusammenstellung) によってである」(109節)，「哲学者の仕事は，一定の目的に向かって諸々の記憶を寄せ集めること (Zusammentragen) である」(127節) といった意味深長な断章が並んでいる。ウォーラーステイン流の《unthinking》に通じる洞察のように私には読める。そこで伝統ある本学会の「記憶」をたぐっていくと，第9回大会（1915年10月23-24日）の討議題目「社会政策より観たる税制問題」にぶつかった。そこでは第一次世界大戦下の不況と租税負担の改善策が真剣に討議され，消費税導入の是非も検討されている〔社会政策学会 1916〕。たんなる古証文としてではなく，私たちの社会政策学の《編み直し》の素材として，2つの発言を引くとしよう。

「経済政策は吾人の幸福を求めんとするならば生産の改善よりも分配の改善に向つて努力せざるべからず，極端に云へば生産の如きは問ふ所にあらず分配状態さへ改善すれば可なり。」（高田保馬「文明か幸福か」〔社会政策学会 1916：29〕）。
「無制限の財産私有は倫理の要求を阻害するが故に之を強制するの必要あり。之をな

すものは即文明生活なり，此調制をなすものは法律及各種の社会政策的制度なり。之によって倫理の要求と経済生活の要求は調和せられ適当なる経済組織を見ることを得べし」（三邊金蔵「倫理の要求と経済の組織」〔社会政策学会 1916：36〕）。

私にとっての今後の課題を列挙して，結ぶ。まず「卓越」については，「リベラルな卓越主義」の射程を「教育」という問題領域において測定したい。次に「正義」に関しては，「ケアの分配の正義」の後ろ盾となる制度のあり方を突き詰めるとともに，「正義」と「幸福」が合致するのかというプラトン以来の難題にも立ち向かいたい〔川本 2001〕。

社会政策学との関連が深い「租税」については，3つある。まず第1に，「租税の根拠」の《編み直し》。これについては，ロールズの「自然的義務」（相互尊重・相互扶助の義務）〔Rawls 1999b：98-101, 293-301〕や最首悟の「内発的義務」〔川本 2000〕を手がかりにしながら，社会有機体説に回収されない「義務説」の復興という方向を模索したい。第2に，すれ違い気味ではあっても，ロールズの正義論を財政学・租税論に最も接近させた「ロールズ vs マスグレイブ論争」（1974年，〔Musgrave 1974 ; Rawls 1999a：232-253〕）の読み直し。最後に，源泉徴収制度の導入（1940年）や「皇国租税理念調査会」の設置（1944年，〔吉牟田 2002〕参照）といった新旧両面を有する総力戦体制下の税制とシャウプ勧告（1949年）を受けた戦後税制との連続性／非連続性をしっかり見極める作業。これらが「近代租税国家の欺瞞」〔関 2002〕を暴く大仕事へと発展するかどうかはともかく，「租税」の《編み直し》は私1人で完遂できることではない。

【参考文献】

池上惇 2002「卓越した個人を生む公正な社会の理念──塩野谷祐一著『経済と倫理──福祉国家の哲学』」『経済セミナー』第572号，日本評論社

今田高俊 2003「福祉国家の再建──塩野谷祐一『経済と倫理──福祉国家の哲学』に寄せて」『UP』第363号，東京大学出版会

河合秀和監修 2002『現代社会：地球市民として生きる』教育出版（文部科学省検定済み）

川本隆史 1995『現代倫理学の冒険──社会理論のネットワーキングへ』創文社

I　共通論題

川本隆史　1999「社会保障と世代間連帯――制度と倫理のつなぎ目」『世界』3月号，岩波書店

川本隆史　2000「自己決定権と内発的義務――〈生命圏の政治学〉の手前で」『思想』2月号，岩波書店

川本隆史　2001「均衡・義務・介護――現代正義論の方法と課題」『哲学』第52号，日本哲学会

川本隆史　2002「公民科教育という試練の場――〈教育における臨床の知〉に寄せて」『教育学研究』第69巻第4号，日本教育学会

川本隆史　2003「書評：塩野谷祐一著『経済と倫理』」『季刊社会保障研究』第38巻第4号，国立社会保障・人口問題研究所

小林正弥　2002「書評：塩野谷祐一著『経済と倫理――福祉国家の哲学』（公共哲学叢書1）」『季刊家計経済研究』第56号，家計経済研究所

佐藤義夫　2000『顔が見える介護保険――NPOの介護事業戦略』光芒社

塩野谷祐一　1984『価値理念の構造――効用対権利』東洋経済新報社

塩野谷祐一　2002a『経済と倫理――福祉国家の哲学』東京大学出版会

塩野谷祐一　2002b「小林正弥氏の書評に答える」『季刊家計経済研究』第56号，家計経済研究所

塩野谷祐一　2003「「福祉国家の再建」について――今田高俊氏の書評に答える」『UP』第364号，東京大学出版会

社会政策学会編纂　1916『社会政策より見たる税制問題：社会政策学会論叢第9冊』同文館（復刻版1977年，御茶の水書房）

関曠野　2002「近代租税国家の欺瞞」『現代思想』第30巻第15号，青土社

橘木俊詔　1998『日本の経済格差――所得と資産から考える』岩波新書

鶴見俊輔　1994「Unthinkをめぐって――日米比較精神史」京都精華大学出版会編『リベラリズムの苦悶――イマニュエル・ウォーラーステインが語る混沌の未来』阿吽社

鶴見俊輔　1997『期待と回想』上巻，晶文社

日本経済新聞社編　2002『税をただす――なにが活力を奪っているのか』日本経済新聞社

宮島洋　1992『税のしくみ――政治・経済を理解するために』岩波ジュニア新書

三好春樹　1986『老人の生活ケア――〈生活障害〉への新しい看護の視点』医学書院

三好春樹　2001『ブリコラージュとしての介護』雲母書房

三好春樹編　1999『介護保険がやってきた――ケア現場の見方と使い方』雲母書房

森まゆみ　1997『抱きしめる，東京――町とわたし』講談社文庫（初版1993年）

森村進　2002「書評：塩野谷祐一『経済と倫理――福祉国家の哲学』」『一橋法学』第

1巻第3号

吉牟田勲 2002「皇国租税理念調査会小史」『東京経営短期大学紀要』第10巻

Dworkin, R., 2000. *Sovereign Virtue : The Theory and Practice of Equality*, Harvard University Press.〔ドゥウォーキン『平等とは何か』小林公ほか訳，木鐸社，2002年〕

Elster, J., 1992. *Local Justice : How Institutions Allocate Scarce Goods and Necessary Burdens*, Russel Sage Foundation.

Elster, J., 1995. "The Empirical Study of Justice", in David Miller and Michael Walzer (eds.), *Pluralism, Justice, and Equality*, Oxford University Press.

Kaldor, N., 1955. *An Expenditure Tax*, George Allen & Unwin.〔カルドア『総合消費税』時子山常三郎監訳，東洋経済新報社，1963年〕

Murphy, L. and T. Nagel, 2002. *The Myth of Ownership : Taxes and Justice*, Oxford University Press.

Musgrave, R. A., 1974. "Maximin, Uncertainty, and the Leisure Trade-Off", *The Quarterly Journal of Economics*, Vol. 88, No. 4. pp. 625-632.

Nagel, T., 1978. 'Ruthlessness in Public Life', reprinted in *Mortal Questions*, 1979.〔ネーゲル『コウモリであるとはどのようなことか』永井均訳，勁草書房，1989年，所収〕

Nozick, R., 1974. *Anarchy, State, and Utopia*, Basic Books.〔ノージック『アナーキー・国家・ユートピア』上・下，嶋津格訳，木鐸社，1985／1989年〕

Rawls, J., 1999a. *Collected Papers*, Samuel Freeman (ed.), Harvard University Press.〔部分訳：ロールズ『公正としての正義』田中成明編訳，木鐸社，1979年；部分訳（準備中）名古屋大学出版会〕

Rawls, J., 1999b. *A Theory of Justice*, revised edition, Harvard University Press.〔改訳中，紀伊國屋書店〕

Rawls, J., 2001. *Justice as Fairness : Restatement*, Harvard University Press.

Wallerstein, I., 1991. *Unthinking Social Science : The Limits of Nineteenth-Century Paradigms*, Polity Press.〔ウォーラーステイン『脱＝社会科学──19世紀パラダイムの限界』本田健吉・高橋章監訳，藤原書店，1993年〕

Wittgenstein, L., 1953. *Philosophische Untersuchungen*, Basil Blackwell.〔ウィトゲンシュタイン『全集8：哲学探究』藤本隆志訳，大修館書店，1976年〕

共通論題＝新しい社会政策の構想—20世紀的前提を問う—— 2

ベーシック・インカム構想と
新しい社会政策の可能性

小沢修司 Ozawa Shuji

はじめに

　ベーシック・インカム（以下，BI と記す）構想とは，就労の有無，結婚の有無を問わず，すべての個人（男女や大人子どもを問わず）に対して，ベーシック・ニーズを充足するに足る所得を無条件で支給しようという最低限所得保障の構想である。だが，現行の社会保障制度や所得保障のあり方に馴染んだ頭には即座に理解しにくいのが現実であろう。自前での生活ができなくなってはじめて社会の手による所得保障が行われるのが現在の姿であるので，金持ちであろうが失業や低所得にあえぐ者であろうが，誰かれ構わずにあらかじめ支給される BI という考え方にはおそらくとまどいを隠せないであろう。

　その BI 構想が，21世紀を迎えた今日，貧困に抗し人間発達と自由の拡大を展望する新しい社会政策として大きな注目を浴びてきている。それは何故なのか。その背景を探っていくと，社会政策がいわば20世紀的前提として有してきた「家族」「労働」「環境」をめぐる社会経済状況が大きく変化してきていることへの応答として BI 論が新展開を見せていることが浮かび上がってくる[1]。

1　BI 構想とは

（1）BI は，税制度と社会保障制度を統合する最低限所得保障の構想

　社会保障給付（租税ならびに社会保険による）にはいわゆる現物給付と現金給付があるが，BI というのはそうした社会保障給付のうちの現金給付部分（「保

険」「扶助」「手当」）に取って代わるもので，無拠出かつミーンズテストなしに支給されるという点では「社会手当」の一種と考えてよい。BIの財源は勤労所得への比例課税に求められる。ただし，BI支給によって個々人の生活に必要な所得が保障されるために，個人所得課税における各種所得控除は不要になり，また，現金給付相当の社会保険への拠出も不要になる。社会保障給付と所得控除との関係でいえば，たとえば児童手当を支給する代わりに扶養控除を廃止しようというのと同じであって，社会保障制度と税制とに分かれて実施されてきた福祉的給付を統合化，一元化する構想でもある。

BIとの呼び名に不慣れであっても，負の所得税，タックスクレジット，社会配当などの名を聞かれた方は多いであろう。最近では，参加所得の名も登場している。いずれも，BIの修正バージョンと整理しうるものである。かつては，デモグラント Demogrant や保証所得 Guaranteed Income と呼ばれたこともあった。1978-79年以降，イギリスで導入されている児童給付 Child Benefit は BI の子どもバージョンである。また，イギリスを中心に市民所得 Citizen's Income と呼ぶ場合もあるが，それは BI が80年代以降本格的に議論されるようになる契機となったイギリスの研究運動団体ベーシック・インカム・リサーチ・グループ（BIRG）が，1992年に BI をシチズン・インカムへと名称変更を行い，併せて組織名もシチズン・インカム・リサーチ・グループ（CIRG）と変更したことが影響してのものであって，内容的にはシチズン・インカムは BI とまったく同じである。

ともかく，いっさいの理由や条件を問わずに全員に BI を支給しようというのであるから，至極単純明快な構想である。BI論の精力的な主唱者の1人であるヴァン・パライスは，BIを「21世紀のシンプルかつパワフルな構想」と評している。

なお，ベーシック・ニーズを充足するに足る額を支給すると記したが，かかるニーズを充足する程度に応じて，完全なBI，部分的なBI，過渡的なBIと3段階の提案がなされており，完全なBIだと所得税率はかなりの高率となるが[2]，完全なBI導入に至らずとも部分的なBIないしは過渡的なBIだと現行の社会保険制度などとの併存も構想されていて，社会の受容の程度に応じて

I 共通論題

BI の発展段階が選択されよう[3]。

（２）BI 論の系譜と展開

さて，このような BI であるが，BI 構想の系譜を辿れば，古くは資本主義社会成立の時期にまで遡ることができるとされており，18世紀末のT. スペンスや T. ペインの所論に BI 構想の端緒を見たり，1795年のスピーナムランド制は BI 構想を実行に移した最初の制度と見なされたりしている。また，両大戦間期になると，D. ミルナーの国家ボーナス構想，C. H. ダグラスの社会クレジット提案が行われ，J. ミードに至っては社会配当論を1930年代から晩年に至るまで展開している。

そして，戦後を迎えようとするとき，イギリスでは，ベヴァリッジ報告への対案として，ジュリエット・リーズ・ウィリアムズが新社会契約 New Social Contract 構想を提案し（1942年)，今日の BI 構想に直接つながるもととなっていく。その後，1960年代になると，彼女の息子であった下院議員のブランドン・リーズ・ウィリアムズがイギリス政界で取り上げる一方で，彼女と親交のあった M. フリードマンが負の所得税構想として提案したことはよく知られているとおりである（Friedman [1962]）。

1960年代から1970年代にかけては，アメリカにおいては負の所得税，イギリスにおいてはタックス・クレジットとしての提案[4]をめぐって広範な議論が展開されていくが，両提案は日本においても研究者ならびに行政関係者の間で大きな関心を呼ぶこととなる（小山 [1968]，負の所得税研究会 [1973]，星野 [1973]，小沼 [1974] など)。それは，イギリスにおいてはヒース政権下で政策提案され，アメリカにおいては「貧困との戦争」を掲げたジョンソン大統領が1966年の経済報告で言及したことを始めとして，1972年の大統領選挙ではマクガバン候補によって選挙公約に掲げられるなど，具体的かつ真剣な政策論議の対象となった。

このように，名称は違っていても古くから論議されてきた最低限所得保障構想なのであるが，1980年代になると BI の呼び名のもと新たな展開を見せることとなった。ブランドン・リーズ・ウィリアムズについていた H. パーカーが

中心となって1984年にイギリスで BIRG を組織して以降，本格的な検討が開始された。そして，1986年になると BI についての初めての国際会議が開かれ，ベーシック・インカム・ヨーロピアン・ネットワーク（BIEN）が旗揚げされることになる。その後，今日に至るまで2年ごとに開催される BIEN 主催の国際会議は9回に及び，2004年9月にはバルセロナ（スペイン）で第10回目の開催が予定されるなど，ヨーロッパを中心にして研究者や政府関係者などの広範な関心を呼ぶものとなっている。なお，2002年にはアメリカでも BI 導入を議論する研究グループが立ち上げられたり，南アフリカでは BI グラントの導入をめぐって熱い議論が展開されるなど[5]，2002年9月にジュネーブで開催された第9回 BIEN 国際会議では BI 運動の国際的広がりが関心の的となり，新しく選出された BIEN 理事には初めてヨーロッパ以外からのメンバー（南アフリカ）が加わることとなった[6]。

2　20世紀型「福祉国家」の見直しと BI 構想新展開の意味

（1）「貧困の再発見」と社会保障制度の改革課題

　以上のように，無拠出でミーンズテストを排した最低限所得保障構想としては，決して目新しいものとはいえない BI 論であるが，関心の寄せられ方は時代状況に応じて変化が見られる。

　1960年代から70年代にかけてアメリカならびにイギリスで負の所得税やタックス・クレジット構想をめぐって論議された際には，「貧困の再発見」すなわち「働く貧困者 working poor」問題を福祉制度改革でどのように対処するかが焦点となり（星野［1973］），主要には，福祉受給（ミーンズテストをともなう）によるスティグマの除去や「貧困と失業の罠」からの脱却，そして，かつてティトマスが論じた国家福祉（社会保障制度）と財政福祉（税制における所得控除），さらには企業福祉と3つに分割され重複していた福祉給付制度を簡素化し効率化するという税制＝社会保障制度の統合問題に関心が寄せられた。

　そうした英米の問題状況を受けて，わが国においても関連した議論が行われたが，ここでは，税制＝社会保障制度の統合問題のうち児童扶養控除制度と児

Ⅰ　共通論題

童手当制度の一元化について，都村［1977］が福祉政策の"Harmonization"問題として取り上げて検討しているので簡単に見ておこう。都村は，児童および学生に対する税制上の措置をあらため児童手当に統合することによって，児童手当の改善がどの程度見込めるかを試算している。それによると，児童および学生に対する扶養控除を廃止することによる増収（約1兆4100億円）を当時の支給対象児童（当時の制度としては，所得制限あり，義務教育終了前までの第3子から月額5000円。対象児童数は1975年で282万3千人）に回すと月額54,900円にまで増額することが可能であり，所得制限なしに18歳未満の児童すべて（対象児童数は3220万1千人）に支給するとしても月額4000円が可能となることが示されている。さらに，企業から支給されている扶養（家族）手当と児童手当を統合する（前者を廃止し，児童手当の事業主負担分として拠出に繰り入れる）ことでいっそうの給付改善が可能となることも示唆されていた（都村［1977］，51頁，53頁）。その後，都村［1979］は障害者控除，老年者控除，寡婦控除，親族障害者控除，老人扶養控除，医療費控除などについても所得控除方式を税額控除ならびに負の所得税による給付方式に変更することによって，所得の低い者への給付改善効果が大きく公平なシステムが実現すると推計結果にもとづいて論じてみせた[7]。

　このように，BI論そのものとしてではないものの，負の所得税などをめぐっての議論の蓄積は多く，今日的視点からの再点検，再確認の作業が必要である。しかしながら，当時の議論は，狭い意味での社会保障ならびに福祉制度改革の視点からのものであったことも確かであり，20世紀的な福祉国家のあり方そのものを問い直す大きな論議にまで発展するのは80年代以降を待たなくてはならなかった。

（2）21世紀の福祉改革

　ところで，21世紀を迎えた今日，貧困に抗し人間発達と自由の拡大を展望する新しい社会政策としてBIが大きな注目を浴びてきていると述べたが，その一端を，最近のC.ピアソンの発言から確認してみたい。

　2000年に一橋大学で開かれた国際シンポジウムでC.ピアソンは，「新たな世紀に向けて，変化しつつある福祉の世界の挑戦に応える，2つの全く異なる

反応」として，1つは，A. ギデンズに代表される「第三の道」と積極的福祉を取り上げ，2つには，21世紀という新しい環境にふさわしい「真にラディカルな選択肢」としてBIを取り上げた（ピアソン［2002］）。

ギデンズのいう「第三の道」ならびに積極的福祉とは，とりわけ「福祉国家」に対する左右からの政治的対応，すなわち「旧来の社会民主主義」は福祉国家における再分配を好み増大させようとするのに対して新自由主義は福祉国家を忌み嫌い最低限のセイフティネットに極限させようとするという両極端な対応を超克しながら社会民主主義を刷新しようとする道として構想されたものであり，両者に共通する受け身的でネガティブな福祉（ベヴァリッジが掲げた不足，病気，無知，不潔，怠惰という5つの巨悪への挑戦をギデンズはネガティブな福祉理解と指摘する）を，自立的，自主的に幸福を追求する，市民やボランティア組織などによる下からの創造的で自発的な福祉に置き換えることを提唱するものである。そして，こうした積極的福祉社会を目指すべくギデンズが構想しているのが人的資本への投資を軸とした社会投資国家であって，教育や職業訓練，就労支援などによって労働力の質を高めようとするワークフェア（福祉と就労の結合）を重視する政策が好まれることになる（ギデンズ［邦訳 1999］）。

こうした福祉（所得）と就労（雇用）を結びつけようとするワークフェア政策（就労を福祉供給の条件とし就労忌避へのペナルティの強いタイプから，福祉による就労支援の側面が強いタイプまでさまざまであるが）は，イギリスのみならずドイツ，フランス，アメリカなど欧米各国でも盛んに採用されてきている。これに対して，ピアソンが対置しているBIはワークフェアとは正反対に所得と労働を切り離すところにその特徴がある。こうしてみると，ピアソンの示したギデンズ流の「第三の道」（ならびに積極的福祉）とBIとの対抗関係は，ワークフェアとBIとの対抗関係と言い換えることができる。

ワークフェア的福祉政策が登場する背景として，宮本［2001］はグローバル化と財政の逼迫状況下，福祉予算を労働力の質を高める方向で効率的に活用し，労働力のスムーズな移動と，福祉給付を労働のパフォーマンスに連動させながら労働のインセンティブを高めようとする各国の政策的対応の現れと指摘する（宮本［2002b］も参照）。対して，BIはスティグマなしに個々人の最低限所得

Ⅰ　共通論題

保障を実現し，賃金の性格がいっそうの生活向上や意欲ある労働への対価としての性格に変わることによって労働のインセンティブを高め，企業サイドには生活賃金保証が不要になることから労働コスト削減の期待が生じ雇用の増大が見込まれたりする。しかも，個々人の自由な生活設計に応じて，労働市場からの離脱や家庭生活，余暇生活に重点を置いた選択も容易に行われ，職業移動もスムーズに行いうるなど，生活保障とフレクシビリティの両立，効率性と公正さの両立が可能となるものである（小沢 [2002]）。

　このように，ワークフェアと BI とは，生活保障をともなった雇用柔軟化への対応という点では共通した政策的志向性をもつ（宮本 [2001]）ものとして注目されるが，一方は労働と所得を結びつけようとするのに対し，他方は労働と所得を切り離そうとするのであって，この点から見れば前者は労働（実際は賃労働）を軸として構想されてきた「福祉国家」（現代資本主義国家）と親和的であるということができよう。そして，このことが，ピアソンが，ギデンズ流の「第三の道」（ならびに積極的福祉）と BI とを対置して見せたうえで，「少なくとも現地点においては」と断りながらも前者に軍配が上がると述べている根拠であろうと考えられる。

　しかしながら，「第三の道」（すなわち，ここではワークフェア）に軍配を上げたのちに，21世紀が投げかける2つの難問（地球的規模での不平等の問題と環境問題）をピアソンが指摘していることの意味は大きいと考える。これまでの福祉国家は，結局のところ豊かな国の一国的な制度にもとづいて再分配を実現してきたのであり，同時にまた，経済成長に依存したパイの再分配に与ってきたのであって，地球規模での不平等の拡大と環境問題という大きな難問がこれまでの福祉国家的対応の限界を露呈させるとするならば，「福祉国家」と親和的な「第三の道」の限界は自ずと明らかであるというのがピアソンのいいたかったことではないか。さらにいえば，BI にこそ未来があるというのが。

　この点につき，山森 [2003] は「グローバリゼーションのなか一国的な完全雇用の維持が困難になっているもとでは，一方で従来の完全雇用を前提としたケインズ＝ベヴァリッジ型の福祉国家を維持することは不可能」であり，「他方で労働とのリンクをさらに強化しようとするシュムペーター型労働国家

（workfare state）も実際には社会的排除を押し進めることとなるだろう」と指摘する。というのは，完全雇用を達成する機制を有していた前者に比しても，後者の場合，労働市場に参加できない者たちの社会的排除がいっそう押し進められていくことになるからである。

加えて，「働けコール」＝経済成長至上主義とは無縁な BI こそ，地球環境の保全と親和的な21世紀的な福祉政策ということができるのであって，これらの点こそ，80年代以降の社会経済変化が呼び起こした BI 構想新展開の意味するところであったのである。

3　20世紀的前提（「労働」「家族」「環境」）を越えて

80年代以降の社会経済変化が BI 構想の新展開を呼び起こすというのは，労働（賃労働）を軸に築き上げられてきていた20世紀型福祉国家の根幹が大きく掘り崩されるなかで，労働と所得を切り離す構想だからこそ，かかる福祉国家のオルタナティブとしての BI 論に注目が集まるようになったことを意味する。

BI 構想登場（新展開）の背景に「労働社会」の変容があることについては，かつての負の所得税論争にも登場する R. テオバルドや，『大失業時代』の著者 J. リフキン，さらには「エコロジスト的マルクス主義者」の A. ゴルツ，そして「左翼リバタリアン」の C. オッフェ[8]などが，生産力が高度に発展していく高度情報化社会においては雇用（賃金）に依存した生活維持が困難になるという技術的必然説から指摘している（小沢［2002］）。同時に，これらの議論は，「賃労働社会を越えて」（ゴルツ）人間の労働の尊厳と働き方の多様化を承認し，市民社会の成熟に果たす BI 論の役割に注目する[9]。

加えて，80年代以降の社会経済変化のうち「労働」の変化ということでいえば，グローバル化が進展するなかでの，高い失業率や，パート，派遣など雇用形態の多様化，不安定化の高進，また長期間に及んで「労働社会」から排除され十全たる社会生活への参加からも疎外されるという社会的排除の深刻化など，「労働社会」の大きな変容を見なければならない。このことは，ケインズ＝ベヴァリッジ型福祉国家が前提とした「完全雇用」政策のもと，労働組合の高い

Ⅰ 共通論題

組織率に支えられての生活賃金の確保をベースに，社会保険への拠出と引き替えにリスク（高齢，失業，病気など）時の福祉受給の資格を保障しながら，生活保障の最後の砦，セイフティネットとして公的扶助の最後的，例外的出動が準備されていたという，20世紀型福祉国家なり社会政策の大筋での前提が大きく崩れてきたことを物語っている。

さらに，こうした「労働社会」の変容は，「家族」における「福祉国家」的前提を揺り動かすことになる。

「家族」についていえば，「完全雇用」のもとフルタイムで働く一家の稼ぎ手としての男性労働者と家事・育児に専念し扶養される存在としての「専業主婦」の組み合わせからなる「一組の夫婦」という家族像（＝「男性稼ぎ手モデル」）が，大筋で社会保障制度や税制の基礎（前提）とされてきた。しかしながら，「労働社会」の変容は女性の（賃）労働力化を推進しつつ，家庭内における女性の無償労働負担の軽減や男女間の性別分業の解消は緩慢な動きに留まり，未婚率の上昇，単身世帯の増加など家族形態の多様化が進展するなかで，福祉供給に果たす「家族」の役割はいわば機能不全（＝「家族の失敗」（富永［2001］）状態に陥るなど20世紀型福祉国家の前提要件が崩れてきたのである。

したがって，こうした「労働」ならびに「家族」の変容がBI構想の新展開をもたらしたとするならば，BIが，第1に，労働市場の二重構造化が進み，不安定度が強まる労働賃金への依存から人々の生活を解き放つと同時に，「完全雇用」と結びついた現行の社会保障制度の限界を乗り越えた普遍的なスプリングボード（セイフティネットとしてではなく）を国民へ提供する，したがって第2に，賃労働に規定された「労働社会」から人々を解き放ち，さまざまな社会的協同組織の形成を含む市民社会の成熟化と人間の自由な生命活動の余地を拡大する，そして第3に，「男性稼ぎ手モデル」という性別分業にもとづく核家族モデルから人々を解き放ち，個の自立にもとづく家族形成の基盤を提供するなどの諸点から評価されたことを意味する。もちろん，BI構想がかつて注目を集めたように，福祉制度や社会保障改革の諸課題，すなわち，ミーンズテストにともなうスティグマや「失業と貧困の罠」から社会保障給付を解き放ち，社会保障制度と税制の統合と合理化を果たすことへの期待もある（小沢

[2002]）。

　加えて，最後に指摘しなければならないのは，20世紀型福祉国家の有している「環境」的前提との関わりである。地球的規模での富の搾取と人間の生命活動・暮らしの基盤である環境破壊を通じて，地球環境の有限性や資源制約に気づき，「経済過程のエントロピー的性格」（ジョージェスク・レーゲン）[10]を認識した人間の経済活動，「持続的な経済発展」が望まれているが，先にも指摘したように，経済成長にもとづくパイの再配分に与ってきた福祉国家のあり方そのものもまた大きく問われる状況になっている。

　だからこそ，「生産主義」から「脱生産主義」へという「福祉国家の改革原理」の変更という側面から BI 構想が評価されるのであり（新川 [2002]），A. ゴルツや J. ロバートソンなどエコロジストが BI に賛同を示し，緑の党の政策プログラムに BI 論が取り入れられているのである。

　環境政策と福祉政策の統合という視点から広井 [1999, 2000, 2003] は一連の著作活動を展開しているが，広井の問題意識は，それぞれ別々の文脈で論じられ統一的な枠組みで理解されることがなかった環境政策と福祉政策とを，全体的な包括的ビジョンのなかで統合して提示しようというものである。こうしたなか，環境税を社会保障財源に振り向けることを通じて雇用にともなう社会保障負担の重圧から企業行動を解き放ちつつ環境問題への対応も促進させるという「一石二鳥効果」によって，「福祉」と「環境」の橋渡し，統合化を図ることを提唱している。そこでは，「労働への課税からエネルギー・資源への課税」への税・社会保障体系の転換が論じられるが，BI の場合は，「労働」への課税でありながら労働と所得を切り離す構想であるが故に，「労働」への課税そのもののなかに「脱生産主義的」要素が組み込まれた環境＝福祉統合策であると評価しうるものである。こうして，「環境」と「福祉」の統合という文脈からBI 論を吟味することを通じて，21世紀の新しい社会政策の可能性の一側面が切り開かれることは間違いなかろう[11]。

I　共通論題

　　　　　　　　おわりに

　戦後「福祉国家」の抱える20世紀的前提が「労働」「家族」そして「環境」の諸側面で大きく揺らぐなか，BI 構想は貧困に抗し人間発達と自由の拡大を展望する新しい社会政策の可能性を切り開くものとして，新たな展開を見せ大きな注目を集めてきている。このことはわが国においても例外ではない。
　しかしながら，わが国において BI 構想の具体化を図ろうとするとき，検討しなければならない諸課題は山積している。
　小沢［2002］が BI の日本における可能性を探るために行った試算（50％の所得税率で月額 8 万円を全国民に支給することが可能）は，BI 実現に際し法外な費用がかかるのではないかという懸念を払拭し，現実味のある提案として真剣な議論の対象にするうえで意味のあるものと考えるが，8 万円という金額設定そのものがベーシック・ニーズの充足との関係で十分であるか否かなど未検討であり，また子どもへの BI 額の減額と高齢者や障害者などへの増額は検討すべきであろう。
　しかも，そこで示された試算では企業の社会保障負担分（1999年度の事業主負担額は28.4兆円）や企業が労働者に直接支払っている家族手当分を考慮に入れていないため，別途企業負担を求めることも可能であろう。その他，相続税や贈与税など資産所得への課税を大きく見直すことも可能となり，その分 BI 財源は膨らむことになろう。要は，膨大な費用を必要とするために実現不可能であると頭から拒絶する必要はなく，BI 構想の必要性を認識し，その理念を受け入れるか否かの判断である。
　もちろん，所得保障に限定した構想である BI 論の限界はしっかりと踏まえなくてはならない。医療，介護，保育など社会サービス充実のための政策とどのように結合するのか，あるいは日本の場合，とくに社会保障水準の狭さと低さを補完するかたちで家計費の中に組み込まれていた教育費や住宅費の「社会化」（広義の社会保障としての教育政策や住宅政策の充実）を図り BI 額を軽減すること，また，無制限な所得保障額の上昇に歯止めをかけ「浪費主義的な（アメ

リカ的）生活様式」からの脱却（脱消費主義）を進めることも求められよう（小沢［2002］）。さらに，「ルールなき暴走資本主義」への歯止めをかけ公正な市場競争，解雇規制をしっかりと行うことも必要である。そして，「労働社会」の変容への対応という点では，大幅な労働時間の短縮とワークシェアリング，職業訓練や就労能力向上などの就労支援の方策，自発的な社会貢献活動の活性化など「多様な働き方」（脱「賃労働社会」）促進の方策と手を携えて（政策パッケージとして）BIを導入することが求められる（小沢［2002］）[12]。

BIの呼び名にしても，わが国に即したかたちで導入を検討するに際してはカタカナ表記を改める必要があることはいうまでもない[13]。貧困に抗し人間発達と自由の拡大を展望する基盤を与えるものとして，また，ヴァン・パライスのいうように「万人の真の自由」を保障する基礎となる所得という意味合いでBIの呼称を検討したいと考えるが，いずれにしても，20世紀的前提を越えて「労働」「家族」そして「環境」の今後のありようを我々がどうしようとするのかによってBI構想の今後は決まってこよう。

1) 以下，とくに断らない限り，文献からの引用ならびに出典は小沢［2002］で示したもの以外に限定させていただいた。
2) CIRGの試算だと70％。なお，小沢［2002］は，わが国で全国民へたとえば月額8万円のBI（もちろん完全なBIというわけではないが）を支給しようとすると約50％の所得税率となると試算している。
3) A.アトキンスンの参加所得は，支給要件に，①認定された職業訓練や教育を受けていること，②子ども，高齢者，障害者などをケアしていること，③認定されたボランタリー活動へ参加していることのいずれかの要件を満たすことを求めながら，現行の社会保険制度を維持したままで部分的BIを導入しようというものである。
4) 「保証所得」構想を掲げた労働党が1964年に政権の座についたのち，当初の包括的な提案内容が順次後退していき，1970年からの保守党政権下で縮小したタックス・クレジット制度として提案されていった経過については，キンケイド［1975，邦訳1987］が詳しい。また，アトキンスン［1969，邦訳1974］は社会配当について詳細に検討している。
5) 南アフリカにおけるBI導入をめぐる議論については牧野［2002］参照。
6) *BIEN News Flash* No. 17, September 2002.
7) 年金と医療についての，社会保障と税制の調整問題は，都村［1981］も参照。
8) 「左翼リバタリアン」のオッフェの政治理論との関係でBI構想に着目するのは田村

Ⅰ 共通論題

[2002]。
9) 市民社会の形成との関わりで BI 構想に着目するのは亀山 [2002] である。
10) 拙稿「エコロジーと生活経済学」小沢 [2000] 所収、を参照されたい。
11) Fitzpatrick の新しい編著 Fitzpatrick and Cahill [2002] に注目したい。
12) しかしながら就労ならびに就労支援プログラムあるいは介護、育児や社会貢献活動等への参加を BI 支給の要件にするという参加所得やワークフェア的な考え方には賛成できない（小沢 [2002]）。
13) ベーシックの意味として、山森 [2003] は、第1に、無条件の権利として与えられるという意味、第2に、BI の基礎のうえに他の資源からのどのような所得も加えられるという意味合い、そして、第3に、ベーシック・ニーズを満たすのに十分であるという意味、の3つがあることに注意を喚起している。

【参考文献】

小沢修司 [2002]、『福祉社会と社会保障改革——ベーシック・インカム構想の新地平』高菅出版、で示している文献の他、以下のものを参照。

アトキンスン、A. B. [邦訳 1974]、『イギリスにおける貧困と社会保障改革』光生館。
Friedman, M. [1962], *Capitalism and Freedom*, The University of Chicago Press.
Fitzpatrick, T., and Cahill, M. (eds.), [2002], *Environment and Welfare*, Palgrave Macmillan.
負の所得税研究会 [1973]、「負の所得税」『海外社会保障情報』No. 23。
ギデンズ、A. [邦訳 1999]、『第三の道——効率と公正の新たな同盟』日本経済新聞社。
広井良典 [1999]、『日本の社会保障』岩波新書。
広井良典 [2000]、「社会保障政策と福祉政策の統合——定常型社会における環境・福祉・経済」『社会政策研究Ⅰ』東信堂。
広井良典 [2003]、「環境と福祉政策——環境政策と福祉政策の統合に向けて」寺西俊一・細田衛士編『岩波講座環境経済・政策学第5巻 環境保全への政策統合』岩波書店。
星野信也 [1973]、「英米における貧困対策——ニガティブな所得税の提案」『季刊・社会保障研究』Vol. 8, No. 4。
亀山俊朗 [2002]、「市民社会と新しい社会政策——ベーシック・インカム論に向けて」『年報人間科学』大阪大学大学院人間科学研究科、Vol. 23, No. 2。
キンケイド、J. C. [邦訳 1987]、『イギリスにおける貧困と平等——社会保障と税制の研究』光生館。
小山路男 [1968]、「『負の所得税』論争について」『海外社会保障情報』No. 1。

小沼正 [1974]，『貧困——その測定と生活保護』東京大学出版会。
牧野久美子 [2002]，「ベーシック・インカム・グラントをめぐって——南アフリカ社会保障制度改革の選択肢」『アフリカレポート』No. 34。
宮本太郎 [2001]，「クリーヴィッジ変容と福祉政策——新しい政策的対立軸の可能性」日本政治学会2001年度大会報告。
宮本太郎 [2002a]，「社会民主主義の転換とワークフェア改革——スウェーデンを軸に」日本政治学会編『三つのデモクラシー：自由民主主義・社会民主主義・キリスト教民主主義』岩波書店。
宮本太郎 [2002b]，「福祉国家再編の規範的対立軸——ワークフェアとベーシックインカム」『季刊・社会保障研究』Vol. 38, No. 2。
小沢修司 [2000]，『生活経済学——経済学の人間的再生へ向けて』文理閣。
小沢修司 [2003]，「"労働を中心とした福祉社会"で良いのか——連合「21世紀社会保障ビジョン」の考察と対案」『賃金と社会保障』1337・8号。
ピアソン, C. [2002]，「21世紀へと向かう福祉国家」加藤哲郎・渡辺雅男編『20世紀の夢と現実——戦争・文明・福祉』彩流社。
新川敏光 [2002]「福祉国家の改革原理——生産主義から脱生産主義へ」『季刊・社会保障研究』Vol. 38, No. 2。
田村哲樹 [2002]，「クラウス・オッフェの政治理論——『制御の不可能性』から『制御の可能性』へ」日本政治学会編『20世紀のドイツ政治理論』岩波書店。
田中洋子 [2002]，「労働の未来論」駒井洋編著『日本の選択　もう一つの改革路線』ミネルヴァ書房。
富永健一 [2001]，『社会変動の中の福祉国家——家族の失敗と国家の新しい機能』中公新書。
都村敦子 [1977]，「福祉政策の"Harmonization"問題について——児童扶養控除制度と児童手当制度の一元化」『季刊・社会保障研究』Vol. 13, No. 1。
都村敦子 [1979]，「財政福祉給付の実証的検討——税制改正の福祉給付に及ぼす効果」『季刊・社会保障研究』Vol. 15, No. 1。
都村敦子 [1981]，「社会保障と税制との相互調整——わが国の年金および医療について」『季刊・社会保障研究』Vol. 17, No. 3。
山森亮 [2002]，「市場・脱商品化・基本所得・福祉国家論の規範的含意」武川正吾他編『福祉国家の変貌——グローバル化と分権化のなかで』東信堂。
山森亮 [2003]，「基本所得——多なる者たちの第二の要求によせて」『現代思想』Vol. 31, No. 2。

共通論題＝新しい社会政策の構想―20世紀的前提を問う―― 3

労働の未来
ドイツからの提言

田中洋子　Tanaka Yoko

1　労働の未来論とは何か

　近年，欧米各国において，労働・仕事・働くこと（work, Arbeit）の意味を根底から見直そうとする動きが進みつつある。現在の労働をめぐる我々の認識は，資本主義化の進展とともに社会の中に定着し，20世紀の間に多くの先進国の間で常識として形成されてきた「前提」に基礎づけられている。「雇用された男性が，ある決まった場所で決められた時間フルタイムの仕事をし，それによって家族全員が生計をたて，一定の年齢まで仕事をつづけて社会保障を得，そうした働き方が一国内で制度化され，社会の基盤を支えている」ことは，長い間標準的な働き方・生き方として多くの人々に受け止められてきた。しかし現在，これらひとつひとつすべては，無条件に前提とされるものではなくなりつつある。我々がさしかかっている歴史的な構造転換期のなかで，働くことの意味はあらためて本質的な部分から考え直さなければならないのではないか。こうした認識が広がるなかで，思い切って労働を再定義し，社会が進むべき新しい方向性について考え直していこうとする議論が欧米を中心に高まってきた。これが労働の未来論（future of work, Zukunft der Arbeit）とよばれるものである（田中 [2001]，田中 [2002]，Kocka & Offe [2000]）。

　1990年代中頃から，ドイツの社会民主党政権やイギリスの労働党政権をはじめ多くのヨーロッパの政府，各政党・団体・研究所・労働組合（日本の連合総研も含む）などがこの議論に参加してきた。労働の未来をテーマにかかげる団体も年々増加している。各国内で実際に，雇用・労働システムのドラスティッ

クな構造的変化が進行しつつあるため，労働の再定義の作業は，現在，多くの人々によってかなり切迫した危機感と実践的模索をともないつつ展開されている。まずはじめにそこでの具体的な問題提起の内容から見てみよう。

2　労働の未来論の問題提起

（1）楽園のパラドックス——豊かになったのに貧しくなった社会

　労働の未来論が1990年代に大きく進展したひとつの要因は，IT革命など多くの技術革新が急速に進み，社会に大きな進歩をもたらしたとみなされたにもかかわらず，多くの先進国が慢性的な失業を解決できなかったという歴史的事実に拠っている。このことは人々に次の疑問を生じさせた。技術が進歩し，組織・社会の生産性・効率性が向上すれば人々の生活は全体として豊かになり，より多くの自由時間を得られるはずだ。にもかかわらず，現実には多くの人々がリストラによって職場から締め出され，失業者が大量に生まれ，苦しい生活を送っている。これは一体どうしたことだ，と。

　労働の未来論に大きな影響を与えたアメリカのJ・リフキン（Rifkin [1995]）は，「効率性の実現は，皮肉にもますます人々を仕事から追い払うことにつながっている」と論じた。機械の発達は19世紀から20世紀初頭にかけて，肉体労働や農業労働の非常に多くの部分を無用にしてきたが，同じように1990年代から進んだIT技術やグローバル化はホワイト・カラーの仕事を徐々に奪うことになる。かつて，従業員のいない完全オートメーション化された工場や事業所は，多くの人が夢見てきた「テクノ・パラダイス」「エンジニアのユートピア」であったが，それが実際にもたらしたのは，一部の起業家・管理者・専門家・技術エリートを除いて，より少ない仕事，よりつまらない仕事，そして技術進歩により余った膨大な時間がつくりだした慢性的失業であると論じた。

　ローマ・クラブ『雇用のジレンマと労働の未来』（Giarini & Liedtke [1997]）も同様の観点からこの問題を論じている。ローマ・クラブはまず，雇用労働そのものを歴史的に相対化することが必要だと主張する。雇用され，給与の支払いを受けて働くことが最も重要な生産的活動として認識されるようになったの

Ⅰ　共通論題

は，わずかに産業革命以降のことであり，資本主義化する前までの長い人類史においては，決して自明のものではなかった。むしろ多くの生産的活動は，自給的要素，共同体的要素に非常に大きく依存していたわけである。しかし資本主義化と貨幣経済の拡大によって，賃金労働の重要性が決定的に増し，共産主義の試みも国家がそれを代替したにすぎず，自己労働や支払われない労働がその社会的な意味を認められない方向が一貫してすすんできた。

　しかし，こうした状態をつづけていくと，人々は「楽園のパラドックス」に陥る可能性があると彼らは説く。楽園とは，すべてのものを，働かず楽しても得ることができる豊かな状態をさす。ところがそこで困ったことは，そうした楽園の中では，だれもが成果のための給与を支払われないということである。楽園では仕事の口が見つけられない。このことは，ものの豊かな楽園が，むしろ社会的な地獄状態——現金収入ゼロ，100％の慢性的高失業率——になってしまうことを意味している。我々は生産性をあげて豊かに生活できるという合理的選択をしたつもりで，いつのまにか反対に失業が増えて生活が貧しくなるという非合理的状態に自分を追い込んでしまっているのである。こうした状況から理性的に脱するためには，我々は自分自身の働き方を根本的に考え直す必要があるのではないか，と彼らは言う。

（2）非市場的社会生活への重心移動

　こうした矛盾に対して我々はどう対処すればいいのだろうか。この問いに対して，リフキンはドイツの哲学者マルクーゼの50年前の次のような言葉を引く。「オートメーションの進展は自由な時間と働く時間の逆転を可能にする。働く時間はマージナルになり，自由な時間がフルタイムになる可能性がある。この結果は価値観と生活様式のラディカルな転換を導く。発展した産業社会は常にこの可能性に向かって動いていくことになるだろう」こうした新しい時代の到来のために，リフキンは働く時間をまったく新しくアレンジし直すことが必要だと主張している。

　リフキンが提起したのは，市場＋大量失業に基づいた社会から，非市場的指標に基づいた社会生活の組織化への移行である。「強い，共同体を基礎にした

第三勢力 strong, community-based third force」としての非営利・独立セクター，ボランティアセクターの強化が求められていると彼は論じる。実際にアメリカでは，国内の雇用者数のうち，すでに非営利・独立セクターが1割をしめており，アメリカ人の半数以上は，多くの時間をソーシャル・サービス，ヘルス・ケア，教育・研究・芸術・宗教・啓蒙活動など国内の140万以上の非営利組織におけるさまざまな組織活動に費やしている。リフキンはこれらこそが未来にふさわしい新しい労働になると主張し，国がそれを促進することの重要性を訴える。独立セクターでの自発的な仕事に対して，国がそこで働いた時間分を課税所得から引いて非課税にする「影の賃金 Shadow Wages」制度や，地域で行われるさまざまなコミュニティー・サービスに対して，福祉財政負担の代替分として「社会的賃金 Social Wage」を支払う制度などの提言も行っている。これによる民主的参加の精神や新たな共同体感覚の復活，そうした活動のグローバルな連携可能性にも，彼は希望を託している。

　ローマ・クラブはさらに大胆な多就業労働モデルを提案している。彼らは社会レベルでも個人レベルでも，3つの労働を組み合わせることが必要だという。3つの労働とは何か。まず第1の労働は最低限の給与労働について生産活動を行うもので，資本主義化以来一般化した，賃金・給与を支払われ，その収入によって生活を成り立たせる雇用労働としての生業をさしている。国家は18～78歳の男女全員を対象に，最低週20時間を第1の労働で働くことを前提にその最低生活賃金を保障する。国家は，現在失業給付や所得保障・生活保護にあてられているすべての基金をつかって，そのための財政的基盤をつくる。第1の労働が自分のアイデンティティになる人もいればならない人もいるが，いずれにせよこの第1の仕事を人々は生活・生存のための経済的基盤とする。第2の労働は，生業以外の時間で行う，社会共通の利益のための活動である。人々は自分の楽しみや生活・社会にかかわるさまざまな活動，学習・トレーニングなどに時間をつかい，自己のアイデンティティを確立することができる。第2の労働は，各人がその仕事を通じて精神的な満足を得るという一番大切な社会的義務の実現に関わっているため，最も重要である。人々は第2の労働を通じて必ずしも金銭的な生存保障を受けないが，そのかわり自分の人間性をのばす大き

I 共通論題

な充実感を得ることができる。ローマ・クラブは，これが第1の労働と同じか，それをしのぐぐらいの規模になるはずだという。第3の労働は，まったく金を支払われない，自分自身のための労働である。

　これら3つの労働形態は，金銭的な意味は異なるが，労働の本質が異なるものではなく，3つが平行したかたちで推進される必要があるとする。ローマ・クラブは，多層的な部分労働に基づいた多就業労働モデルというラディカルな労働の未来像を提起したわけである。

（3）労働における選択可能性の個人化・多様化

　これらの議論と重なりあいつつ，リスク社会化・個人化・選択の多様化という資本主義の新たな変化を中心に据えて労働の未来論を展開した論者もいる。

　ドイツのウルリヒ・ベック（Beck [1986], Beck & Giddens [1994]）は，すべての豊かな西側産業社会において，高い物質的生活水準と社会保障の進展を背景に，人が伝統的な階級的制約や家族による扶養からどんどん解放されてきたと論じる。家族や近隣関係や職業上の結びつき，地域の生活・文化への結びつきから個人は徐々に遠ざかり，代わりに個人が社会的な再生産単位となり，自分自身が物質面で生き残れるように，個人化された生存形態が促進されたと言うのである。こうした個人化とともに職業も家族と同様にその安定性を失うこととなる。

　1980年頃までのドイツでは，終身的な完全就業という統一的形態のもとで，労働契約・勤務場所・労働時間はすべて標準化され，安定した労資関係が完全雇用のもとできずかれていた。そこでは労働と非労働との間にはっきりとした線引きがなされ，それが空間的にも時間的にも固定されていた。仕事のある状態とない状態が社会的にも法的にも鮮明に区分されていたわけである。

　ところが現在，労働時間や労働契約が多様な形態で弾力化することによって，終身的完全就業という規範は崩壊し，IT化の進展によって勤務場所や時間も多様化し，労働と非労働の境界はますます流動的であいまいなものになってきた。このなかで企業も個人も社会もあらゆるレベルで自らをアレンジする可能性が複数化し，多様化していかざるをえないだろうと彼は言う。こうした状況

のもと今後の社会は，統一的な「企業によって編成された生涯にわたる完全就業システム」と反対概念である「失業」の併存状態から，柔軟で多様な脱中心化された部分就業システムに全体として移行していくことになるとベックは論じる。今後はフォーマルな労働とインフォーマルな労働，仕事についている状態と失業中の状態の境目が流動化・融合し，既存のシステムの上に重なりつつ，その土台を徐々に掘り崩していくだろうというのである。

（4）生業絶対主義から市民労働へ

　ベックは自ら，フォーマルな労働とインフォーマルな労働との境目を取り払おうとする大胆な提唱も行っている（Beck [1998]）。ベックは失業の意味を相対化し，それを評価する立場にたった。「失業は幸運だ」「自由時間は楽しい」とする失業者NGOのベルリン宣言を彼は詳細に紹介する。どんなにひどい「ジャンク・ジョブ（つまらない仕事）」でも職についていれば満足だと装い，失業中ならそれだけで不幸だというのはおかしい，と宣言は言う。失業者は最も価値の高いもの，つまり時間をもっている。失業とはいつもやりたいことをやれる個人的なタイムアウトであり，人間的で自由な人生を送る可能性を開くと宣言は言う。失業者は行動的な人間として，新しいかたちの，真面目で遊び心があり，地域に根ざしたグローバルな活動を展開していくことができる。連邦雇用庁に代表されるような，生業に絶対的な価値を置く「生業帝国主義」を打ち破っていくべきだと，ベックもこの団体に拠って主張している。

　その代わりにベックが提起しているのが「市民労働（Bürgerarbeit）モデル」である（Beck [1999][2000]）。市民労働とは，雇用労働としての生業以外に行うオルターナティブな活動であり，市民社会や民主主義の日常的再建に貢献しうる労働をさす。そこには社会全体の福祉（ゲマインヴォール）に貢献する文化・政治・芸術・保健・教育・福祉などさまざまな活動が含まれる。こうした市民労働を通じて，人々は単に満足感を得るだけでなく，自らのアイデンティティの源を発見し，個人化された社会の中での新しいつながりを得，日常的な民主主義を活発化させることができるというのである。

　こうした市民労働をする余裕は，雇用労働部分の短縮とフルタイム労働時間

の短縮，まただれも望めば「片足生業」になれるように，男女問わずいつでもパートタイムにチェンジできるようなシステムがあればもたらされるはずだと言う。また彼は，団体・協会・サークル・ネットワークなどの運営を行う者に対して，市民労働として若干のお金を支払うシステムをつくっていくことも提言している。市民労働をチェックする地域の市民労働委員会が市民労働を社会的に権威づけ，市民手当（Bürgergeld）を支払う。市民手当をもらう者は，公的・社会的な仕事をしていると認められて失業者にはカウントされない。つまり，失業者手当のかわりに，市民労働に対する支払いが行われるのである。同じように，育児労働も市民労働と同格にし，年金や保険への請求権を与えることも提案された。ベックはこの市民労働システムによって，失業問題の解消とともに，個人化の進行のなかでの新しいネットワークの建設を通じて，社会の民主主義を活性化していくことに大きな期待をかけている。

イギリスで『第三の道』論を展開したアンソニー・ギデンズ（Giddens [1998]）も，ベックと相呼応した議論を展開している。伝統的コミュニティーではなく，問題意識を共有する人々が「一生涯の旅」をともにするために自発的に集まった小規模団体内で育まれるコミュニティー意識の育成の必要性を彼は俎上にあげ，リフキンと同じ影の賃金論を提案した。ヨーロッパの市民社会を活性化したいとするベックと同じように，ギデンズも，これからの政治は市民文化の復活を労働の再編成によって実現することを目標にすべきであると主張している。

3 生業・非生業の制度的流動性の創出
—— ドイツにおける時間主権政策の展開

こうした労働の未来論の展開を受けて，多くの組織が動きだした。ドイツにおいても，1990年代末から2000年代にかけ，社会民主党政権の政策として実験的に試行される段階に入っている。働く時間をより多様に自由にアレンジできるようにすること，また生業としての雇用労働と，それ以外の非生業とされてきた労働・生活との間を流動化するという考え方は，働く者の「時間主権」，

個人的「人生時間設計」などの概念のもとで着実に進みつつあるようにみえる。それは労働条件の向上としての労働時間短縮という従来の次元にとどまらない，新しい質を含んでいるようにみえる。

（1）労働時間の柔軟化から長期労働時間口座へ

　働く時間の柔軟化は1980年代後半から急速に進展してきたが（田中［2003］），特にドイツにおいては労働時間口座という形をとって1990年代から各企業に着実に導入されてきた。企業内におけるフレックスタイム制導入・出勤退出時間の非拘束化から進んで，現在は1ヵ月・1年，さらに長期間を単位とした労働時間全体の柔軟化へと大胆に進みつつある。

　本来ドイツでは個人の労働時間は労働協約上定められた一定の時間で厳格に設定されてきた。それを変更し，その時々で時間を不均等に割り振るという企業独自の時間モデルは近年非常に多くの企業で導入されはじめている（Gutmann［1997］, Linnenkohl［1992］, Bundesministerium［2001a］）。これは，はじめに1年の労働時間を協約に則した個人の合計労働時間として確定しておき，あとは1年を通じて市場動向や労働者の個人的都合・希望などに合わせてその時々で配分するというモデルである。これまでのドイツの労働慣習をやぶって，毎日最大1・2時間労働時間を延長したり，繁忙期には土曜労働も入れることができると協定した企業も増加した。実際働いた時間が協約での規定労働時間より多かったり少なかったりする限界を，例えば±月40時間，70時間等と決めておき，多く働いた時間の分は，月々の自分の時間口座であるフレックス時間口座や長期労働時間口座に貯めておく。貯めた時間の分は，いつでも休日として使うことができる。貯めたり使ったりした時間は，最終的に年労働時間口座で相殺される，というものである。こうした新しい労働時間制度は，会社側が経済的柔軟性を高めること，従業員委員会側が従業員の労働時間主権の両方を高めることをそれぞれ目標とすることによって促進されてきた。

　これをさらに長期的次元へと拡大しようとする政府の動きもある。1ヵ月・1年ごとの労働時間口座を数年単位の運用へ拡張することにより，各人の生業と非生業の間の自由度をより大胆に高めようとするアイデアである。

I 共通論題

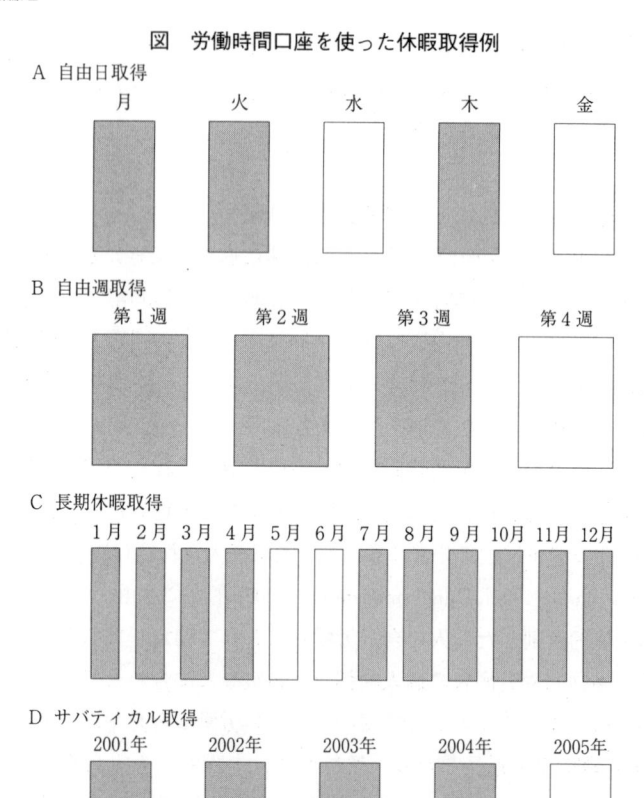

図 労働時間口座を使った休暇取得例

A 自由日取得
月　火　水　木　金

B 自由週取得
第1週　第2週　第3週　第4週

C 長期休暇取得
1月 2月 3月 4月 5月 6月 7月 8月 9月 10月 11月 12月

D サバティカル取得
2001年　2002年　2003年　2004年　2005年

出典：Bundesministerium [1998] をもとに作成。

　労働社会省・家族省・連邦雇用庁の三省庁が1998年に合同で展開した「可動労働時間制・従業員と経営者のための指針」（Bundesministerium [1998]）という広報キャンペーン活動では，労働時間の大胆な自由化・柔軟化が推奨された。例えば労働時間を長期間にわたって流動化するモデルとして，週労働時間，月労働時間，年労働時間，長期労働時間ごとに労働時間を編成する案が示された（図参照）。結果として1ヵ月ないし1年，「口座」に貯まった時間分を，完全に有給の長期休暇，いわゆるサバティカルとして，生業以外の労働・自由時間

に振り向けることができるようになるわけである。労働社会相 N・ブリュームはこれを企業にも従業員にも利益になる制度と評し，C・ノルテ家族相も，可動時間制の拡大により家族と生業をよりうまくつなげることができると述べるなど，企業の制度変革が政府により促されてきた。これはさらに（3）で述べる超長期的な生涯労働時間口座につながっていくことになる。

（2）短時間正社員としてのパートタイマーの拡大

　これまで社会民主党やドイツ労働組合総同盟（DGB）は長い間，失業問題の解決を念頭に，労働時間の短縮によるワークシェアリングを考えてきた。しかし，パートタイム労働の位置づけについての認識は近年，労働の未来論の影響のもとで大きく転回しつつある。

　1990年代後半の DGB「社会契約的パートタイムへのイニシアティブ」（DGB [1995]）や社会民主党内の「労働と女性のための同盟」によるパートタイム攻勢論（ASF [1996a], ASF [1996b]）等は，「生業の新たな再定義，新しい価値づけ」を提起するなかで，積極的なパート労働の拡大を次々と提言してきた。フルタイム職に戻る権利を保障し，社会保障・再教育・昇進に不利にならないようなかたちでの短時間正社員として，むしろ意識的にパート労働者を多くの職場で男女とも増やしていこうという動きである。そこでは，子供の育児や老人・病人の介護，自己教育や市民活動への参加などを全社会の課題として認識し，パート労働はそのためのインフラストラクチャーであると再定義された。家族や社会にやさしい労働時間・労働形態としての「社会的パートタイム労働」を男女問わず社会的に拡大していこうという方向である。

　1997年の NGO ジャーマン・ウォッチのシンポジウムにおける DGB 基本価値検討委員会の K・ヴェストの報告は，DGB の発想の転換を示している（West [1997]）。彼は労働時間短縮とパートタイムの拡大を，これまでのように単に雇用促進・ワークシェアリングという面からのみ捉えられるべきではなく，むしろ労働と非労働との間の制度的流動化に資するべきだと論じた。「我々は労働と非労働の価値の共存についてもっと考え，人生の過程で臨機応変に，部屋を照らしていた1つの灯を消すかわりに別の灯をつけるかのように，

Ⅰ　共通論題

労働と非労働を代わる代わる経験できるようにするべきだ」。

　具体的手段としての労働時間短縮とパートタイム労働の拡大は、「人生が求めるその時々での必要な価値の切り替えを実現するため、人生時間の分配の先駆形態として捉え直されるべきだ」というのである。短い労働時間と人生時間の個人的設計可能性は、単にフリーな時間の量的拡大だけでなく、労働をめぐる価値観そのものの移行をすすめていくはずだとヴェストは論じている。

　長い議論の末、2001年1月から施行された新しいパートタイム労働・有期契約労働法 Das Gesetz über Teilzeitarbeit und befristete Arbeitsverträge (Meinel & Heyn & Herms [2002]) は、こうした考え方を一部ではあるが法制化したものとみることができる。これは「パートタイム労働を奨励する」ための法律であり、人々が短時間正社員としてのパート労働に自由に移ることを認めるという、ベックの要求を実現したものでもある。この法律により、経営者はパート労働への移動を希望する者(「組織の指導的地位にいる人」も含めて)を拒否することができなくなった。経営者はパート勤務希望者に対し、協定されている労働時間よりも短く働けるように調整しなければならないし、パート労働者用の再教育をアレンジし、再びフルタイムに戻る希望に対してもできるだけ対応しなければならない。パートからフル、フルからパートへの移動を理由とした解雇は無効となることも規定されている。

　この法律は、パートからフルタイム仕事へ必ず戻れることを強く義務づけたわけではないため、選択の自由の点でなお大きな限界を持っているものの、雇用を完全に保障した上で、個人的な理由にもとづく正規労働時間の短縮・働き方の変更を認め、生業と非生業との関係をより自由に、臨機応変にアレンジできるようにしようとする試みである点において、労働の未来論を政策的に押し進めるものと見ることができる。

（3）生涯労働時間の自己設計

　さらにより超長期的に一生涯の人生における生業労働と非生業時間との関係を見直そうとする方向もさまざまな所で議論され、政策的に模索されている。

　「生涯労働時間口座 Lebensarbeitszeitkonto」もそのひとつである。社会民

主党内の労働の未来報告書（SPD-Parteivorstand [2001]）は，労働時間の削減に際し，単なる週労働時間の短縮や早期退職にとどまらず，自己責任において，自分が一生のうちいつどんなかたちで働くかという「生涯労働時間」設計を自分で計画しアレンジできるようにするべきだと論じている。まず1人1人に対して「生涯労働時間口座」という口座をつくり，社会全体が個々人の「生涯労働時間」に対して「負債」を負っていると考える。そしてこの口座をどの時期にどのように使おうと，それは個人の自由であるとするのである。1997年の社会民主党幹部会（SPD-Parteivorstand [1997]）が長期時間口座に貯めたポイントを利用して一定期間サバティカルがとれるモデルを提示したように，彼らはこうした方法を通じて，失業問題の解決とともに，育児や介護，地域や NP セクターでの活動と生業とのより柔軟な関係を実現できると考えている。

　実際にこうした生涯労働時間口座は，高齢者パートタイム制度との関係で徐々に多くの組織に広がりつつある。2000年末に金属労働組合 IG メタルと鉄鋼業企業の間で締結された長期口座包括協定 Rahmentarifvertrag über Langfristkonten では，各企業が企業内協定のレベルで長期労働時間口座をもつことが認められるようになった。ここでは，1年のうち最大169時間，15％分（45歳からは最大20％分）の労働時間を積み立てられるようになった。すでにこの制度の運用実績があるドイツ銀行を受けて，2001年には銀行業界とサービス労働組合 Ver.di の間で同様の協定が結ばれている。こうした流れのなかで，信頼の労働時間 Vertrauensarbeitszeit としての生涯労働時間制度の導入に際して，実際の時間管理や賃金管理をどう変えればいいかという具体的ノウハウ，あるいは生涯労働口座・企業内協定草案なども積極的に提示されるようになってきている（http://www.flexiblearbeitszeiten.de；www.best-zeit.de, www.arbeitszeit-beratung.de）。

　さらに1988年に制定され1996年に改正施行された高齢者パートタイム法 Altersteilzeitgesetz （Bundesarbeitsblatt [2000]）の流れも存在している。高齢者パート制度は，失業率の増大に対応し，55歳以上の労働者がパートタイム労働に転換する代わりに失業者を雇用するという条件のもとに，週18時間働く高齢者パートに5割賃金＋2割補助金で給与の7割を受け取ることを保障したシス

テムである。この制度は1997年にフォルスクワーゲン，ポストバンク，98年にダイムラー・クライスラーやベルリン市などが運用をはじめて以降，大きく拡大しつつある。長期時間口座や企業年金とこの高齢者パート制度とが連動することによって，人生の各段階に応じて，家庭に戻る時間や再教育の時間など労働時間の自由な設計が可能になったばかりでなく，仕事の継続や金銭的保障のもとで，地域での市民労働や自己実現のための活動にスムーズに移行していくことができると考えられている。

こうした人生時間の自己決定についてのもうひとつの新しい動きは，2001年1月から施行された親時間 Elternzeit についての法律 Gesetz zum Erziehungsgeld und zur Elternzeit（Bundesministerium [2001b]）改正である。育児休暇制度をさらに発展させたこの法律によると，子供をもった従業員は，経営者に対して書面で，子どもが3歳になるまで3年間の親時間を要求することができる。両親そろって親時間をとることもできるし，父親と母親が交代してとることも，また最大4期間まで別々な時期にそれぞれが分けてとることもできる。一子が3歳になった以降に二子が生まれた場合も，同様に3年間とれる。また経営者が同意した場合は，最大1年分までの親時間を子供が3歳から8歳の間に移して——例えば小学校最初の1年間など——とることもできる。「親時間」の間は仕事を休んでもいいし，また経営者の同意があれば，15時間から最大週30時間までに勤務を減らした短時間正社員としてのパート労働者になることもできる。親時間をとっている従業員の雇用は保障され，親時間が終了すると従業員は「自動的に」親時間をとる以前のフルタイムの労働関係に戻ることができるというものである。

また同法にもとづき，親時間の休暇取得とは独立した育児手当として，子供1人につき毎月307ユーロ（約4万円）が2年間，ないし毎月460ユーロ（約6.2万円）が1年間支払われる（Bundesministerium [2003]）。短時間勤務を継続し，親時間の間に仕事から完全には離れないかたちをとることで，「職業上・キャリア上のリスクをできるだけへらし，家族の収入を維持しつつ，両親が育児にかかわることができる」ことをこの法律は保障しようとしている。基本的に両親が自分で決定でき，人生時間を設計する自由度が高いことは，労働の未来論

が目指してきた方向にそったものであるといえる。

このほか，2001年3月に出されたSPD党幹部会の労働の未来プロジェクトチームによる労働の未来報告書（SPD-Parteivorstand [2001]）でも，NPセクターの促進・強化，育児や介護・自己教育などに対応できる生涯労働時間の柔軟化，生業と平行したかたちでの社会的有用労働・ボランティア労働の価値の積極的認定，それに対する財政的援助の提案がなされた。これらはまさに，労働の未来論でなされた提案が政策化される方向にあることを示しているといえよう。

4　労働の再定義

これらの動きの根底にあるのは，労働の再定義である。社会民主党レクリングハウゼンの労働の未来報告書（SPD-Projektgruppe [1997], Saiger [1998]）において，労働は次のように定義された。労働とは，生業 Erwerbsarbeit, 自己労働 Eigenarbeit, （団体・サークルなどの）名誉職的労働 Ehrenamtliche Arbeit, （福祉などの）社会的労働 Sozialarbeit, 家事労働 Hausarbeit, 介護労働 Pflegearbeit, 自分を社会的に伸ばすための教育労働 Bildungsarbeit などのすべてをさす。つまり「労働とは，社会のためにする行動のあらゆる形態」であるとする。そして彼らのめざす目標は，「すべての労働形態を，生業と同等にする」ことにあるという。

こうした労働のとらえ方は，2000年のドイツのハノーファーで行われたExpo 2000における中心的テーマでもあった。主催国ドイツによるテーマ館のひとつの主題となっていたのが「労働の未来」であった。そこでの中心イベントの中で，ドーム内に何度も映し出され，アピールされていたのは以下の文章であった。

「子供を育てることは，仕事である」……「雇用されて働くことは，仕事である」……「売るために食料をつくるのは，仕事である」……「食べるために食料をつくるのは，仕事である」……「家事をすることは，仕事である」……「教育を受けることは，仕事である」……「ほかの人を助けることは，仕事で

I　共通論題

ある」。

　それは1990年代にすすんできた，働くこと，労働の新しい定義づけを人々に改めて提起する役割をもっていたようにみえる。それは雇用労働のみに限らない，雇用統計上の数字にはなかなか現れてこない人々のさまざまな労働を社会として再評価し，社会全体の再生に向けて改めて再編していこうとする，ドイツの問題提起を象徴するものであったと思われる。

5　おわりに——労働の未来論の展望

　こうした労働の未来論には，しかし，なお避けては通れない大きな問題が残されている。最後にひとつだけ，労働の未来論が現在直面している問題とそれへの対応についてふれておきたい。

　1990年代に労働の未来論がでてきた背景にはIT技術の進歩や社会の個人化が存在していたが，そこにはもうひとつ，グローバル化という巨大な変化も生じていた。商品・企業・資金・情報・人の自由な移動の拡大というグローバル化の進展は，労働と生活の問題を先進国一国の枠内だけで論じることの限界をさまざまな場面において示しつつある。ここからは，労働の未来をただ一国内で変えようとしても国際競争の圧力の前に挫折するのではないか，逆に途上国との関係において労働の未来論が果たす役割はないのか，などさまざまな問題が提起されている。これに対し，現在労働の未来論は，果敢にも新しい大胆な挑戦をはじめつつある。それは労働の未来を一国内，あるいはヨーロッパなどの地域内で考えるだけでなく，途上国を含めた世界レベルで考えようとする方向である。

　1997年にボンで開かれたジャーマン・ウォッチ主催の労働の未来シンポジウムにおいては，労働の未来像を世界全体のレベルで考えるために次のような認識が示された（Germanwatch [1997]）。

　働くことは単に給与を支払われる仕事だけでなく，自分や人の農地で働く，インフォーマルセクターや自営の仕事で働く，女性が家庭で働くなどさまざまなかたちを包含した概念として世界的に成立している。国連人間開発計画の報

告書（UNDP, [1995]）での試算によれば，1993年の世界の総生産が23兆ドルであり，そのうち，家庭や社会のために行われた労働で金を支払われていないものは約16兆ドルを占めるとされている。そのうち11兆ドルは家庭における女性の労働にあたる。先進国においても，女性の3分の2の労働，男性の3分の1の労働は（支払労働として）「登録」されていないものである。この「登録」されていない，家庭生活や社会生活のための労働はまた，単に経済的な効果だけでなく，「社会的再生産」のための基盤として，文化的伝統や人間的な発展を保障する機能をもっている，と。

　これを受けてシンポは，先進国と途上国の間に共通する問題を提起した。支払われる給与に基づいた賃金労働が，そもそも社会全体を統一する労働になるべきなのか，あるいはさまざまな労働を組み合わせた新たな社会の組織化をめざすべきなのか。先進国のみならず，多くの人口をかかえた途上国地域において，賃金労働による完全雇用概念から距離をおく必要はないのか，その場合生存保障はどのようなかたちにすべきなのか。賃金労働への需要が，世界全体の技術進歩で減少した場合に，自営的な生業形態や女性や高齢者等の支払われない労働は将来どのような役割を果たすべきか，などである。これらは労働の未来論を，グローバル化の時代を迎えた世界全体のなかで位置づけようとする試みの一端であるといえる。

　こうした動きと並行して，グローバル化による国際競争の激化が国内の労働・生活条件を足元から悪化させ，労働の未来を論じる基盤を掘り崩してしまうのではないかという疑念から，さまざまな行動も起きている。

　この問題についてDGBは現状認識を次のように述べている（DGB-Bildungswerk [1998a]）。東ヨーロッパから来た建設労働者は，ドイツの建築現場でドイツ人労働者と競合し，低い値段で仕事を請け負って必ず勝つ。ドイツ国内の賃金階層では最下層にいるメンヒェングラートバッハの縫製労働者は，バングラデシュの家内縫製労働者に対して，競争力上まったく勝ち目がない。途上国では「コストが安く，従順で使いやすい」労働力を求めて，女性，さらに安い子供の労働がより多く使われている。世界は「過去百年あまりにわたる長い労働者運動のなかで，基本的な社会的権利，利益代表制度，多くの人々のよりよい

生活状態を勝ち取ってきた国々」と，それらを「まだほとんど獲得していない国々」の2つに分かれており，ようやく定着した先進国の社会的成果も，低労働コストへ移動する多国籍企業の方針によって，一夜にして否定されてしまいうる状況である，と。

　長い歴史のなかで少しずつ整備され，現在も調整されつつあるドイツの働き方も，東欧・ロシア・東南アジア・中国を含む国外の労働基準によって大きな影響を受け，労働条件の低位化，「底辺への競争」が今後さらに促されないとはいいきれない。このことに対して，労働の未来論は自らの守備範囲をより拡大し，よりよき「世界の労働の未来」のために行動しようともしている。DGB は2002年に，国際開発 NGO 連合の VERNO，ネオ・リベラリズム批判の NGO attac とともに「グローバリゼーションを公正にするために」という共同宣言を出し，企業・国家の利益ではなく人間性の発展と社会全体の福祉を実現するための共同行動に労働組合として初めて参加した（DGB-VERNO-attac [2002]）。こうした動きはキリスト教運動や社会民主党系のフリードリヒ・エーベルト財団，ILO や多くの研究者までを巻き込み，国際的な労働監視活動へと展開しつつある。

　「世界は商品ではない」「新自由主義的なグローバル化によって労働から人間的尊厳が失われてはならない」をスローガンに，多国籍企業がドイツ国外に工場をもつ時の労働条件の監視や，労働組合運動への弾圧に対して抗議する活動などが多くの NGO によって行われており，すでに靴のアディダスや通信販売のオットーなどが調査対象となってきた（DGB-Bildungswerk [1998b]；KSK [2002]；www.attac.de；www.saubere-kleidung.de；www.inkota.de）。もちろんそれによって世界の労働条件がすぐ変わることはありえないが，NGO の現地調査を受けたアディダスが，インドネシア工場の労働組合活動家に対する態度を否定から肯定へと一変させたことからもわかるように，その影響力は決して小さいともいえないのである。

　こうした動きはいずれも，これまでドイツの労働システムを国内・各産業内の労働条件として捉え考えてきた多くの人々が，その発想を転換しつつあることを示している。自国内における労働の未来を考えるために，グローバル化に

対応した国外の労働のあり方をも視野にいれていく方向に転じつつあると見ることができる。労働組合が様々な国際 NGO と組んでグローバル化時代の新しい労働の未来を考えようとしていることは，この方向を象徴するものであるといえる。

労働の未来論は，ドイツ国内において，労働の再定義を通して，労働時間配分の日常レベルから生涯レベルまでの自己決定権・自由度の拡大，生業と非生業の交代可能性といったかたちで新しい労働世界を生み出そうとしつつある。それはまた同時に，世界の人々にとっての労働の未来をも模索しはじめている。グローバル化する世界にとって，よりよい労働秩序とはいかなるものかを考えようとする中で，労働の未来論には今後さらにますます多くの大胆な模索が求められていくといえるだろう。

【参考文献】

ASF (Arbeitsgemeinschaft sozialdemokratischen Frauen) [1996a], Frauenforderung in der Privatwirtschaft, SPD-Bundestagsfraktion, in: *Bündnis fur Arbeit und Frauen*, Nr. 20.

ASF [1996b], Manifest: Frauenbündnis gegen Sozialabbau, in: *Bündnis für Arbeit und Frauen*, Nr. 20.

Beck, Ulrich [1986], *Risikogesellschaft. Auf dem Weg in eine andere Moderne*, Frankfurt a. M. 東廉・伊藤美登里訳『危険社会――新しい近代への道』法政大学出版局，1998年

Beck, Ulrich [1998], Das grosse Los -arbeitslos. Ein Beliner Manifest proklamiert: Freizeit macht froh, in: *Süddeutsche Zeitung*, 19. Juni 1998; ders, Tunnel am Ende des Lichts. Die Zukunft der Arbeit: Neofeudale Dienstbotengesellschaft, in: *Süddeutsche Zeitung*, 3. Juli 1998.

Beck, Ulrich [1999], *Schöne neue Arbeitswelt. Vision: Weltbürgergesellschaft*, Frankfurt a. M./New York.

Beck, Ulrich (Hrsg.) [2000], *Die Zukunft von Arbeit und Demokratie*, Frankfurt a. M.

Beck, Ulrich & Giddens, Anthony & Lash, Scott [1994], *Reflexive Modernization. Politics, Tradition and Aesthetics in the Modern Social Order*, Polity Press, 1994. 松尾精文・小幡正敏・叶堂隆三訳『再帰的近代化――近現代における政治，伝統，美的原理』而立書房，1997年

I 共通論題

Bundesarbeitsblatt [2000], Nr. 3.

Bundesministerium für Arbeit und Sozialordnung, Bundesministerium für Familie, Senioren, Frauen und Jugend & Bundesanstalt für Arbeit, [1998], *Mobil Zeit Ein Leitfaden für Arbeitnehmer und Arbeitgeber*, Bonn.

Bundesministerium für Arbeit und Sozialordnung [2001a], *Forschungsbericht, Dokumentation Arbeitszeit-Praxisbeispiel*, Berlin.

Bundesministerium für Familie, Senioren, Frauen und Jugend [2001b], *Die neue Elternzeit für Kinder ab Geburtsjahr 2001*.

Bundesministerium für Familie, Senioren, Frauen und Jugend [2003], *Erziehungsgeld, Elternzeit. Das neue Bundeserziehungsgeldgesetz für Eltern mit Kindern ab dem Geburtsjahrgang 2001*.

Germanwatch [1997], *Germanwatch-Symposium. Soziale Zukunftfähingkeit am 2. Okt. 1997*, Bonn, in: www.germanwatch.org.

DGB [1995], Dokumentation. DGB-Anforderunen an eine sozialverträgliche Teilzeitinitiative, in: *Soziale Sicherheit. Zeitschrift für Arbeitsmarkt- und Sozialpolitik*, 1/1995.

DGB-Bildungswerk [1998a], Weltarbeit-Welt der Arbeit, Düsseldorf.

DGB-Bildungswerk [1998b], Running in Global Shoes, Düsseldorf.

DGB-VERNO-attac [2002], Globalisierung gerect gestalten, 5 Dec. 2002, Berlin.

Giarini, Orio & Patrick M. Liedtke [1997], *The Employment Dilemma and the Future of Work, Club of Rome*; Giarini & Liedtke [1997], *Wie wir arbeiten werden. Der neue Bericht an den Club of Rome*, München.

Giddens, Anthony [1998], *The Third Way. The Renewal of Social Democracy*, London. 佐和隆光訳『第三の道——効率と公正の新たな同盟』日本経済新聞社, 1999年

Gutmann, Joachim (Hrsg.) [1997], *Flexibilisierung der Arbeit*, Stuttgart.

Jürgen Kocka & Claus Offe (Hrsg.) [2000], *Geschichte und Zukunft der Arbeit*, Frankfurt a. M.

KSK (Kampagne für saubere Kleidung) [2002], *Made in Osteuropa. Die neuen 'Fashion Kolonien'*, Berlin.

Linnenkohl, Karl u. a. (Hrsg.) [1992], *Arbeitszeitflexibilisierung: 140 Unternehmen und ihre Modelle*, Heidelberg.

Meinel, Gernod & Heyn, Judith & Herms, Sascha [2002], *Teilzeit- und Befristungsgesetz. Kommentar*, München.

Rifkin, Jeremy [1995], *The End of Work. Technology, Jobs and Your Future. The Decline of the Global Labor Force and the Dawn of the Post-Market Era*, New

York.
Saiger, Helmut [1998], *Die Zukunft der Arbeit liegt nicht im Beruf. Neue Beschäftigungs- und Lebensmodelle*, München.
Sowka, Hans-Harald [1997], *Handbuch zum Erziehungsurlaub*, Stuttgart/ Berlin/ Köln.
SPD-Parteivorstand [1997], *Arbeitszeitmodelle*, Berlin.
SPD-Parteivorstand [2001], *Zukunft der Arbeit. Bericht der Projektgruppe „Zukunft der Arbeit" des SPD-Parteivorstandes*, Berlin.
SPD-Projektgruppe ‚Zukunftgesellschaft' des UB Recklinghausen, [1997], *Zukunft der Arbeit—Soziale Grundsicherung. Ein Arbeitsentwurf zur Diskussion*, Recklinghausen.
UNDP [1995], Human development report. Gender and human development.
West, Klaus-W. [2002], Soziale Nachhaltigkeit, Arbeit und moderne Beschäftigungspolitik, in : *Germanwatch-Symposium Soziale Zukunftfähigkeit, Schwerpunkte : Zukunft der Arbeit—Nord*. http://www.germanwatch.org/
田中洋子 [2001],「『働く』ことの未来——『労働の終焉』論と『労働の未来』論をめぐって」筑波大学大学院社会科学研究科『日本新生の構想』
田中洋子 [2002],「労働の未来論——フルタイム雇用の相対化がもたらす社会像」駒井洋編『日本の選択——もう一つの改革路線』ミネルヴァ書房
田中洋子 [2003],「雇用・労働システムの構造転換」戸原四郎・加藤榮一・工藤章編『ドイツ経済——統一後の10年』有斐閣

共通論題＝新しい社会政策の構想―20世紀的前提を問う―― 4

「男性稼ぎ主」型から脱却できるか
社会政策のジェンダー主流化

大沢真理 Osawa Mari

1 はじめに

　2002年暮れから2003年度前半にかけて起こったいくつかのできごとは，日本政府が社会政策システムの「型」の転換に向かう可能性を示唆している。
　その第1は配偶者にかんする税制の改正である。2003年1月17日の閣議決定で，所得税の配偶者特別控除を2004年1月以降に原則として廃止することとなり，2003年6月の税制調査会答申「少子・高齢社会における税制のあり方」では配偶者控除そのものの見直しも言及された。第2に，基礎年金第3号被保険者制度の改革案が示された。2002年12月初旬には年金改革の議論の「たたき台」として厚生労働省の「年金改革の骨格に関する方向性と論点について」（以下，「方向性と論点」）が公表され，2003年9月には社会保障審議会年金部会の「年金制度改正に関する意見」の提出，同11月には厚生労働省としての改革案「持続可能な安心できる年金制度の構築に向けて（厚生労働省案）」が公表された。その結果，第3号被保険者制度の改革について複数の案から「夫婦間の分割」案へと絞られてきた（厚生労働省 2002；厚生労働省 2003；社会保障審議会年金部会 2003）。第3に，内閣府男女共同参画会議の影響調査専門調査会が，2002年12月20日に『「ライフスタイルの選択と税制・社会保障制度・雇用システム」に関する報告』を公表した（本稿の筆者は，2001年5月に同専門調査会が発足して以来，会長を務めている）。同報告は，税制については配偶者控除・同特別控除の廃止・縮小，年金については第3号被保険者制度の見直し，雇用システムのうちでは家族手当等の見直しを提言した（男女共同参画会議影響調査専門調

52

査会 2002b)。

　これらのできごとは，偶然に，相互の関連なく，起こったわけではない。本稿では，第2節で社会政策システムの「型」について論じ，第3節で日本の最近の動きにいたる経過を簡単にたどり，最後に最近の動きの意義を検討したい。

2　社会政策システムの「型」

(1) 3つの型と日本

　近年盛んなレジーム論では，福祉レジーム，雇用レジーム，生産レジーム，ジェンダー・レジームなどが議論されているが（Esping-Andersen 1990；Esping-Andersen 1999；Soskice 1999；Soskice 2000；Walby 2000；宮本 2003)，ここでは，所得移転（社会保障・税制），社会サービス（保育や教育，保健，介護などのサービス），雇用・労働および労使関係などにかんする政策を，家族や企業の制度・慣行との関連も視野に入れて，社会政策システムとして捉える。最近の日本で見直しが検討されている配偶者にかんする控除や第3号被保険者制度は，社会政策システムのどのような「型」を構成しているのだろうか。

　まず1990年前後における切断面でみよう。ジェンダー視点を組み込んだ比較社会政策研究が明らかにしてきたように（Pascall 1986；Lewis 1992；Sainsbury (ed.) 1994；Sainsbury 1996；Sainsbury (ed.) 1999；Korpi 2000；居神 2003)，労働力を再生産する家族生活と雇用労働のあり方について，とりわけそこでのジェンダー関係にかんして，「標準」または「典型」をどう捉えるかによって，所得移転や社会サービスの制度設計は異なる。その捉え方は，①男性が主たる稼ぎ手であり妻は主に家事・育児等を担う「男性稼ぎ主 male breadwinner」である（べき）とみるか，②あるいは女性も男性も職業生活と家庭や地域での生活を両立する（べき）とみるか，③それとも公共政策が労働力の再生産費を顧慮しないか，というように大別される。措定される「標準」家族とは，客観的な事実認識である以上に「規範」であるが，なかば意図的なかば無意識に規範が事実と混同されている。

　社会政策の制度設計は，家族やジェンダー関係の「実態」のたんなる反映な

I 共通論題

いし従属変数ではないことに注意しなければならない。また，ジェンダー視点に立った類型論は，いくつかの政策の支出額や手段の特徴を，「成果」（ジェンダーによる不平等の減少）と同一視しがちであるという限界を，福祉レジーム論と共有してきたと思われる（大沢 1999：252）。

さて①の家族規範では，継続就業するとみなされる男性が「家族賃金」，すなわち家族を含めた生活を保障する処遇とともに，社会保障の対象となり，女性や子どもはその扶養家族として付随的な保障を受ける。家庭責任は妻がフルタイムで担うものとされ，それを支援する保育，介護等のサービスは，低所得や「保育にかける」などのケースに限って，いわば例外として提供される。「男性稼ぎ主」型の社会政策システムである。

いっぽう，女性も男性も職業と家庭や地域での活動を両立する，つまり稼ぐとともにケアもする（べき）とみる②の場合は，男女各人が本人として働きにみあった処遇と社会保障の対象となり，家庭責任を支援する社会サービスの対象ともなる「両立支援」の政策がとられる。「両立支援」型の社会政策システムでは，雇用平等のための規制とともに，児童手当，乳幼児期からの保育サービス，高齢者介護サービスや育児休業などの家族支援が制度化されるいっぽう，税・社会保険料の負担と給付は世帯（夫婦）でなく個人を単位とするようになり，税の家族配慮は控えめとなり，遺族給付が廃止される。この型に近いのはスウェーデンに代表される北欧諸国である（武川 1997；武川 1999；Esping-Andersen 1999；Korpi 2000）。

さらに③では，アメリカが典型であるように，家族の形成を支援する公共政策は薄く，労働市場でもとくに生活保障的処遇をしない。これをコルピにならって「市場志向」型と呼んでおく（Korpi 2000）。

日本の社会政策システムが強固な「男性稼ぎ主」型であることについては，諸説がほぼ一致している。その構成要素を確認しておこう。雇用平等にかんする規制は，1997年に男女雇用機会均等法が改正強化されるまで（99年度実施），ないに等しかった。他方，現金・サービスの給付面を国際比較すると，日本の社会政策は，片稼ぎだろうが共稼ぎだろうが，家族形成や子育てに対する支援が最も薄いグループに属する（Korpi 2000；所 2003）（コルピはその面のみを捉え

て日本を「市場志向」グループに分類する)。税制における控除は小さくないものの，児童手当が桁違いに小さく(都村 2000)，育児休業制度も，取得可能期間や休業中の所得保障の面で，アメリカを除く先進諸国とくらべて薄い(男女共同参画会議影響調査専門調査会 2002b)。

つぎに日本の税制は個人単位だが，配偶者や子の扶養，老人や障害者との同居や扶養について，控除を通じて大きな家族配慮が行われている。税・社会保険料負担については単位におとらず人的控除等が重要であることがわかる。とくに配偶者にかんしては配偶者控除と同特別控除の2つがあり，「男性稼ぎ主」にたいして過大な配慮になっている。現在，配偶者にかんする控除の制度をもつのは，アメリカ、イギリス、フランス、ドイツ、日本のいわゆるG5諸国中，日本だけである。

雇用者の社会保険料の負担は，応能(負担能力に応ずる)の観点からは個人単位ともいえるが，応益(保険がカバーする範囲)の観点からは世帯単位である。すなわち社会保険制度は，給付面で扶養家族をカバーしている。なかでも公的年金制度の「モデル年金」は，40年間雇用されて厚生年金に加入しつづけた夫と1年も厚生年金に加入したことのない妻という，完全な「男性稼ぎ主」カップルについて設定されている。

いっぽう遺族年金の支給条件には，明文の男女別扱いがあり，ようするに男性が稼ぎ主であること，「妻」は夫に扶養されるものであって，子どもがない場合も一生稼得力がないことが，前提されている。このような男女別の取扱いは諸外国にも例が乏しい。

たんなる単位でなく具体的な負担と給付の設計が重要であることは，国民年金基礎年金制度に着目すると明らかだ。国民年金制度には全国民がいちおう個人単位で加入している。しかし，雇用者に扶養される配偶者は第3号被保険者となり，保険料を徴収されずに基礎年金を給付される。被扶養と認められるための年収の上限は，健康保険と同額の130万円である。第3号被保険者の分の保険料は共働きや単身者を含む雇用者(第2号被保険者)の全員が分担しており，第3号被保険者の99％は女性である。

基礎年金制度は，世帯類型による給付水準の差をつぎのように生じさせる。

Ⅰ　共通論題

フルタイム労働者として平均賃金を得て40年間厚生年金に加入した男女について，男性単身，女性単身，夫片稼ぎ（専業主婦），夫婦共稼ぎの4つの世帯類型で，基礎年金を含む年金の給付水準（名目世帯賃金月収に対する比率）をみると，男性単身では46.5％，単身女性では56.9％，夫片稼ぎでは64.6％，夫婦共稼ぎでは50.5％となる（社会保障審議会年金部会第7回資料1　2003：4）。同じ保険料率なのに，年金給付水準が世帯によって異なるのは，定額の基礎年金6.7万円によって，低賃金層の給付が厚めになるという，再分配的な面があるからである。仮定された夫片稼ぎ世帯では，1人当たりの賃金が男性の平均賃金の半額になり，女性単身世帯よりも低賃金となるため，その年金給付水準が最高となる。

（2）型の形成と作用

　ではこのような型は，いつ頃，どのように形成されたのだろうか。欧米諸国が第2次世界大戦後に「福祉国家」建設を進めた時期には，家族について「男性稼ぎ主」規範はいずれの国でも強く（Esping-Andersen 2002：20, 68；深澤 2002：223-225），実際にも女性の男性にたいする経済的依存度は大きかった（Sorensen & McLanahan 1987），と指摘される。

　しかし，福祉国家建設時の各国の制度設計は一様だったわけではない。セインズベリは，オランダ，イギリス，アメリカ，スウェーデンを比較し，スウェーデンの制度では当初から「男性稼ぎ主」規範の刻印が薄く，早くも1970年代には「男性稼ぎ主」型から離脱したと述べている（Sainsbury 1996：ch. 3）。他方でオランダは，1970年代には「男性稼ぎ主」型の代表ともいえる状況だったが，82年の「ワセナール合意」以降の雇用・福祉改革をつうじて，周知の「1.5人稼ぎ手」という「オランダ・モデル」を生みだしてきた（水島 2002；Fagan & Ward 2003）。女性の高学歴化や雇用労働への進出，少産化といったジェンダー関係と家族構造の変化は，北欧型や市場志向型の要素を強化するが，「男性稼ぎ主」型システムにとっては摩擦と矛盾を生みだす，とも指摘される（Thelen 1999；Gottfried & O'reilly 2002）。福祉国家建設時の差異は，その後の分岐の事情とともに，なお今後の研究課題である。

日本の「男性稼ぎ主」型社会政策システムの構成要素については，それが「伝統的」なものではなく，高度成長期以降に導入されたものであることが，注意されなければならない（大沢 2002）。とくに第3号被保険者制度は，基礎年金制度が創設された1985年に導入された。

　80年代とは，「日本型福祉社会」のスローガンのもとに社会政策の多くの分野が改革された時期である。1985年に男女雇用機会均等法を制定し女性差別撤廃条約を批准したものの，社会政策の大きなベクトルとしては，国家ではなく家族，とりわけ女性が，福祉の担い手であるべきことが強調され，従来から大企業の労使にとって有利だった仕組みも維持強化された。反面で，女性が，家事・育児，夫の世話や老親の介護などを引き受け，稼ぐ面ではパート就労程度で家計を補助するにとどめる場合には，配偶者にかんする税控除や基礎年金第3号被保険者制度の創設および遺族厚生年金の拡充などを通じて，福祉が供給された。ようするに「男性稼ぎ主」型が仕上げられたのである。

　すでにふれたように，社会政策システムの型はたんに家族や雇用の実態を反映する従属変数ではなく，それが措定する家族・ジェンダー関係を再生産する。現行の社会政策のもとで，税や社会保険料負担を回避するために，雇用者の妻が無業ないしパート就業にとどまり，労働時間または年収をあえて抑えるよう促されることは，しばしば指摘されるとおりである。実際，2001年のパートタイム労働者総合実態調査によれば，パートタイム労働者の4人に1人が，税制や社会保険制度を意識して年収または労働時間を抑制している。これらの結果として，女性雇用者のうち厚生年金を適用される者の割合は低下してきた（男女共同参画会議影響調査専門調査会 2002b）。

　そこで，家計が男性世帯主の賃金に依存する割合は，日本では諸外国に比べて高い（埋橋 1997；中川 2000；色川 2003）。「男性稼ぎ主」を前提とする社会政策が，女性パートタイマーが収入を抑制する誘因となることを通じて，「男性稼ぎ主」を再生産しているのである。「男性稼ぎ主」型社会政策のこうした作用は，当然ながら無配偶者やシングルマザーも含む女性全体の労働条件に及び，男性が家族賃金を得ようとして超過勤務を歓迎するというように，男性の働き方にも影響する。

I　共通論題

3　転換の萌芽から小泉改革へ

(1)「両立支援」型の萌芽と小泉「骨太方針」

　「男性稼ぎ主」を前提とし，また再生産するような社会政策システムにたいしては，日本国内でも以前から批判があり，1990年代には94年と99年の年金改革を節目として，議論が高まってきた。また90年代には，育児・介護休業が制度化され，ILOの家族的責任条約が批准された（95年）。97年には労働基準法の「女子保護」規定が解消され，男女雇用機会均等法が大きく改正強化された（99年4月実施）。同年にはまた，家族の女性が無償で担ってきた介護から，"社会全体で支える"方向に踏みだす介護保険法が制定された（2000年4月実施）。これらは男女の機会均等を推進し，家族的責任をもつ男女の就労を支援する施策であり，予算規模や政策手段の強さはともかくとして，「両立支援」型システムの要素といえる。

　99年6月には男女共同参画社会基本法が制定されている。同基本法の基本理念には，「社会における制度又は慣行が，性別による固定的な役割分担等を反映して，男女の社会における活動の選択に対して中立でない影響を及ぼすことにより，男女共同参画社会の形成を阻害する要因となるおそれがあることにかんがみ，社会における制度又は慣行が男女の社会における活動の選択に対して及ぼす影響をできる限り中立なものとするように配慮されなければならない」（第4条）こと，および家族の協力と「社会の支援」による家庭と職業等の「両立」が謳われている（第6条）。

　ようするに社会制度・慣行，すなわち社会政策システムを，「男性稼ぎ主」型から中立にし（第4条），「両立支援」を強めること（第6条）が，展望された。北京行動綱領にいう「ジェンダーの主流化」である（大沢編 2000）。男女共同参画社会基本法のこうした基本理念は，小泉政権になってから，かなり明示的に内閣レベルの方針に反映されるようになる。

　小泉純一郎内閣は，日本の「構造改革」を叫んで2001年4月に発足し，同年6月26日には，構造改革に関する基本方針である「骨太方針」を閣議決定した。

「骨太方針」が冒頭に掲げた「生活維新プログラム」には，「働く女性にやさしい社会」を構築するために税や社会保障制度を「個人単位化」すること，保育所待機児童をゼロとするプログラムを推進することなどが謳われた。しかし，税制や社会保障制度の見直しの具体的内容は，不明だった。

　2001年末から2002年初めにかけて，小泉首相は，「広く薄く」負担を分かちあうという観点から「配偶者控除などの整理・縮小」に意欲を示していると報道された。税制改革は，政府税制調査会（税調）とともに経済財政諮問会議でも検討されることになり，その結果，2002年6月にあいついで，税調の基本方針と経済財政諮問会議の「骨太方針第二弾」が，「配偶者特別控除」の廃止や配偶者にかんする控除等の検討を打ちだした（税制調査会 2002；2002年6月25日閣議決定）。経済財政諮問会議や税調は，配偶者にかんする控除等を検討する際の視点として，男女共同参画社会を構築すること，税負担にも就労などの選択にも「歪みを与えない」という意味で，「中立的」な税制とすること，を掲げた。上記の男女共同参画社会基本法の基本理念が，小泉政権では内閣レベルの基本方針に反映されるようになったと述べるゆえんである。

　とくに税調は，配偶者特別控除を廃止する方針を明らかにした。政府税調が「男性稼ぎ主」型の税制の見直しに踏みこんだのは初めてのことであり，画期的といえる。この結果，2004年1月から配偶者特別控除を原則廃止することが閣議決定されたが，税調はそこにとどまらない。2003年6月の答申「少子・高齢社会における税制のあり方」では，「生涯現役社会や男女共同参画社会の構築に向けて，能力と意欲のある高齢者や女性の社会参画を妨げない制度づくりが重要な課題」としたうえで，配偶者特別控除の上乗せ分の廃止を「改革の第一歩」と表現し，配偶者控除についてつぎのように述べた。「家事や子育て等の負担はどのような世帯形態でも生じる上，今後，共稼ぎの増加が見込まれるため，税制面で片稼ぎを一方的に優遇する措置を講じることは適当でない」（税制調査会 2003）。

（2）年金改革をめぐって
　この間には，厚生労働省の「女性と年金」検討会が，2001年12月に報告書を

I 共通論題

提出していた。報告書は，厚生年金を適用する労働時間と年収の基準（4分の3基準と130万円）を下げることにより，パート労働者に適用を拡大すること，つまり第3号被保険者の一部を第2号に移すことなどを提案した（社会保険研究所 2002）。検討会のこうした提言は，2002年1月以来，厚生労働省の社会保障審議会年金部会に引きつがれた。

2002年6月の骨太方針第二弾は，年金制度についても，「『男女共同参画社会』の理念とも合致した」制度の構築を求めたが，改革の具体的内容は，「短時間労働者に対する社会保険の適用拡大，第3号被保険者制度のあり方について見直す」という以外は，不明だった。

さて内閣府には，2001年1月以来，経済財政諮問会議等と並んで男女共同参画会議が設けられていた。男女共同参画会議の議長は官房長官であり，各省を担当する12人の大臣と12人の有識者で構成され，①政府が実施する男女共同参画社会の形成の促進にかんする施策の実施状況を監視し，②政府の施策が男女共同参画社会の形成に及ぼす影響について調査する，などの任務をもつ。2001年5月には，男女共同参画会議に「基本問題」，「仕事と子育ての両立支援策に関する」，「女性に対する暴力に関する」，「苦情処理・監視」，および「影響調査」の5つの専門調査会が設けられていた。うち「仕事と子育ての両立支援策に関する」専門調査会は，保育所待機児童ゼロ作戦などを目玉とする報告書を，2001年6月に提出して終了したが，骨太方針にはこの提言が盛りこまれたのである。

影響調査専門調査会は，2001年5月から，女性の就業等のライフスタイルの選択に対して中立的な税制・社会保障制度・雇用システムを検討し，2002年4月24日に中間報告を公表した。中間報告は配偶者控除・配偶者特別控除について，制度を意識した賃金・年収・労働時間調整が行われているという点で，就業の選択に対して中立的でないとみなし，両制度の縮小または廃止という改革の方向を展望した。中間報告は年金制度についても，「個人単位化」を基本として，骨太方針第二弾よりも具体的に，①第3号被保険者本人に「直接・間接に何らかの形での負担」を求める，②厚生年金の夫婦間年金分割，③遺族厚生年金について，制度上の男女差の改善の検討，および若年の遺族配偶者につい

て必要な見直し，などを提言した（男女共同参画会議影響調査専門調査会 2002a）。

2002年12月20日にまとめられた影響調査専門調査会の報告は，年金についてさらに踏みこみ，①夫婦間の所得分割により，第3号被保険者にも負担を求めるとともに報酬比例部分を給付する（夫婦間の年金分割），②夫婦間の年金分割により，遺族厚生年金の不要な層が拡大，などを盛りこんでいる（男女共同参画会議影響調査専門調査会 2002b）。

では，厚生労働省の「年金改革の骨格に関する方向性と論点について」（「方向性と論点」）はどのような案を提示したのだろうか。この提案の最大のポイントは，「保険料固定方式」にあるが[1]，付随して，少子化，女性の社会進出，就業形態の変化に対応する諸方策が打ちだされた。そのなかには，年金額計算における育児期間への配慮の検討，短時間労働者等に対する厚生年金の適用とともに，第3号被保険者制度についてつぎの4つの見直し案が提起されている。①夫婦間の年金権分割，②第3号被保険者も保険料を負担，③第3号の基礎年金給付を減額，④短時間労働者等に厚生年金を適用して第3号を縮小，である（厚生労働省 2002）。

そして厚生労働省社会保障審議会年金部会は，9月12日に「年金制度改正に関する意見」を提出した（本稿の筆者は2002年1月から同部会のメンバーである）。年金部会「意見」は，「年金改革の基本的な視点」として，つぎの4点を掲げる（社会保障審議会年金部会 2003）。①社会経済と調和した持続可能な制度とする，②制度に対する信頼を確保する，③多様な働き方に対応し，より多くの者が能力を発揮できる社会につながる制度とする，④個人のライフコース（生涯にわたる生き方，働き方の選択）に対して中立的な制度とする。

これらのうち③と④は，従来は「女性と年金」問題として，傍流ないし付随的に扱われてきたが，今回は改革全体の「基本的な視点」とされた。日本の年金改革で，ジェンダーの主流化が確実に起こっていることを，今回の年金部会「意見」は示している。

年金改革の「個別論点」で第1に注目されるのは，いわゆる「モデル年金」について，従来のように「夫片稼ぎ」世帯だけでなく，「共働きや単身を含めた」複数の世帯類型をあわせてみていくことが「妥当である」と断言された点

である。部会資料によれば，妻の厚生年金加入年数が長いほど給付水準が低いこと，その構造が提案されている改革によっても変化しないことが，明らかである。それは，ライフコースに対する中立性という「年金改革の基本的な視点」にてらして問題であろう。

第2に，「多様な働き方への対応・次世代育成支援」において，短時間労働者等にたいする厚生年金の適用拡大を打ちだした。また第3に，女性と年金について「検討を行う際の共通の視点」として，「個人の生き方，働き方が多様化している中で，基本的には年金制度も……生き方，働き方に中立的であることが求められており，男女が格差なく働ける社会が現実のものとなることを前提に，できるだけ一人一人が負担能力に応じて保険料を納め，その拠出に応じた給付を受ける仕組みとなることが望ましい」と明言している。しかし，第3号被保険者制度の見直しについては，①夫婦間の年金権分割，②第3号被保険者も保険料を負担，③第3号の基礎年金給付を減額，という3案が併記されたにとどまる（2003年11月の厚生労働省案では①を採用）。

第4に遺族年金については，本人の老齢厚生年金の全額受給を基本に，遺族となった場合に受給できる現行額との差額を支給する仕組みがめざされ，子のいない若齢期の妻には，有期給付とするなど就労支援に重点を置く方針が打ちだされた。第5に離婚の場合，当事者の合意により，協議された割合で厚生年金保険料の納付記録を移転するかたちが盛りこまれたが，当事者が合意できない場合に裁判所に分割を請求できる権利を盛りこむことは，先送りされている。

4　「型」の転換の意味

夫婦間で所得分割すること（影響調査専門調査会の提言）と，年金権を分割すること（「方向性と論点」および年金部会「意見」の案①）は，厳密にいえば異なるが，実質はほぼ等しい。いずれも分割することで遺族厚生年金が不要になれば，夫片稼ぎ世帯と夫婦共稼ぎ世帯のあいだでは，世帯賃金が等しいなら保険料負担も年金給付も等しくなり，その面では女性の就労の選択にたいしてより中立的な制度となる。「男性稼ぎ主」型からの脱却を志向すると特徴づけられるだ

ろう。しかし，基礎年金制度が継続するかぎりは，負担や給付を調整しても，夫片稼ぎ世帯の年金給付水準（名目世帯賃金月収にたいする比率）が厚くなるような，世帯類型間の給付水準の不均等は残る。スウェーデン方式のように所得比例構造に一本化し，夫婦間の所得分割を導入したうえで，低・無所得者に税財源の無拠出制の給付を設け，遺族年金を不要とすることが，「両立支援」型と呼ばれるにふさわしい年金制度ではないだろうか。所得比例構造に一本化すると，低賃金女性の年金給付水準も現行よりは低下するのではあるが。

　みてきたように日本では，社会政策システムの「男性稼ぎ主」型が仕上げられた80年代にたいして，90年代から「両立支援」型の施策が芽生え，2002年にいたって型の転換を予期させる動きが起こった。もちろん，構造改革全体としては規制緩和や民営化という「市場志向」のベクトルが強く，「両立支援」が「市場志向」にのみこまれる可能性は小さくない。それにしても，日本での「両立支援」型への動向は，どこからなぜ生じたのか。その一因は，少子高齢化が加速するなかで，女性が労働市場にいっそう参入し税・社会保険料を負担することが期待され，子育て支援の必要性が認められたことだろう（大沢1998）。もっとも最近では，少子化への危機意識から，「両立支援」型への傾きを批判する論調もみられるのだが（金子2003）。

　これにたいしてヨーロッパでは，格段に積極的に，ポスト工業段階の知識経済において，機会の実質的な平等が「効率」の必須条件であり，なかでもジェンダー平等の実現が決め手であるという認識が，社会政策改革に際して共有されつつある（Esping-Andersen 2002：3, 10）。それは，アメリカとは異なって社会的包摂と凝集性の原理を組みこんだ資本主義を作ることによって，苛酷なグローバル競争を生き抜き，よりよい世界秩序を構築する主体たらんとするEUの戦略の一環にほかならない（ウォルビィ 2002）。

　ついに「男性稼ぎ主」型から脱却するのか，いかなる将来構想をもって脱却するのか，21世紀の初頭において日本が直面させられている問である。

1) 　従来の年金改革は，5年ごとの財政再計算の際に，人口推計や将来の経済の見通しを踏まえて，給付水準や保険料水準を見直すという方式をとってきた。少子高齢化が加速

I 共通論題

し景気が低迷するもとで，この方式では，給付を切り下げ保険料を引き上げるという改革が繰り返されることになり，かえって年金制度に対する国民の信認を損なったと批判もされてきた。そこで「方向性と論点」は，最終的な保険料水準を法定し，その負担の範囲内で給付を行うことを基本に，人口と賃金物価の動向に応じて給付水準が自動的に調整される仕組みを制度に組みこむことを，「保険料固定方式」と称して提言した。具体的には，保険料率の上限を2022年度の20％とする場合，人口と賃金物価の推計にもとづいて，「モデル年金」の将来の（2032年度以降）の給付水準は，現役の手取り賃金の52％になると見込んでいる（現行制度は手取り賃金比59％）。この場合の「モデル年金」は厚生年金に夫40年加入，妻0年という完全な「男性稼ぎ主」であり，給付水準が最も高い類型である。2003年9月の年金部会「意見」では，「保険料水準固定・給付水準自動調整方式」という呼称になった。

【参考文献】

Esping-Andersen, Gosta (1990) *The Three Worlds of Welfare Capitalism*, Cambridge: Polity Press.

Esping-Andersen, Gosta (1999) *Social Foundations of Postindustrial Economies*, Oxford: Oxford UP.

Esping-Andersen, Gosta, with Gallie, D., Hemerijck, A. and Myles, J. (2002) *Why We Need a New Welfare State*, Oxford: Oxford UP.

Fagan, C. & Ward, K. (2003) "Regulatory Convergence? Nonstandard Work in the United Kingdom and the Netherlands," Houseman, S. & Osawa, Machiko (eds.) *Nonstandard Work in Developed Economies*, Causes and Consequences, Kalamazoo, Michigan: W. E. Upjohn Institute for Employment Research, 53-87.

Gottfried, Heidi & O'reilly, Jacqueline (2002) "Reregulating Breadwinner Models in Socially Conservative Welfare Systems: Comparing Germany and Japan," *Social Politics*, Spring 2002, 29-59.

Korpi, Walter (2000) "Faces of Inequality: Gender, Class, and Patterns of Inequalities in Different Types of Welfare States," *Social Politics*, 7, 2, 127-191.

Lewis, Jane (1992) "Gender and the Development of Welfare Regimes," *Journal of European Social Policy*, 2, 3. 159-173.

Pascall, Gillian (1986) *Social Policy: A Feminist Analysis*, Tavistock Publications.

Sainsbury, Diane (ed.) (1994) *Gendering Welfare States*, SAGE.

Sainsbury, Diane (1996) *Gender, Equality and Welfare States*, Cambridge: Cambridge UP.

Sainsbury, Diane (ed.) (1999) *Gender and Welfare State Regimes*, Oxford: Oxford UP.

Sorensen, A. M. & McLanahan, S. (1987) "Married Women's Economic Dependency," *American Journal of Sociology*, 93, 659-686.

Soskice, David (1999) "Divergent Production Regimes: Coordinated and Uncoordinated Market Economies in the 1980s and 1990s," Kischelt, H., Lange, P. & Marks, G. (eds.) *Continuity and Change in Contemporary Capitalism*, Cambridge: Cambridge UP.

Soskice, David (2000) "Explaining Changes in Industrial Frameworks: Societal Patterns of Business Coordination," Maurice, M. & Sorge, A. (eds.) *Embedding Organizations*, Amsterdam: John Benjamins, 167-183.

Thelen, Kathleen (1999) "Historical Institutionalism in Comparative Politics," *Annual Review of Political Science* 2, 369-404.

Walby, Sylvia (2000) "Analysing Social Inequality in the 21st Century: Globalization and Modernity Restructure Inequality," *Contemporary Sociology*, 29, 6, 813-818.

居神浩（2003）「福祉国家動態論への展開――ジェンダーの視点から」，埋橋編（2003），43-67頁

色川卓男（2003）「勤労者家計構造の国際比較――日・米・韓・独の比較」，埋橋編（2003），135-166頁

埋橋孝文（1997）『現代福祉国家の国際比較――日本モデルの位置づけと展望』日本評論社

埋橋孝文編（2003）『比較のなかの福祉国家』（講座・福祉国家のゆくえ２）ミネルヴァ書房

ウォルビィ，シルビア（大沢真理監訳）（2002）「グローバル化と規制――イギリスにおけるニュー・エコノミーとジェンダー」，『現代思想』2003年１月号

大沢真理（1998）「橋本６大改革のジェンダー分析」，山脇直司・大沢真理・大森弥・松原隆一郎編『ライブラリー相関社会科学５　現代日本のパブリック・フィロソフィ』新世社，243-270頁

大沢真理（1999）「開発政策の比較ジェンダー分析のモデル」，国立婦人教育会館『女性のエンパワーメントと開発――タイ・ネパール調査から』平成６年度～平成10年度開発と女性に関する文化横断的調査研究報告書，245-270頁

大沢真理（2002）『男女共同参画社会をつくる』NHKブックス

大沢真理編（2000）『21世紀の女性政策と男女共同参画社会基本法』ぎょうせい

金子勇（2003）『都市の少子化社会』東京大学出版会

厚生労働省（2002）「年金改革の骨格に関する方向性と論点について」

厚生労働省（2003）「持続可能な安心できる年金制度の構築に向けて（厚生労働省案）」

I 共通論題

社会保険研究所（2002）『女性と年金——女性のライフスタイルの変化等に対応した年金のあり方に関する検討会　報告書』社会保険研究所

社会保障審議会年金部会（2003）「年金制度改正に関する意見」

税制調査会（2002）「あるべき税制の構築に向けた基本方針」

税制調査会（2003）「少子・高齢社会における税制のあり方」

武川正吾（1997）「福祉国家の行方」，岡沢憲芙・宮本太郎編『比較福祉国家論』法律文化社

武川正吾（1999）『社会政策のなかの現代——福祉国家と福祉社会』東京大学出版会

男女共同参画会議影響調査専門調査会（2002a）『「ライフスタイルの選択と税制・社会保障制度・雇用システム」に関する中間報告』

男女共同参画会議影響調査専門調査会（2002b）『「ライフスタイルの選択と税制・社会保障制度・雇用システム」に関する報告』

都村敦子（2000）「児童手当と世代間連帯」，『週刊社会保障』2091

所道彦（2003）「比較のなかの家族政策——家族の多様化と福祉国家」，埋橋編（2003），267-296頁

中川清（2000）『日本都市の生活変動』勁草書房

深澤和子（2002）「福祉国家とジェンダー・ポリティックス——ジェンダー関係の戦略的転換への途」，宮本編（2002），215-246頁

水島治郎（2002）「大陸型福祉国家——オランダにおける福祉国家の発展と変容」，宮本編（2002），117-148頁

宮本太郎（2003）「福祉レジーム論の展開と課題——エスピン・アンデルセンを越えて？」，埋橋編（2003），11-41頁

宮本太郎編（2002）『福祉国家再編の政治』（講座・福祉国家のゆくえ1）ミネルヴァ書房

共通論題＝新しい社会政策の構想―20世紀的前提を問う――座長報告

「新しい社会政策の構想」に寄せて
第106回大会の前と後

武川正吾 Takegawa Shogo

1 社会政策学の伝統

　政策とは何らかの問題を解決するための指針，あるいは，問題解決のためのプログラム群を指している。政策が立案され実行されるとき，そこには一定の価値や規範が，明示的であるか暗示的であるかは別として，前提される。私たちは価値に関して何の前提も置くことなしにある状態が問題であると判断することはできないし，その解決策を示すこともできない。

　このため社会政策学の伝統のなかでは，社会的価値（社会的に広く共有されている価値）や政治的理想が語られることが少なくなかった。成立当初の社会政策学が社会改良主義のイデオロギーに基づいていたことは周知のとおりである。初期の社会政策学を担ったこれら新歴史学派は「価値自由」を説くウェーバーの鋭い批判にあって，やがて歴史の舞台から退場するが，その後もハイマンのように社会政策の実現が社会主義への一歩であると見なす潮流は存在した。日本では，これらの「道議論」や「政治論」が社会政策学の歴史のある段階で，非科学的なものとして退けられるが，これらに代わって出現した「社会政策の経済理論」も「生産力の増大」を社会政策の実現すべき価値として想定していたという点では，以上の伝統に忠実だった。

2 資本制と家父長制

　20世紀後半の日本の社会政策学も一定の価値を前提にしながら研究を進めて

I 共通論題

きた。日本の社会政策学は，必ずといっていいほど資本制に言及しながら，社会問題や社会政策を論じてきた。これは資本制が何らかの社会的価値の実現を妨げているとの認識の表れである。社会政策本質論争のなかでも資本制との関連で社会政策を問う姿勢は一貫していた。高度経済成長期には日本の社会政策学の関心が一挙に労働経済の問題へと向かっていくが，その背後には，資本制のプリズムをとおして社会政策を見るべきだとの立場が存在する。この傾向は21世紀初頭の現在まで続く。近年では福祉国家の比較研究が日本の社会政策学のなかで一定の地歩を築き上げてきているが，そこでの鍵概念は「脱商品化」である。この概念は，社会政策は資本制による「労働力の商品化」を是正すべきだとの立場を暗黙のうちに前提している。

1990年代になると日本の社会政策学は，資本制だけでなく家父長制との関連で社会政策のありかたを問うようになる。これは1980年代にジャーナリズムの世界だけでなくアカデミズムの世界にも影響を及ぼすようになったフェミニズムの方法論が社会政策の研究に適用され，それが日本の学界にまで押し寄せてきたことの結果である。1992年に昭和女子大学で開催された社会政策学会の第84回大会がひとつの転機であったと思われるが，この大会以後，社会政策におけるジェンダー研究が日本でも盛んとなり，いまやジェンダー部会は日本の社会政策学における一大勢力となっている。このようなジェンダー・アプローチの隆盛は，資本制だけでなく家父長制の存在が，そして家父長制の影響を受けた社会政策の存在が，私たちが共有している何らかの価値の実現を妨げているとの共通認識が社会政策学会のなかで形成されつつあることを物語っている。

要するに，20世紀後半の日本の社会政策学は，資本制や家父長制によってその実現が拒まれる価値を暗黙のうちに前提しながら研究を進めてきたのである。ところが，これらの価値が何であるかについて明示的に語られることはきわめて稀であった[1]。そこには過去の教訓から，学会内の政治的対立を回避するための「学会悟性」の力が働いたかもしれない。また，研究の専門分化にともない，社会的価値について論じることが青臭いものと感じられるようになってきたのかもしれない。社会政策学が「没価値」的であったことは一度たりとない。定義上それは不可能である。しかし日本の社会政策学の価値前提が何であるの

か，資本制や家父長制によってその実現を阻まれているものが何であるのか，それらの桎梏が外されたときに現れる「望ましい状態」とはいかなるものであるのか，これらの点についての議論が日本の社会政策学のなかで自覚的になされたことはほとんどなかった。

3　臨床哲学・応用倫理・公共哲学

　ひるがえって価値や規範の問題を正面から取り上げるべき（と部外者からは考えられている）哲学や倫理学に目を移すと，そこには従来とは異なる新しいタイプの研究が生まれつつあることがわかる。これまでは過去の偉大な哲学者の学説をどう読み解くかということが哲学アカデミズムの主流を占めていた。学説研究から離れた探求がなされる場合でも，存在論や認識論が——いわゆる「言語論的転換」のあとでは言語論が——哲学者の思索の中心であって，価値論は研究の主流ではなかった。価値が論じられる場合でも，それは原理論の水準においてであって，これを社会的現実にどう生かすかといった問題意識は稀薄だった。つまり社会政策学との間には断絶があった。これに対して今日の日本の哲学界における（社会政策学者の眼から見て）注目すべき動きは，価値の問題を私たちの日々の生活との関係で具体的に取り上げられるようになったということである。

　近年，「臨床哲学」という言葉が生まれ，カントやヘーゲルだけではなく，介護や看護や子どもの不登校などの問題を論じる哲学者が出現しつつある。例えば，大阪大学は，1998年に，それまでの倫理学研究室を臨床哲学研究室へと改組し，これを機に『臨床哲学』という紀要の刊行を開始した。同研究室のホームページによれば，「臨床哲学」(clinical philosophy)とは，「もっと問題発生の現場に即応した哲学の語り口を探ろう」という川本隆史の問題提起に応えるものであって，「臨床」(klinikos)という「ひとびとが苦しみ，横たわっているその場所」に「哲学的思考を差し込む試み」である。雑誌『臨床哲学』に寄稿されている論攷は，失語症，生と死，セクシュアリティ，ケア，不登校，障害，食，……を取り上げ，今日の哲学が社会問題の現場へと近づきつつあるこ

と，すなわち臨床哲学が社会政策学の領域と接しつつあることを示している。

倫理学でも同様の状況が生まれつつある。科学技術の発達にともなって出現した新たな問題群に取り組むため，近年，「応用倫理」の構想が語られるようになった。生殖技術の発達や臓器移植は医の現場に「生命倫理」の問題を提起する。地球環境問題への関心の高まりは「環境倫理」の問題を私たちに突きつける。IT技術の発達は，情報の操作が容易になった分，現代社会では従来以上に「情報倫理」への配慮が求められる。これらは新しく生まれた状況に対する倫理学の側からの主体的な取り組みであると同時に，科学者や政治家など現場で問題と格闘している人びとから提出される現実的要請に対する回答である。このため東京大学文学部は「応用倫理教育プログラム」を2002年に開始した。応用倫理の企ては，いまのところ理科系の先端科学で発生する倫理的問題の解明に主力が注がれているが，その定義上，労働や社会保障における倫理的問題の解明とも関係してくるはずである。

社会政策学の立場から見た現代哲学におけるもうひとつの重要な動きは，社会科学者をも巻き込みながら繰り広げられつつある「公共哲学」の体系化の運動である。公共哲学という概念自体はウォルター・リップマンの1950年の著書に由来するというが，近年の日本では，これが一般社会や学問の私事化に対抗して公共性を回復するための学として考えられるようになっている。その成果は，2002年7月に完結した講座『公共哲学』（佐々木毅・金泰昌編，東京大学出版会）全10巻に結実している。この講座は，公と私に関する思想史と社会科学，欧米と日本における公と私に関する状況を取り上げたのち，国家・経済・中間集団・科学技術・地球環境と公共性との関連を論じており，その問題意識は社会政策学と重なるところがある。そもそも社会政策は公共政策の一種であるから公共性の問題は避けて通ることができない。社会政策自体が何らかの公共哲学を前提としているのである。

4　没価値的な政策論と没政策的な価値論と

以上の3つの動きは，問題から政策へといたるスペクトルのなかで，それぞ

れ異なる場所に焦点を当てている。臨床哲学は問題の発生の現場に注意を注ぐ。応用倫理は発生した問題を解決するための指針を示そうとする。公共哲学はこれらを社会システムの設計にまでつなげようとする。しかし，いずれの動きも潜在的にはその射程が現実の社会政策のありかたにまで及ぶという点で共通している。子どもたちの苦しみに関する臨床哲学の考察は，それがラディカルなものであるならば，彼ら彼女らの苦しみを和らげるための公共政策にまで辿り着くはずである。応用倫理としての生命倫理の企ては，それが真摯なものであるならば，看護や介護の現場においてテクネーを磨き上げることに寄与することができるだろうし，保健・医療・福祉に関する社会政策のありかたにまでかかわってくるはずである。扱っている対象から見て公共哲学と社会政策学との距離は意外と短い。

　ところが臨床哲学，応用倫理，公共哲学の企ては，アカデミズムのいわば「蛸壺」に阻まれて社会政策の構想とは十分につながっていない，言い換えると，その可能性が十分に発揮されていないというのが現状である。哲学者の側には他のディシプリンの領分を侵すことへの躊躇いがあるのかもしれない。社会政策学者の側にもこれらの問題提起に真摯に応える準備ができていない。結果として，日本のアカデミズムのなかでは「価値論なき政策論」と「政策論なき価値論」とが何の接点ももたないままに併存している。これは双方にとって不幸なことである。政策論から切り離された価値論は，社会的現実とのつながりが不完全なものとならざるをえないだろう。また，価値論から切り離された政策論は，その理念的根拠が薄弱なものとならざるをえない。このため第106回大会の共通論題では，両者を架橋し，このような状況から抜け出すことを目指した[2]。

5　KWSからSWSへ？

　20世紀の福祉国家はしばしば「ケインズ主義的福祉国家」（KWS）として総括される。KWSは，国民国家システムのなかで，各国の中央政府が蓄積と正当化の2つの機能を果たすための仕組みである。前者の機能は，政府が総需要

を管理することによって継続的な経済成長を引き起こすことで遂行された。後者の機能は，経済成長によって完全雇用を達成し，これを前提とした社会保障（普遍的な社会保険と選別的な公的扶助によるその補足）を制度化することによって遂行された。そこでの社会政策が完全に脱商品化されることはなかったが，部分的には脱商品化された。今日では，このような KWS のメカニズムが作用する前提として，家父長制の存在が指摘されている。と同時に，当初ジェンダー化されていた社会政策も，20世紀の後半をつうじて，部分的には脱ジェンダー化された。こうした KWS のメカニズムによって国民の生活水準は着実に上昇した。

　ところが以上の前提がひとつずつ取り払われていったのが，20世紀の第4四半期の歴史である。グローバル化が進んだ結果，各国政府は経済政策の自由度を失った。このため現在ではリフレーションによる完全雇用の達成が困難となっている。雇用なき成長が一般化し，多くの国で高失業率を記録している。また民営化やワークフェアの政策によって，脱商品化にブレーキがかかった。労働力の再商品化を経験している国もある。このようなポスト KWS の状況のなかでは，福祉国家や社会政策に関するペシミズムが生まれてくる。例えば，ボブ・ジェソップは，グローバル資本主義の圧力のなかで，KWS から SWS（シュンペーター主義ワークフェア国家）への移行が生じていることを指摘している[3]。彼によると SWS の下での社会政策はサプライサイドへの介入，労働市場の柔軟性，国際競争力の強化といった目的の手段と化す。

　現在の世界の状況を見るとき「KWS から SWS への移行」というテーゼは非常に説得力がある。たしかに多くの国では完全雇用ではなくて不完全雇用が支配的である。労働力の再商品化を志向するワークフェアの政策が世界中で猛威をふるっている。しかし SWS への移行を21世紀に住む私たちにとっての宿命であるかのように考えるのは誤りである。現在の世界のなかには，グローバル資本主義やワークフェアへの動きとは異なる動きもまた存在するからである。それらのなかには，「第三の道」のように単純なワークフェア政策に対して修正を施そうとする穏健なものから，反グローバリズムの運動や労働と所得の切断を図るベーシックインカムの構想のように非常にラディカルなものまでさま

ざまである。いずれにせよ，福祉国家をめぐる現在の状況は，再商品化と脱商品化のせめぎ合いのなかにあると見る方が正確である。

6　構想される新しい社会政策

　このように20世紀から21世紀への転換期のなかで福祉国家や社会政策のありかたが大きく変貌しつつあり，このなかで「新しい社会政策の構想」が求められている。これは社会政策学会の会員の関心のなかにも現れ，分科会のテーマや自由論題の報告のなかにも反映している。第106回大会に組織された各分科会のテーマのなかには伝統的な社会政策学ならではのテーマもあるが，従来の学会ではあまり取り上げられてこなかったようなテーマも目立った。自由論題のなかにも「新しい社会政策の構想」に関連する報告が見られた。そして何よりも大会当日の共通論題における総括討論の熱狂によってもこのことが裏付けられる。このようなときにこそ，社会政策学は現実の社会政策が前提とする価値が何であるかにまで遡って，社会政策のありかたについて論じるべきであろう。そうすることによってはじめて「新しい社会政策の構想」も可能となるのである。

　第106回大会の共通論題は，価値論と政策論をつなぐべく，そして，新しい社会政策の構想をすべく，以下の4つの報告から構成された。

　1　卓越・正義・租税――社会政策学の《編み直し》のために　　川本隆史
　2　ベーシック・インカム構想と新しい社会政策の可能性　　　　小沢修司
　3　労働の未来――ドイツからの提言　　　　　　　　　　　　　田中洋子
　4　「男性稼ぎ主」型から脱却できるか
　　　　――社会政策のジェンダー主流化　　　　　　　　　　　　大沢真理

　これらの4つは，社会政策の体系を構成する主要分野というわけではない。ましてや何らかの論理的な基準によってなされた分類の帰結というわけではない。最初の報告を総論，残りの3人の報告を各論として位置づけることは可能だが，この場合も総論と各論の違いは程度の差であって，総論が各論を包含するとか各論が排他的な分類表を構成しているというわけではない。4つの報告

は「新しい社会政策の構想」にとって参照されるべきピンポイント群の一部である。このため本来取り上げてしかるべき構想のいくつかが抜け落ちている可能性がある。4報告は論理の広さ（扱っている範囲）と深さ（抽象性具体性）において多様であるが，そこには，こうした異なる報告が並び，それらがぶつかり合い，そして共鳴し合うことによって「新しい社会政策の構想」の糸口を発見することができるのではないかとの企画委員会の楽観がある。

7　問われる20世紀的前提

　4つの報告は，20世紀の社会政策が前提としていたものを疑う姿勢を示しているという点で共通している。この点は，共通論題の企画の当初から盛り込まれていた論点ではなかった。しかし大会の準備のための会合を重ねるなかで，いずれの報告者もそれぞれの仕方で20世紀的前提を疑っているということが明らかとなった。このため報告者のひとりである大沢真理の発意によって，もともとの共通論題の表題に「20世紀的前提を問う」という副題が付されることとなった[4]。各報告の内容は本誌に掲載されているので，それらの紹介を繰り返す愚は避ける。共通論題に対する批評も，すでに他誌で詳細に行われているので，これもそちらに譲る[5]。ここでは各報告と総括討論を経て明らかとなった（と私に思われる）論点を素描して——本格的に論じようとすると，たちまち一本の論文になってしまうであろうから——座長報告を終わることにしたい。

　小沢報告はベーシック・インカムの登場の背景には，20世紀が前提としていた家族・労働・環境のゆらぎが存在することを指摘するが，おそらくこの点はおおかたの合意が得られるところだろう。これらの点はそのままKWSの社会政策が前提していたものであると言い換えることができる。そして，これら3つに加えて，国民国家の存在も20世紀的前提として指摘することができる。この点についても異論を唱える人は少ないだろう。要するに，20世紀型の福祉国家は，家族・労働・環境・国家といった点について独特の前提を置いていた。そして，いま問われているのはこれら4つの項目に関する前提である。

　4つの前提とは何か。①KWSは，成長によって完全雇用を確保し，そこか

ら得られた財源によって社会保障を維持するための仕組みであるが，ここでの完全雇用とは近代家父長制を前提とした男性稼ぎ主の完全雇用に他ならなかったし，社会保障もジェンダー化された家族を前提として設計された制度に基づいていた。②そしてそこで完全に雇用されるものとは賃労働であった。自営労働も生業としての位置づけが与えられていたが，家事労働やボランタリー労働は労働とは考えられなかったし，ましてや人間の活動一般は労働という範疇の視野の外にあった。ここから「労働と生活」という奇妙な二分法が生まれてくることになる。③また，そこでの成長とは地球環境に対する負荷を一切捨象したところに成り立っており，自然が無限であることを多くの人が何の疑念ももたずに確信していた。④そしてこれらのメカニズムは国民国家によって管理され，とりわけ成長政策の成功は，資本（と労働）の移動を国民国家が統制可能であるとの前提によって担保された。これらの4つがKWSという20世紀型福祉国家の前提であった。

8　21世紀型福祉国家の前提

　ところが，これらの諸前提が崩れ，その正当性が問われるところに，私たちは現在立っている。言い換えると，21世紀型の福祉国家を構想することが社会政策学者には求められているのである。そして冒頭の議論に戻ると，そこでの新しい社会政策は，それが前提とする価値を明示化したうえで構想されるべきことになる。新しく構想される社会政策の価値前提は何か。この点について，第106回大会で全員一致の結論が出されたわけではない。しかし，少なくともそのために最小限言及されなければならない諸論点については示されたように思う。川本報告が指摘したように，人類史のなかで磨かれてきた卓越という価値を甦らせるということはそのためのひとつの可能性である。卓越が分配の正義に関連づけられるとき，それは福祉国家の社会政策の原理にまで具体化される。さらにそれは税制や社会保障などの制度の設計にまで上向することができる。

　20世紀的前提が問われているということは，21世紀型福祉国家の社会政策は

Ⅰ 共通論題

もはやそれらを前提し続けることはできないということである。それでは何を前提としなければならないのか。

(1)大沢報告が示唆するように，私たちは，ジェンダー化された家族を前提に社会政策の制度を設計することがもはやできない地点にまできている。その意味で，21世紀型福祉国家のなかでの社会政策は脱ジェンダー化されたものでなければならない。

(2)高失業が社会問題となるのは，①労働者の生計が賃労働によってしか維持されない，②人間の諸活動のなかで最も意味があるのは雇用である，といった生業の絶対性に関する前提があるからである。しかし，田中報告が取り上げた労働の未来論のように，今日，生業を相対化するための動きがある。小沢報告が取り上げるベーシック・インカムは，これに制度的保障を与えようとする試みである。いずれにせよ21世紀型福祉国家の社会政策は，家事，育児，社会活動など賃労働以外の人間の諸活動を正当に評価するものとなっていなければならない。

(3)今回の大会では，地球環境に焦点を定めた報告はなされなかったが，小沢報告が示唆したように，21世紀型福祉国家は生産中心主義から脱却し，社会政策と環境政策との調和を図らなければならない。

(4)国民国家の絶対性を揺るがすのは，第１にグローバル化であり，これによって国民国家の統治能力は弱体化する。このため21世紀型福祉国家においては，国際条約や国際機関によるグローバルな水準での社会政策の確立が必要となる。しかし国民国家の絶対性を揺るがすのはグローバル化だけではない。ローカルな問題を解決するうえで国民国家が無能力であるということも今日明らかとなりつつ点である。川本報告が指摘するように，21世紀型の福祉国家のなかでは，ローカル・ジャスティスがひとつの重要な原則となるだろう。いずれにせよ新しい社会政策の構想にとっては国民国家の相対化が不可欠である。

こんにち産業構造の転換や家族の変容によって，先進諸国における若年世代の置かれる状況は変化しつつある。子どもから大人への移行が長期化し，若者たちは自立する機会を奪われている。とりわけ学校から職業への移行期が長期化によって，働いているわけでもなく，学校に通っているわけでもなく，かと

いって職業訓練を受けているわけでもない若者たちの姿が目立つようになってきた。このため2004年春の第108回大会の共通論題では，こうした若年世代をめぐる問題とこれに対する政策的な対応が取り上げられることとなっている。おそらくそこでは青年政策——すなわち若年世代のための社会政策——の構想が議論の焦点のひとつとなることだろう。そのさいには20世紀的前提に立った議論ではなくて，この第106回大会における到達点を踏まえたうえでの議論が行われることを望みたい。

1) ただし，中西洋の一連の仕事（『近未来を設計する〈正義〉〈友愛〉そして〈善・美〉』東京大学出版会，1998や『〈自由（リベルテ）・平等（エガリテ）〉と《友愛（フラテルニテ）》』ミネルヴァ書房，1994）が存在するが，これらは日本の社会政策学の歴史のなかでは例外に属するだろう。
2) 政策論にまでつながらない価値論もそれはそれで問題であるが，価値論に裏打ちされない政策論の方が問題はより深刻である。政策論がみずからの前提とする価値を不問に付すということは，政策論のなかに価値に関する非合理主義やニヒリズムをもち込むことになってしまうからである。私たちは，何らかの政策提言に関して，推論の手続きは厳密だが，前提とする価値に関する議論があまりにも粗雑である——そして結論もだいたいにおいて陳腐である——といった類の論文を読むことがあるが，このような論文はまさに没政策的な価値論と没価値的な政策論が併存している現状に由来するものである。
3) Jessop, Bob, 1994, "The Transition to Post-Fordism and the Schumpeterian Workfare State", in Burrows, Roger and Loader, Brian, eds., *Towards a Post-Fordist Welfare State?*, London : Routledge, 13-37.
4) 4つの報告には共通論題のテーマとの直接的なつながり以外にも共通点もある。ひとつは4つの報告が価値論と政策論との中間的な位置にあるという点である。これは価値論と政策論の接合という試みにとっては戦略的な意味がある。この中間的な位置というのは，価値に関する議論が社会政策の水準に具体化され，社会政策に関する議論が価値によって十分根拠づけられるための恰好の場を提供する。ここでは政策論も価値の問題を自覚しないわけにはいかないし，価値論も政策論にまで踏み込まざるをえない。
5) 白井邦彦「学会動向　新しい社会政策の構想　20世紀的前提を問う——第106回大会を振り返って」『大原社会問題研究所雑誌』No. 538-539（2003年9-10月）: 79-93.

II 【テーマ別分科会】報告論文と座長報告

中国における基本医療保険制度の形成と
　その実態　　　　　　　　　　　　　　　　于　　洋
高齢者介護倫理のパラダイム転換と
　ケア労働，ジェンダー　　　　　　　　春日キスヨ
高齢者ケアのウェルフェアミックス：
　介護・医療システムの再編成　　　　　河野　　真
金大中政府の「生産的福祉」　　　　　　李　　惠炅
金大中政府の女性政策　　　　　　　　　鄭　　鎭星

〈座長報告〉
埋橋　孝文　　小笠原浩一　　室住眞麻子　　平岡　公一
大塚　　忠　　高田　一夫　　三重野　卓　　宮本　太郎
小野塚知二　　大須　眞治　　伊藤　セツ

テーマ別分科会1＝中国社会保障—失業保険と医療保険制度改革を中心として

中国における基本医療保険制度の形成とその実態[1]

于 洋 Yu Yang

はじめに

　1990年代後半，中国は経済改革開放政策と国有企業改革を合わせて，社会保険制度を中心とした新しい社会保障制度を立ち上げた。現在，医療保険制度に関して，公費医療制度，労働保険医療制度（以下「労保医療制度」と称する），基本医療保険制度，新農村協力医療保健制度という4つの制度が並存している。そのうち，公費医療制度と労保医療制度（以下，「公費・労保医療制度」と称する）は建国初期から主な医療保険制度として中国の都市部で機能してきた。基本医療保険制度は1990年代の医療保険制度改革の試行を経て1999年から実施されたもので，現在では主要な制度となっている。本稿では，中国の医療保険制度の変化を考察し，基本医療保険制度の形成プロセスおよびその実態を明らかにしたい。なお，紙面が限られているため，農村部の医療保健制度に関する議論は他の論文に譲りたい。

1　従来の医療保険制度の仕組みとその実態

（1）医療保険制度に関する時期区分

　1949年の建国以来，今日までの50数年の歴史において，中国はさまざまな変革を経験してきた。その時々の変革に影響され，医療保険制度も変化している。ここで，まず医療保険制度の時期区分を整理したい。拙稿（2002）は，中国社会保障制度の時期区分を以下のように分けた。すなわち，①1949-57年の創設

期，②1957-66年の国家保障期，③1966-78年の停滞期，④1978-84年の再建期，⑤1984-92年の企業保障期，⑥1992-現在までの社会保障改革期である［拙稿（2002），112-113頁］。医療保険制度は社会保障制度の1つであるため，その時期区分もおおむね上述の区分に当てはまる。しかし，本稿は従来の医療保険制度から基本医療保険制度への変化をよりよく理解するために，その時期区分を①1949-92年の従来の制度期，②1993-98年の改革試行期，③1999年以降の新制度並存期にする。

（2）都市部における公費・労保医療制度の仕組み

現在，中国には4つの医療保険制度が並存している。それは，公費医療制度，労保医療制度，基本医療保険制度，新農村協力医療保健制度である。そのうち，公費・労保医療制度は建国初期から主な医療保険制度として中国の都市部で機能してきた。基本医療保険制度は1990年代の医療保険制度改革の試行を経て1999年から実施されたもので，現在では主要な制度となっている。新農村協力医療保健制度は，以前の農村協力医療保健制度が解体した後，最近再組織されたものである。将来，基本医療保険制度と新農村協力医療保健制度は，中国の都市部と農村部で機能すると予想される。

(a) 公費医療制度

公費医療制度は1952年に創設され，日本の共済組合の医療保険制度に該当する。その被保険者は，各級の行政機関と事業単位およびその他の党派・団体の職員と離退休・退職者[2]，現役大学生，退役した二等乙級以上の身体障害を有している軍人などである。

公費医療制度の財源は政府の財政負担となっている。図表1は公費医療制度の仕組みを示している。国家財政予算の中に「公費医療費」が設けられている。衛生部門の要請に従って，各級の財政部門は定額基準[3]に基づき，各級の医療管理機構に資金を支給して運用することになっている。公費医療制度の被保険者は指定医療機関で診療を受ける。すべての医療費用は，指定医療機関から，各受給対象機関に定期的に請求され，被保険者自身の支払いが不要である。不足分に関しては，国家財政から補助金が与えられる。ちなみに，1980年代末か

図表1　公費医療制度の仕組み

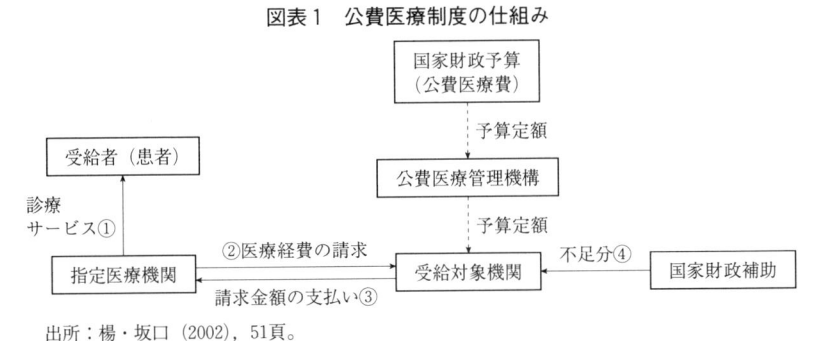

```
                        国家財政予算
                        (公費医療費)
                             │
                             │予算定額
                             ↓
                        公費医療管理機構
                             │
   受給者(患者)              │予算定額
        ↑                    ↓
   診療  │     ②医療経費の請求              不足分④
   サービス①  ←──────────  受給対象機関 ←──────── 国家財政補助
        │     請求金額の支払い③
   指定医療機関
```

出所：楊・坂口（2002），51頁。

ら，公費医療制度の改正にともない，被保険者に少額の自己負担を求めるようになった[4]。

公費医療制度の医療給付には受診する際の医薬費，ベッド料，検査料，薬剤費，治療費，手術費の他に，必要な高価薬品，栄養薬品の費用も含まれる[5]。しかし，被保険者の家族は公費医療給付を受けられない。家族の医療費は，被保険者と職場が掛け金を出し合って賄われる。

公費医療制度の管理は，地方政府，医療機関，受給機関に分けられ，それぞれに管理機構が置かれている。地方政府における管理機構は公費医療制度の実施をはじめ，その対象機関の資格審査や，予算の編成およびその管理，使用，決算報告などを行う。医療機関における管理機構は病院における公費医療制度の管理措置の制定，実行状況の監督，公費医療費の使用状況の報告書作りなどの業務を行う。受給機関における管理機構は定期的に公費医療制度の管理部門に本機関の公費医療制度の受給者数およびその支出状況などの報告を行う。

(b)　労保医療制度

労保医療制度は1951年から実施され，日本の組合管掌健康保険制度に相当する。その被保険者は，都市部のすべての国有企業の在職者と離退休・退職者である。また，県レベル以上の集団企業も加入できる。

労保医療制度の財源は企業の賃金総額から一定の割合で徴収されている。業種によって割合が異なっていた。1969年に財政部は徴収した資金を企業自身で管理し，企業の「福祉基金」という項目から支出するように定めた。この「福

Ⅱ　テーマ別分科会

図表2　労保医療制度の仕組み（外来）

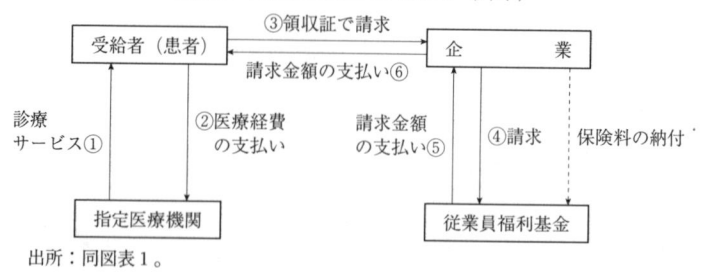

```
                    ③領収証で請求
    受給者（患者） ←──────────────→  企　　業
         ↑↓         請求金額の支払い⑥        ↑↓
  診療          ②医療経費      請求金額       ④請求    保険料の納付
サービス①        の支払い      の支払い⑤
         ↓↑                        ↓↑
    指定医療機関                従業員福利基金
```

出所：同図表1。

祉基金」は賃金総額の11％と決められ，医療費が5.5％となっていた。1993年に11％だった比率は14％に引き上げられ，医療費支出も7％になった。離退休・退職者の医療費は「福祉基金」と切り離している「営業外」という項目から支出される。「福祉基金」と「営業外」の両項目はいずれも企業の生産コストに算入される。図表2は労保医療制度の仕組み（外来）を示している。公費医療制度と異なって，労保医療制度の受給者はいったん医療機関の窓口で医療費を払い，後に領収証と引き換えに勤務先から払い戻してもらう（外来の場合）。

　労保医療制度の医療給付は公費医療制度のそれと同様であるが，被保険者の家族は，半労保医療を受けることができる。つまり，手術費用と薬品費用の50％が自己負担となる。

（3）1992年までの実態

　図表3は1998年までの公費・労保医療制度の被保険者数および医療費の推移を示しているが，92年までの状況を見てみよう。そこから次のようなことが読みとれる。①被保険者数と医療費はともに大幅に増加してきた。40年間にわたって，両制度における被保険者数は約24倍も増加してきた。②離退休・退職被保険者の増加が目立つ。1989年から1992年までの年増加率を比較してみると，在職者の2％台に対して，離退休・退職者は5％を超えていた。③1978年以降，被保険者数の増加は約2倍であることに対して，医療費は約14倍にも上昇した。特に，1989年から医療費合計と1人当たり医療費の年増加率はともに2桁で続いた。

図表3　公費・労保医療制度の被保険者数および医療費の推移（1998年まで）

	被保険者数（万人）			医療費合計（億元）			1人当たり医療衛生費
	合　計	在職者	離退休者等	合　計	雇用側支出	重病保険	
絶対値							
1952年	702.00	—	—	—	—	—	—
1978年	8,400.00	—	—	27.00	27.00	—	—
1988年	15,304.00	13,260.00	2,044.00	183.40	183.40	—	120.00
1989年	15,695.70	13,535.20	2,160.50	224.40	224.40	—	143.00
1990年	16,038.70	13,787.70	2,251.00	268.60	268.60	—	167.00
1991年	16,573.70	14,206.70	2,367.00	315.00	315.00	—	190.00
1992年	17,044.40	14,528.90	2,515.50	372.70	372.70	—	219.00
1993年	17,273.20	14,584.20	2,689.00	461.00	459.80	1.20	267.00
1994年	17,523.00	14,668.50	2,854.50	561.20	558.40	2.80	321.00
1995年	17,682.10	14,670.60	3,011.50	660.70	653.80	6.90	374.00
1996年	17,774.60	14,621.70	3,152.90	737.00	721.80	15.20	415.00
1997年	17,817.50	14,536.30	3,281.20	797.10	773.70	23.40	447.00
1998年	17,781.50	14,309.30	3,472.20	834.00	780.70	53.30	469.00
増加率(%)							
1989年	2.56	2.08	5.70	22.36	22.36	—	19.17
1990年	2.19	1.87	4.19	19.70	19.70	—	16.78
1991年	3.34	3.04	5.15	17.27	17.27	—	13.77
1992年	2.84	2.27	6.27	18.32	18.32	—	15.26
1993年	1.34	0.38	6.90	23.69	23.37	—	21.92
1994年	1.45	0.58	6.15	21.74	21.44	133.33	20.22
1995年	0.91	0.01	5.50	17.73	17.08	146.43	16.51
1996年	0.52	−0.33	4.70	11.55	10.40	120.29	10.96
1997年	0.24	−0.58	4.07	8.15	7.19	53.95	7.71
1998年	−0.20	−1.56	5.82	4.63	0.90	127.78	4.92

出所：1952年と1978年は鄭他（2002），122-130頁。1988年以降は宋主編（2001），440頁。

　中国衛生部が1986年に実施した「都市部医療保障の状況調査[6]」によれば，1986年に，都市部において，公費・労保医療制度への加入者割合は61.9％であった。それに，半労保医療制度を加えると，86％の都市部住民が何らかの医療保険制度に加入していた。しかし，医療保険制度の普及率は都市部に限って高かった。農村部においては，公費・労保医療制度の適用割合はもちろん低いが，1980年代後半，農村協力医療保健制度（旧）自体も解体し始めた［拙稿

(2001)，8頁]。

　1992年までの公費医療制度は一種の国家保険であり，労保医療制度は一種の企業保険であるように思われる。公費・労保医療費の急増は国家財政と企業にとって重い負担となりかねない。日本と異なって，定年退職した離退休・退職者の医療給付は公費・労保医療制度にそのまま引き継がれる。このような仕組みが企業保険である労保医療制度に残存しているため，企業が古ければ古いほど負う負担が重い。また，医療費の支払いは第三者支払い方式となっており，病院と患者との間で効率的に制約しあうメカニズムが形成されていない。これによって，過剰診療などの不適切な医療給付が発生しやすい。これらの問題を抱えながら，1990年代に入り，従来の医療保険制度は経済改革の強化にともない，大きな転換期を迎えた。

2　改革期における動向とその実態

（1）1990年以降の改革概要

　1980年代半ば以降，多くの企業で従業員福祉支出が予算を大幅に超えた。医療費の増加を抑え，個人の節約意識を強めるため，医療費の一部自己負担（1割から2割程度）が実施された。しかし，医療保険制度全体の資金調達，運営管理メカニズムおよび病院側と患者側との制約し合うメカニズムが形成されていないために，医療費自己負担の改善方法には限界があった。

　1992年末，労働部は「被保険者重病医療費統一徴収の試行に関する意見」を通達し，企業内で重病保険を広げた。1994年末現在，全国では23の省・直轄市，380の県・市で約500万人の被保険者がこの制度に加入している［拙稿（2001），47頁］。重病保険では，雇用側は賃金総額の3～5％を重病保険料として，区や県の社会保険機構に納付する。被保険者が重病にかかった際，社会保険機構が病気の種類に応じ，その大部分の費用を支給する。残った分は個人と企業が支払う。重病保険支給の最低基準は地域，医療時期などによって異なり，中小都市は300-500元，大都市では1000-2000元である。

　1993年11月に，中国共産党第14回中央委員会第3次全体会議において，「社

会主義市場経済体制の確立にかかわる諸問題についての中共中央の決定」が決議された。それに基づき，国家体制改革委員会，労働部，衛生部，財政部が「賃金労働者医療制度改革に関する試案」（以下「試案」と呼ぶ）を制定した。この「試案」は統括医療基金と個人口座を混在するかたちの社会医療保険制度を打ち立て，都市部のすべての賃金労働者を対象にする目標を確立させた。1994年4月に，江西省九江市，江蘇省鎮江市をはじめ，いくつかの地方都市でこの「試案」を試行した。

1994年から行われてきた医療保険制度改革は5つに分けられるが，共通していることは，以下の通りである。①雇用側と個人が保険料を拠出する保険方式が確立された。個人が拠出する保険料は賃金から天引きされ，最初は本人賃金総額の1％からスタートし，将来的に5％前後にする。②統括医療基金と個人口座の創設が特徴である。雇用側が拠出する保険料の50％以上と個人の拠出分は，個人口座に記入される[7]。残った保険料は，統括医療基金に納められ，市や県の医療保険機構によって管理，運用される。5つの改革案のそれぞれの特徴は次の通りである。①「両江式」また「直通式」とも呼ばれる鎮江市・九江市の改革では，医療費用の発生順序に従って，個人口座から統括医療基金への支払方法をとっている。②「海南式」また「板塊式」とも呼ばれる海南省の改革では，個人口座と統括医療基金の使い方が外来と入院に分けられている。③「牡丹江式」と呼ばれる牡丹江市の改革では，個人口座と統括医療基金の使い方が病種の違いによって分けられている。④「塘青式」また「三金式」とも呼ばれる塘沽市・青島市の改革では，個人口座と統括医療基金の間に雇用側の調整基金が加えられている。⑤「深圳式」また「分列式」とも呼ばれる深圳市の改革では，在職者，離退休・退職者，短期滞在者，そして，失業者と出稼ぎ者などに分けて異なる医療保険制度を与える。

（2）「両江式」改革案の内容

「両江式」は医療保険制度改革の典型として行われてきた。改革案の被保険者とは，私営企業，個人企業，郷鎮企業などを除く，あらゆる形態の企業と事業単位，社会団体，政府機関とそれに属する従業員および離退休・退職者であ

る。

　「両江式」改革案において，雇用側が拠出する保険料は前年度在職者と離退休・退職者の年間賃金総額（離退休・退職者の場合は年金）の10％になっている。在職者本人が拠出する保険料は個人年間賃金総額の1％である，離退休・退職者は保険料を拠出しない。統括医療基金は雇用側が拠出する保険料の一部で構成される。具体的に，45歳未満の在職者の60％，45歳以上の在職者の40％，退休者（定年退職者）の50％と，離休者の100％の保険料は統括医療基金に記入される。個人口座は本人が拠出する保険料と，雇用側が拠出する保険料の一部からなっている。雇用側が拠出する保険料の割合は次のようになっている。45歳未満の在職者の場合は40％，45歳以上の在職者の場合は60％，退休者の場合は50％である。離休者と2等乙級以上の障害になった軍人については，個人口座を設定しない。

　医療給付については，医療費の発生順序に従って支払う方法になっている。被保険者が医者にかかる際，指定病院で診療を受けなければならない。医療費はまず個人口座から支払われ，個人口座の預り金が使い終わったら，個人の現金支払いになる。現金支払い金額が本人年間賃金総額の5％を超過する部分は，年度精算によって，統括医療基金から払い戻される。しかし，この場合も個人が一定割合の自己負担をしなければならない。自己負担率は支払い金額が多いほど低くなる。例えば，支払い金額が本人賃金総額の5％以上5000元未満の場合は20-10％，5000-10000元の場合は10-8％，10000元以上の場合は2％となっている。退休者に対して，自己負担率は在職者の半分になっている。2等乙級以上の障害を有している軍人，離休者に対しては，特別扱いをしている。それは個人側の保険料負担も個人口座の設定もなく，すべての医療費は統括医療基金から支払う措置である。また，難病や家族計画手術およびその後遺症の治療に関して，そのすべての費用は統括医療基金から被保険者全員に支払うようになっている。

　1997年末現在，九江市における「両江式」改革案への参加率は雇用側，個人ともに約95％に達している［労働社会保障部医療保険司編（1999年），143頁］。試行制度が基本的に形成されたこと，基本的な医療保険ができたこと，医療浪費現

(3) 1993-1998年の実態

　図表3（前掲）の1993-98年の数値を参考にすることによって、医療保険改革期間における公費・労保医療制度の状況は以下のように概観できる。①1993年以降、被保険者数合計は増加してきたものの、増加率は明らかに減少してきた。1993年の増加率は以前の2％以上から1.3％に下落し、1998年にさらにマイナスになってしまった。それは、1993年から医療保険改革案が試行されたこと、企業業績の悪化によって新規被保険者が減少したことによるものと考えられる。②在職者被保険者数は1995年にピークに達してから減少傾向が続いている。1998年までの3年間で、在職被保険者は、360万人余り減少した。これは医療保険改革案の試行に参加する企業が増えつつあるため、公費医療制度、特に労保医療制度から試行制度に移行した人が増えたことが考えられる。③在職者のマイナス増加に対して、離退休・退職者被保険者は平均5％以上に増え続いた。その数は1993年の2689万人から1998年の約3472万人に増えた。離退休・退職者被保険者の持続的な増加は、近年の公費・労保医療費急増の大きな要因と考えられる。④医療費については、1993年以降の増加率は鈍化してきたことがわかる。特に、1998年の雇用側支出の増加率は1％割れとなった。増加率鈍化の原因について、銭（1998）は次のように指摘した。①公費・労保医療制度の医療給付に関する調整によって、個人が受診する際に自己負担が増えたこと、②医療費への行政干渉、医療費の事前フィックス制度[8]の創設によって、医療費総額のコントロールができたこと、③一部の国有企業や集団企業の経営状況が悪化し、それによって、該当企業の従業員に対する医療費の支払いが困難となった。そのため、従業員が病気にかかっても、できるだけ医者にかからせないようにしたり、医療費を自己負担させていること[銭小英（1998）、7-9頁]、である。図表4、5は、1993年と1998年の都市部における医療制度の構成を描いている。医療保険改革初期では、公費・労保医療制度は都市部住民の53.5％をカバーしていたが、1998年になると、その割合が38.9％に急落した。一方、自費医療の割合は1993年の27.3％から1998年の44.1％まで大幅に上昇し、重病保険

Ⅱ　テーマ別分科会

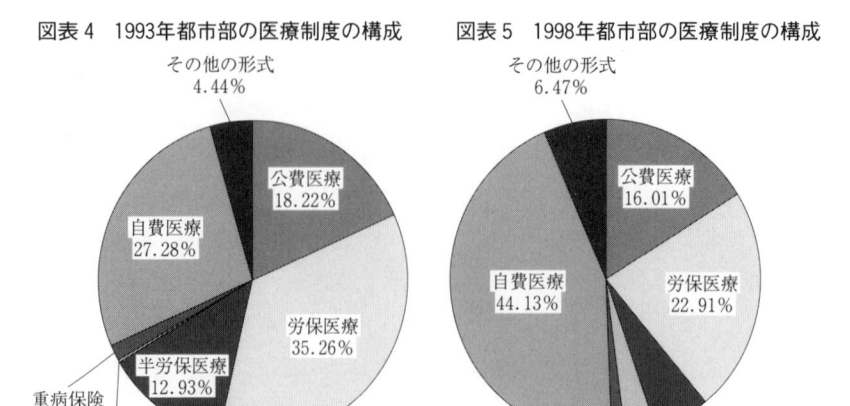

図表4　1993年都市部の医療制度の構成

- その他の形式　4.44%
- 公費医療　18.22%
- 労保医療　35.26%
- 半労保医療　12.93%
- 医療保険　0.25%
- 重病保険　1.62%
- 自費医療　27.28%

図表5　1998年都市部の医療制度の構成

- その他の形式　6.47%
- 公費医療　16.01%
- 労保医療　22.91%
- 半労保医療　5.78%
- 医療保険　3.27%
- 重病保険　1.42%
- 自費医療　44.13%

出所：衛生部公式HP資料より作成。アドレス：http://www.moh.gov.cn。

と医療保険制度の場合も，1993年の1.9%から1998年の4.7%に上昇した。公費・労保医療制度カバー率の急減には，改革案への移行という背景がある。また，国有企業や集団企業の経営状況が悪化したことによって，該当企業の従業員に対する医療費の支払いが困難となり，被保険者が公費・労保医療制度から離脱する現象もその背景の1つであろう。後者の場合は，自費医療の拡大にもつながる。

　1993-98年の間で，公費・労保医療制度は中心的な役割を果たしていたが，さまざまな改革案が模索されていた。医療保険制度内部の変化が出始めているほかに，社会的・経済的な変化も生じた。1992年初め，"改革開放の総設計師"と呼ばれる鄧小平が「南巡講話」を行い，経済改革を加速させた。1992年以降，経済改革の加速にともない，国有企業改革が急速に進められた。1993年から96年にかけて，国有企業総数に占める赤字国有企業の割合が急速に増えた［小宮（1999），10頁］ため，国有企業における余剰人員の大規模なリストラを余儀なくされた。早期退職策によって，離退休・退職者が増加し，彼らの医療費も膨張した。1991年から98年まで，離退休・退職者の医療費合計が約3倍も増え，公費・労保医療費合計の30%以上になった［拙稿（2001），39-40頁］。離退休・

退職者医療費の上昇は，国家財政と企業に大きな負担となる。企業改革に適応できるような医療保険制度が求められつつあった。また，経済成長による所得ならびに生活水準の上昇にともない医療給付の水準も上昇した。そのため，増えつつある医療給付に健全な財源を確保する対策として，被保険者数の拡大と保険料率の引き上げが考えられる。その実現は"経済皇帝"と呼ばれる朱鎔基が首相になった1998年から検討のスピードが上げられた。1998年12月に，国務院が「都市部賃金労働者の基本医療保険制度に関する国務院の決定」（以下「決定」と呼ぶ）を発布した。1999年から基本医療保険制度が登場した。

3　基本医療保険制度の形成とその実態

（1）基本医療保険制度の内容

「両江式」に基づいた1998年12月の「決定」は，全国における医療保険制度改革の統一案である。「決定」は私営企業の参加を認め，郷鎮企業，個人企業も地方政府の決定次第で参加できるように，「両江式」より適用対象を拡大した。

図表6が示しているように，基本医療保険制度では，雇用側が拠出する保険料は前年度在職者の年間賃金総額の6％[9]で，個人が拠出する保険料は個人年間賃金総額の2％[10]としている。統括医療基金に雇用側の保険料の70％が入れられ，個人口座には雇用側の保険料の30％と個人側の保険料の全部が入れられる。医療費金額の大きさ，外来と入院との区分，病種の区分の方法によって医療給付の支給口座が決められる。給付の手順は，「両江式」と同様に，個人口座から自己窓口負担，そして統括医療基金へという順序である。統括医療基金から支払う条件（入り口金額）は，個人口座と自己窓口負担の医療費支出合計が該当地域の平均年間賃金の10％を超えることである。統括医療基金から支給されても，定率の自己負担も要求される。統括医療基金からの支払いの上限額は該当地域平均年間賃金の4倍となっている。

基本医療保険制度の設立は，被保険者範囲を拡大した点に関して，高く評価できよう。一方，被保険者範囲の拡大とともに，基本医療保険制度は政府財政

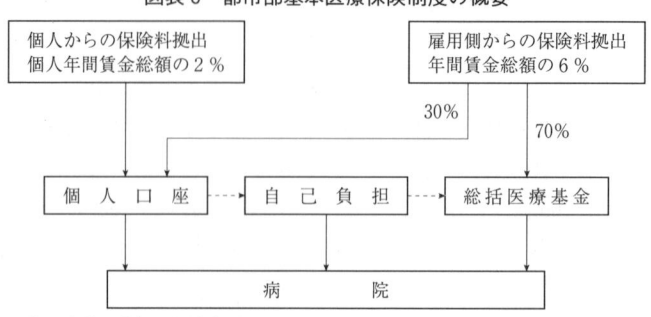

図表6　都市部基本医療保険制度の概要

```
個人からの保険料拠出              雇用側からの保険料拠出
個人年間賃金総額の2％              年間賃金総額の6％
                         30%            70%

    個 人 口 座  ┄┄→  自 己 負 担        総括医療基金
                    
                    病       院
```

注：点線は支払い順序を示している。
出所：拙稿（2002），128頁。

と国有企業の救済にすぎないというような批判もある。いずれにしても，基本医療保険制度の設立は，中国医療保険制度史の1つの里程標である。

（2）1999年以降の実態

　図表7は1993年から2000年までの重病保険および基本医療保険制度の基本状況を示したものである。①重病保険について，被保険者数は1993年から増えてきたが，1998年を境にして，その増加率が急速に減少した。それは基本医療保険制度への移行が原因と考えられる。②両制度被保険者数は，1999年の2065.3万人から2001年の7285.9万人まで大幅に増加してきた。都市部労働者に占める割合も，1999年の約9％から2001年の30％弱に上昇してきた[11]。③基金収入は被保険者の増加にともない，1999年の89.9億元から2001年の383.6億元までに，4倍以上上昇した。③基金支出は収入と同様に上昇してきたが，収入に対する割合が全国実施前の1998年の88.0％から2001年の63.6％まで下落した。基本医療保険制度における医療費支出が縮小していることがわかる。④基金残高も順調に増加し，収支における健全性が見られる。

　2001年末現在，全国349の地区級都市のうち339（97.1％）の都市に基本医療保険制度が実施されている。残念ながら，1999年以降の公費・労保医療制度の統計資料は入手できないため，1999年以降の医療保険制度の全体像を示せない。しかし，公費医療制度，労保医療制度，基本医療保険制度，新農村協力医療保

中国における基本医療保険制度の形成とその実態

figure 7 1993-2001年重病保険と基本医療保険の基本状況

(単位:万人,億元,%)

	年末被保険者数				基金収入	基金支出	年末残高
	基本医療保険		重病保険				
	在職者	離退休者	在職者	離退休者			
絶対値							
1993年	290.13	—	—	267.61	22.52	1.44	1.33	0.43
1994年	400.30	—	—	374.59	25.74	3.16	2.91	0.71
1995年	745.90	—	—	702.61	43.26	9.67	7.28	3.10
1996年	855.70	—	—	791.18	64.47	19.01	16.23	6.44
1997年	1,761.98	295.45	73.87	1,293.46	99.20	52.30	40.50	16.60
1998年	1,878.68	401.74	107.64	1,107.97	261.35	60.59	53.30	20.00
1999年	2,065.30	469.86	124.08	1,039.55	431.82	89.87	69.07	57.55
2000年	3,786.95	1,818.16	487.84	1,044.62	436.33	170.00	124.54	109.83
2001年	7,285.90	—	—	—	—	383.60	244.10	253.01
増加率								
1994年	37.97	—	—	39.98	14.31	119.86	118.32	63.83
1995年	86.34	—	—	87.57	68.04	206.29	150.18	335.45
1996年	14.72	—	—	12.61	49.05	96.64	122.88	107.87
1997年	105.91	—	—	63.48	53.87	175.14	149.48	157.75
1998年	6.62	35.97	45.70	−14.34	163.45	15.86	31.60	20.46
1999年	9.93	16.96	15.28	−6.17	65.23	48.31	29.60	187.81
2000年	83.36	286.96	293.17	0.49	1.04	89.17	80.30	90.83
2001年	92.39	—	—	—	—	125.65	96.00	130.36

出所:『中国労働統計年鑑2002』,535頁と540頁より作成。

健制度が並存していることは事実である。これまで見てきたように,1998年,朱鎔基が首相になってから,急速に進められた基本医療保険制度の創設の背景には社会的・経済的な要因がある。その具体的な内容は第4節で検討してみる。

4 従来の制度から基本医療保険制度への道

これまで,各時期の公費・労保医療制度の内容・仕組み・実態,医療保険制度改革および基本医療保険制度の内容・実態を考察してきた。基本医療保険制度の創設の背景について,数多くの研究が論じている。ここで,これらの議論

を整理し，従来の制度がどのように基本医療保険制度に再編されたかについて，市場経済への体制移行と関連づけて論じたい。

(1) 先行研究における諸説
(a) 医療費と医療保険財政の観点

医療経済学において，マクロ的な分析手法として国民医療費という概念がよく使われている。それを用いて従来の医療保険制度の限界を説明する研究者がいる。例えば，胡・孟（2002）は1990年代半ば以降の国民医療費の増加率がGDPの増加率より高いことを指摘し，医療費の大幅な上昇が都市人口の20％と農村人口の23％を無医療の状態に陥らせたため，医療費を抑制する視点から医療保険改革の必要性を論じた。一方，尹（1998）は公費・労保医療制度の医療費増加率を計算し，その急増を抑制するために，医療保険制度改革の重要性を強調した。また，離退休・退職者をはじめ，高齢者の医療費急増問題も指摘されている。例えば，拙稿（2001）は1991-98年，離退休・退職者の医療費が3倍も増え，公費・労保医療費に対する割合も30％を超えていることを指摘した［拙稿（2001），39-40頁］。

従来の制度では，財源が安定していないことや，国家・企業に対する過重な財政負担になっていることがよく論じられている[12]。財源が安定していないことは主に労保医療制度の弊害を指している。企業の拠出のみによる労保医療保険財政は企業の経営状況に強く影響され，硬直的になりやすい。前述のように，労保医療制度の財源は各企業の賃金総額の7％となっており，かつ企業自身がそれを管理している。企業の経営状況が異なるため，経営状況の良くない企業の被保険者に対する医療給付が提供できなくなった事態もある。また，企業の操業期間の違いによって，古ければ古いほど，その企業にとって医療保険財源の調達が困難になることもある。国家・企業にとって，医療費が過重な財政負担になっている議論は医療費の急増から始まる。『中国労働統計年鑑』によれば，1978年から1997年にかけて，公費・労保医療費は27億元から29.5倍の797億元に上昇し，年平均増加率は19％を超えた。しかし，同期間の財政収入の増加は6.6倍で，11％の年平均増加率だった。医療費のすべては国と企業が負担

するような国家保険，企業保険の仕組みでは，医療費の急増による政府と企業に対する負担は限界にきている。それを改善するために，医療保険制度改革が各地で実施されてきたという議論は多い。

(b) 医療保険制度の適用対象とその支払い体制の観点

多くの研究は，従来の制度の適用対象範囲の狭さを改革にいたる要因の1つと指摘している。経済改革政策によって成長してきた外資系企業，私営企業，自営業者が公費・労保医療制度の適用対象となっていなかった。1998年に，外資系企業，私営企業などに勤めている賃金労働者および自営業者はすでに都市部労働者の24％，国有・集団経済に勤めている賃金労働者の約半分に達していた［拙稿（2001），23頁］。彼らに医療保険制度を適用していないことは公平性が問われるだけでなく，労働の自由移動を阻害する。また，企業の所有形態によって医療保険制度が適用されないことは企業経営にも影響を及ぼす。医療保険制度の恩恵を受けていない外資系・私営などの新興企業は，古い国有・集団企業に比べ，生産コストを低く抑え，競争力を高めたのである。

さらに，従来の制度の仕組みによって，過剰医療が生じていることもよくいわれている。図表1，2が示している公費・労保医療制度の仕組みからわかるように，第三者支払いの体制は，自己負担がほとんどないため，過大かつ不適切な医療サービスを受給者が求めやすく，医療サービスの供給者である医療機関も供給しやすい環境を作り出した。このように，無駄な医療により急増する医療費の負担は政府と企業の引き受けの限界を超えてしまい，改革を促す要因となった。

以上のように，先行研究を展望しながら従来の制度から新制度への転換背景をまとめた。筆者は，従来の制度に問題が存在していることを認める。しかし，問題が存在するといって，新しい制度の創設の契機になったかどうかは疑問である。筆者は以前から，中国の社会保障制度改革が計画経済体制から市場経済体制への移行と強く関連していると認識している。

（2）市場経済への移行との関連

基本医療制度と従来の制度との大きな違いは，次の3つであろう。つまり，

非国有・集団企業とその従業員まで適用対象を拡大したこと，国家・企業・被保険者の三者負担による財源調達としたこと，さらに個人口座を導入したことである。この3つの変化が計画経済体制から市場経済体制への移行と強く関連しているととらえたい。

市場経済体制への移行において，「計画による資源配分から，市場による資源配分への移行」が達成されなければならない。そのプロセスの中の重要な政策理念の1つとして「放権譲利」が挙げられる。それは，一部の意思決定権と利潤・収入を中央から地方へ，担当部委（省庁）から各企業へ譲ることである。このように，資本，労働力と生産に関する経営自主権を企業に与えることが大切であろう。経営自主権の拡大につれ，あらゆる所有体制の企業が資本の配分に余裕ができ，企業福利厚生費を増大させた［拙稿（2002），121-122頁］。その反面，従来の企業保険である労保医療制度は国有・集団企業の資本の自主配分権を圧縮させた。資本配分の自主権において，国有・集団企業とそれ以外の企業にギャップが生じている。そのギャップをなくし，国有・集団企業の経営資本を確保し，市場経済体制への移行を順調に進めるために，これまでの医療費を企業が丸抱えする仕組みを国家・企業・被保険者による三者負担による社会保険の仕組みに変えようとしたのではなかろうか。

これまでの計画経済の下で，統一管理された賃金・労働雇用体制が労働市場で機能してきた。しかし，市場経済の下では，労働力は政府によって配分されるのではなく，市場によって配分されるべきである。いわば，市場経済体制に，労働市場がうまく機能し，労働者が自由に移動できるようなシステムが必要である。それが成り立つ前提条件とは，全国的に共通した社会保障制度，とりわけ医療保険制度が確立されることである。従来の労保医療制度では，医療保険制度が企業ごとに管理・運営されていたため，労働力が企業間で自由に移動しにくかった。基本医療保険制度は，適用対象を拡大し，個人口座を設けて，労働力の自由移動の前提条件を作り上げたのである。一方，雇用側に6％の保険料が課されることは，企業にとって小さい負担ではない。これまでに，適用対象となっていなかった非国有・集団企業は自らこのような負担を負いたいとは思わない。彼らにとって，むしろ低い生産コストを武器に，社会保障負担の重

い国有・集団企業に勝ち残りたいと考える。しかし，市場経済へ移行し，経済成長を維持する大きな政策の下で医療保険制度の適用対象を拡大されれば，労働者が自由に移動できるようなシステムはもちろん，これまでの医療保険負担を政府と国有企業のみから非国有セクターとその従業員に分担させることもできる。

　本稿の時期区分に従うと，1992年までの期間において，従来の制度における改革は制度内の微調整にすぎない。1993年からはじまる市場経済体制への移行期において，基本医療保険制度の創設が行われ，体制移行の経済政策に合わせたように読み取れる。そのため，医療保険制度改革における基本理念が乏しく，経済政策の方向に迎合しすぎるとも思われる。

おわりに

　本稿は，次の主旨のもとで書き上げたものである。それは，①中国の医療保険制度は，どのような内容と仕組みをもっているか，またその実態がどうなっているか，②従来の医療保険制度はどのように基本医療保険制度に転換したか，の2つである。この2つの主旨に従い，本稿は各期間の医療保険制度の内容・仕組み・実態を考察し，明らかにした。また，従来の制度がどのように新しい制度に転換したかについて，先行研究を展望しながら，筆者なりの考えを述べた。本稿は，経済改革，とりわけ，市場経済の確立にあうように，従来の公費・労保医療制度が基本医療保険制度へ転換したと結論づけた。正直なところ，筆者は，基本医療保険制度の形成にともない，医療保険分野における政府の責任が薄弱になってきたという意見をもつ。それに関する詳細は別の論文に委ねたい。

1) 本稿は拙稿（2001），拙稿（2002）を参照し，それに新たな展開を加えたものである。
2) 日本の定年退職者に相当するが，詳細の区分は拙稿（2002），115頁を参照。
3) 定額基準とは公費医療制度の加入者に，決められた1人当たり一定額の医療費のことである。1961年まで1人当たり年間18元だったが，1979年に70元となり，1993年に150元（直轄市に206元）となった。

II テーマ別分科会

4) 1987年，財政部が「公費医療管理方法に関する通知」を公布し，公費医療制度以外の薬品，申し込み料，往診料，特別栄養品などの費用を自己負担とした。また，診療費用の1割か2割の自己負担も実施し始めた。
5) 詳しい内容は拙稿（2001），116頁を参照。
6) 『中国衛生年鑑1986』，526頁を参照。
7) 被保険者の年齢に応じて，雇用側からの保険料割合は異なる。
8) 医療費の事前フィックス制とは地方政府，医療機関，受給機関三者の医療費管理部門が年度開始前に本年度の受給対象者の医療費総額を設定し，その枠内で医療サービスが提供される。超えた部分に関しては別途資金調達になる。
9) 「両江式」との違いは雇用側が負担する保険料のベースとなる賃金総額に離退休・退職者の年金額が含まれていないことである。その目的とは，古い企業と大企業の負担を抑えることである。古い企業や大企業は数多くの離退休・退職者を抱えている。これらの人の年金額を参入すると企業側の負担は大きくなり，新しい企業との競争に不公平になる。
10) 「両江式」と同様に離退休・退職者は保険料を負担しない。
11) 都市部労働者数は，1999年末に2億2412万人で，2001年末に2億3940万人である［『中国労働統計年鑑2002』，7頁］。ちなみに，2002年の被保険者数は9400万人に上り，都市部労働者に占める割合も35％を超えている。
12) このような議論は尹（1998），宋（2001），鄭他（2002），張（2001），劉（2001），王（2001），拙稿（2001）などに触れている。

【参考文献】

〈中国語文献〉

胡鞍鋼・孟慶国「中国衛生改革的戦略選択——投資于人民健康与消除健康貧困」，Webからの論文，2002年，http://www.50forum.org.cn/forum/zjwz。

労働社会保障部医療保険司編『全国城鎮職工医療保険制度改革工作指南』中国労働出版社，1999年。

銭小英「米国の医療保険制度改革とそれによるわが国への啓示」『中国労働』NO. 7，1998年，7-9頁。

宋暁梧主編『中国社会保障体制改革与発展報告』中国人民大学出版社，2001年。

尹力「対職工医療保健制度改革的幾点看法」『衛生経済研究』NO. 11，1998年，7-8頁。

尹力「我国衛生総費用的走勢和建議」『中国衛生経済』NO. 2，1999年，9-10頁。

鄭功成他『中国社会保障制度変遷与評估』中国人民大学出版社，2002年。

〈中国語資料〉

国家統計局・労働社会保障部編『中国労働統計年鑑』中国統計出版社，各年度版。

財政部編『中国財政年鑑』中国財政雑誌社，各年度版。

衛生部編『中国衛生年鑑』人民衛生出版社，各年度版。

〈日本語文献〉

于洋「中国の医療保障制度に関する一考察」（早稲田大学経済学研究科修士論文），2001年。

于洋「中国の医療保障制度の展開——市場経済と関連させて」早稲田大学大学院経済学研究科経済学研究会編『早稲田経済学研究』NO. 54，早稲田大学大学院経済学研究科経済学研究会，2002年，111-131頁。

王文亮『21世紀に向ける中国の社会保障』日本僑報社，2001年。

小宮隆太郎「中国国有企業の赤字問題」総合研究開発機構編『中国市場経済の成長と課題』NTT出版株式会社，1999年。

張紀潯『現代中国社会保障論』創成社，2001年。

劉暁梅「医療保障制度」中国研究所編『中国の社会保障大丈夫か』日本僑報社，2001年，68-89頁。

楊開宇・坂口正之「経済改革以降の中国都市部における医療保険制度改革の歴史的展開——公費・労保医療制度から「基本維慮保険制度」へ」『大阪市立大学生活科学部紀要』第49巻，2002年，49-67頁。

テーマ別分科会3＝ジェンダー・ケア労働・セクシュアリティ

高齢者介護倫理のパラダイム転換とケア労働，ジェンダー

「痴呆介護実務研修」をフィールドとして

春日キスヨ　Kasuga Kisuyo

1　「業務中心ケア」から「心のケア」へ

　21世紀前半，日本社会は超高齢化への道を進む。それは後期高齢者人口が前期高齢者人口をしのぎ，多数の要介護高齢者なかんずく痴呆高齢者を多数含む社会になることを予測させる。こうした事実を踏まえ，「ゴールドプラン21」後の高齢者施策のあり方を検討してきた「高齢者介護研究会」（厚生労働省諮問委員会）は2003年6月，痴呆性高齢者ケアを「標準モデル」においた提言『2015年の高齢者介護』を出した（文献1）。そこでは90年代以降，民間有志によって始められたグループホームや宅老所の実践成果を踏まえ，「高齢者のそれまでの生活や個性を尊重しながら，生活そのものをケアとして組み立てていくグループホーム的ケアのプローチ」を可能にする新しい介護サービス体系を2015年までに確立する提言がなされている。

　なかでも「ユニットケアの導入」という，施設のグループホーム化ともいえる提言は従来の施設ケアのあり方に根底的な変化をもたらす。ユニットケアとは高齢者主体のケアを提供するために大規模施設を少人数からなるいくつかの単位（ユニット）に分け小規模化し，ケアワーカーと高齢者が生活をともにするなかで行われるケアである。その方向へのケアの変化は，「医学モデルから生活モデルへ」「業務中心ケアから関係中心ケアへ」「看るケアから関わるケアへ」といったキーワードで語られることが多いが，ケア労働の大きな改変を伴っている。従来の施設介護のあり方は医療モデルに立つ身体管理が優先し，

3大介護（食事，入浴，排泄）が流れ作業的に行われる「集団介護」が主流であった。しかし，こうしたあり方はユニットケアではすべて否定され，個室を保障し，生活をともにしながら「身体介護だけではなく，こころのケアも含まれるし，職員から利用者へのケアだけではなく，さらに，利用者の生活支援，利用者同士の関わりを促すこともケア」（文献2）というあり方に変えていくことが求められている。

　提言を待たずすでにこうした方向への変革は新型特養（個室・ユニットケア）の整備，ユニットケア対応型介護老人保健施設への補助金交付（2001年），さらに，新たな痴呆ケアのあり方を全国介護施設の現職幹部職員に研修教育するための「高齢者痴呆介護研修センター」の設置，そこを基点とした各自治体単位の「痴呆介護研修事業」として着手されている。研修のあり方も「痴呆介護研修事業」を例にとってみると，対象者を「介護保険施設・事業者等に従事する介護職員等」と多職種に拡大し，内容面でも従来の身体介護技術中心のものから「原則として身体介護に関する基礎知識・技術を習得した者」として介護技術に関わる内容を省き，それを前提としたうえでの研修に変更されている。

　身体介護の知識・技術につけ加えてケアワーカーがさらに習得すべきとされるケア能力とは一体どのような能力なのであろうか。「痴呆性高齢者研修センター」の主任研究主幹である永田はパラダイム転換に伴うケアのあり方について「提供者側の論理ではなく，痴呆の人自体がいま，何を感じ求めているのか，徹底して本人主体のアプローチを追及しているのか。コミュニケーションが通じない，そんな難しいなかでも本人主体の論理を組み立てながら，また提供側の思い込みにならないように，チームの中でつき合わせながら，本人主体の取り組みを積み上げているか。……痴呆の人であってもいかに本人自身が自分のケアに参加しているかが大切な視点」と述べる（文献3）。関係の中で相手に「共感」し，「受容」していく能力，これこそが痴呆ケアの基盤にあるというケア観だといえよう。このようなケア理念を共有して，ユニットケアの先進施設，K施設での実務者研修は「ユニットケアでは身体介護だけではなく心のケアの実践が重要」「ケアが身体介護中心になってしまったのはコミュニケーションのない身体介護が一般化したから」という視点でコミュニケーション能

力養成に重点をおいた研修が行われている（文献4）。さらに，特養での先進施設K園実施の実務者研修でも「コミュニケーションが成立して始めて，介護・看護する側は，受け手に対して適切な対人援助が可能になります」（文献5）として，コミュニケーション能力の習得をめざす研修が行われている。

　こうした事実から指摘できるのは，ケア労働の社会的性格としてホックシールドのいう「感情労働」がこれまで以上に要請されつつあるという事実である。ホックシールドはその職務にふさわしい適切な感情のあり方を「感情規則」，この感情規則に則して自己の感情を操作し一定の感情状態や感情表現をつくり出すことを「感情管理」と呼び，そうした操作が要請される働き方を「感情労働」と名づける。そして，「感情労働」を伴う職業の特徴として次の3点を上げている。①一般の人々との面と向かっての接触か，声による接触。②働き手には例えば感謝や恐怖といった特定の感情状態を引き起こすことが要求される。③雇用者は被雇用者の感情面での活動を，訓練や指導監督を通じて，ある程度コントロールすることが出来る（文献6）。「心のケアの実践」がスローガンとされ，「高齢者痴呆介護研究・研修センター」を起点として「痴呆介護研修」が全国で実施され始めた現在とは，まさにケアワーカーの「感情面での活動を」国が「訓練や指導監督を通じて，ある程度コントロールすることが出来る」という立場からケア労働の再編が始まった時代とみなすことができるだろう。

　ところで，そうした方向への転換をケアされる側でなくケアを担う側からみた時，その労働負担はどう変化していくのだろうか。天田は従来型の施設ケアにおいてケアワーカーのアイデンティティ管理が以下のような形で行われていたと報告する。すなわち，「健康のため」「万が一」「公共の安全・安定・安心」を正当化の理由として「統制のレトリック」を駆使し，「ルーティンワークを自己目的化」し，相互関係においては「記憶のテスト」や「母性」という秩序化装置を作動させて相手を「幼児化」し，「親密性の擬制化」をすることによってである（文献7）。こうした方法によって高齢者を「客体（モノ）化」し，ケアする側が自分自身を相手に深く関わらせない形で行われてきたのが「業務中心型ケア」だったのだといえよう。しかし，新しいケアでは感情労働が強化

される一方，こうしたアイデンティティ管理の方法は望ましくないケアとして否定されている。では新しいケアでは，そうしたものに代わるケアする側の良好な自己感情維持（アイデンティティ管理）を可能にするどのような装置・条件が構想されているのだろうか。たしかに，「統制のレトリック」に関わる事項の変更は施設の組織的対応によってある程度可能であろう。しかし，「母性という秩序化装置」についてはそれに代わる新しい人間観ジェンダー観が用意されているのだろうか。望ましくなくともこれまではこうした装置によって，自己自身を深く関わらせない働き方がケアワーカーに可能となり，感情労働によって生じる精神的ストレスが軽減されていたとすれば，ケアする側の「自己感情」を良好なレベルで維持する諸装置が同時並行的に創出されない限り，「高齢者主体」のケアの実現とはほど遠い現実が生み出されかねない。なぜなら，高齢者ケアのパラダイム転換とはケアワーカーの自己感情の質が直に高齢者の「こころの揺らぎ」に反転するケアへの転換だからである。

　ところが，一方，ケアする側に関わる条件整備は「サービスの市場化」という経済的側面をもつ公的介護保険をはじめとする社会・経済的要因に大きく規定されている。介護保険で謳われる「利用者本位のサービス」とは「利用者の立場に立ったケアを提供する」（「利用者主体」）という側面と「いかに安くサービスを提供するか」という経済効率性という相異なる位相を持つものである。

　ケアする側に関わるこうした問題は「高齢者主体」のケア確立を優先せざるをえない現状では背後にかすみがちである。改革はケアを担う側についてはどのような人間観，ジェンダー観に基づき進められているのか。それらが当該社会に支配的な人間観，ジェンダー観に立つ時，自明なものとして語られず，公的文書に記述されることも稀である。本稿ではこうした観点から，ユニットケアの全国的リーダーが指導者する「痴ほう介護実務者研修」の場をフイールドとして，指導者たちは「高齢者主体」のケア確立のためにケアワーカーがどのような感情規則に立ち感情管理を行う必要があるとみなしているのか，それはどのような人間観，ジェンダー観に立っているのか，ユニットケアの労働条件はどのようなものかといった点について，得られたデータを手がかりに考察していこう。

Ⅱ　テーマ別分科会

　調査対象としては全国的に影響力をもつK市M特別養護老人ホーム，I市K老人保健施設で実施された「痴呆介護実務者研修」の場を選び，参与観察，「聞き取り」調査，データ収集を行った。調査時期，対象施設の社会的諸属性等については注1参照。以下，研修プログラム，研修という場の作り方，あるべきケアワーカー像と要請される感情管理，指導者の人間観，ジェンダー観，ユニットケア現場の労働条件の順に検討していく。

2　あるべきケアワーカー像と指導者の人間観，ジェンダー観

（1）研修という場の作り方

　まず，研修プログラム，研修という場の作り方という点からみていこう。両施設の研修プログラムに共通する事実は，従来型の介護とユニットケアの違いをユニットケア対応施設で体感しつつ学び，新しい痴呆介護理論の学習をした後高齢者と関わり，自己のコミュニケーション能力が低い事実に直面させ，学習の必要性を自覚させ指導していく形である。M施設ではプロセスレコードの記述，K施設では映像記録という指導手法の差異があるが，関わりの中での自分の行動，自己感情の動きを反省的に自己対象化させ自己覚知させていく方法は従来型の研修ではなかったものである。ただ，プログラムの組み方のみならず，研修という場の作り方には両施設で差異があり，そこから指導者のケアワーカーの自己意識・感情のとらえ方，それをどう組み換えるべきとみなしているのかというケア観も読みとれる。

　そこで，研修生のピアグループの扱いからみていこう。M施設では研修生が共同使用できる部屋が用意され，研修生が所属する施設への相互訪問，グループディスカッションをプログラムに含み，メンバー間のつながりを強化する形で行われる。それに対し，K施設ではコミュニケーション能力養成に重点をおくプログラムであり，研修期間中研修生は個別化され，ピアグループを作ることは奨励されない。その点についてT指導者は「皆さん同士，話すことは宿舎でもなるべくしないで欲しい。自分自身と向き合って欲しい。他の人との向き合いはビデオや研修の中でやって欲しい」と指導する。この事実はコミュニ

ケーション能力形成に関する両施設指導者たちの見解の差異を示唆している。
　次に，指導手法である。M施設では共感・受容する能力の形成を図ってプロセスレコードの記述，それに基づく自己反省，指導者のコメントという形で指導がなされる。それに対しK施設では研修生相互のディベート，実習場面のVTRを使っての研修生同士の相互評価，指導者による厳しい評価指導により研修生が業務型ケアワーカーとしてもつ何ほどかの自負心にダメージを与え，それに代わる「高齢者主体ケア」の関わり方が教示されていく。両施設での指導の差異は指導者の年齢，ジェンダー構成の違いにもある。M施設では日常業務に関わる50代女性介護サービス部長1人が指導する。K施設では50代施設長，副施設長の男性2人を中心に，男性か女性施設リーダー職員1名，計3人により行われる。ピアーとの関係性，指導手法，指導者数・指導者の性別構成において，K施設の研修生の方がより孤立し，無力な状態におかれて研修を受けることになる。これは後述する「自分を白紙の状態にすることによって，高齢者の気持ちに寄り添うことができる」というM施設指導者のケア観につながる研修方法といえよう。
　こうした枠組みでの研修が「ユニットケア」という呼称の提唱者でありかつ推進者である指導者たちが所属するK施設で行われる背景には「ユニットケアはかくあるべし」とするユニットケア観が関わっていると思われる。彼らが全国的レベルのリーダーであり社会的影響力も大きいという点でK施設のVTR使用の指導場面の「語り」の分析を中心に以下考察していくことにしよう。M施設における指導については別稿ですでに論述し，紙面の制約もあり必要最低限にとどめることにした[2]。

（2）個別ケアに必要とされるケア能力

　K施設の指導者たちは個別ケアを行うために必要とされるケア能力をどのようなものとしてとらえ，それを実現するにはケアワーカー個々人がどうあらねばならないと考えているのだろうか。指導場面での「語り」からみてみよう。
　G指導者「個別ケアをしたいと思うならデータを捨てる。科学的な知識は一般論であって一人一人個別にみていくというアプローチとは正反対のものです。個別ケアに

必要なのは感じ取れることです。知識を学ぶようにコミュニケーションを学んではいけない。自然と出てくるようになるまで練習しなければいけない。そのためには相手の気持ちを知りたいという思いをもつことが一番のベースになる。」
G指導者「今日のところは冷静な観察者。それで今まではよかったのだと思う。冷静に観察してどこが劣っているか。どこを手助けすればよいのか。悪いところを補ってあげようという立場。でも、それは間違いなんですよ。そうじゃないんですよ。相手があなたに何を望んでいるか。相手はどんな気持ちなのか。それをまず感じてあげる。寂しそうだったというのなら寂しそうな原因を探るというのでは駄目なんです。それを感じてあげなければ。どうしてそんなに寂しいのか私にその寂しさを分けてくれませんかと。そこからすべてが始まる。そのためにはあなたの感情がもっと出てこなくっちゃ。あなた自身が苦しいとか悲しいとか、そこからいかなければ相手の苦しみや悲しみはわからない。それを感じることがユニットケアの真髄。ユニットケアとは何か。あなたの悲しみを一緒に感じる。涙を流すことができますか。それができますかというのが真髄なんです」

　K施設の研修目的は「気づきを築く」と掲げられ、業務遂行型ケアの能力が「一般」的な「科学的知識」の学習中心に習得可能だったのに対し、「個別」ケアのための能力とは「相手の気持ちを知りたい」という相手への構え、「感じてあげる」感受・共感能力、そのうえでの「あなたの感情がもっと出る」ような「感情表現能力」であり、そうしたことが「自然に出てくるようになるまで練習しなければならない」とされる。それは感情中立的な「科学的知識」を拠り所として高齢者を「劣っている」欠如体とみなし「悪い所を補う」補足的な関わりをしてきた従来のケアは「間違い」であり、ケアする側の自己そのものの組み換えが必要であり、そうした関わりこそ「ユニットケアの真髄」(原理)だとされる。

　しかし、高齢者の「悲しみを一緒に感じる」「涙を流す」ことができる感受・共感能力の習得という課題は人間の感情・行為が孕む多重性への対処能力をどうやってつけるかという課題を伴う。とりわけ、痴呆ケアの場合、記憶障害や認知障害による感情や行為の文脈性の読みとりがたさ、怒りや暴力等の攻撃的行為に対する感情管理、ケアワーカー自身の自己感情の深部と抵触するような行為場面での感情管理など、高齢者の状況を理解していたとしても難しい局面を含む。そうした感情の多重性に関わるコミュニケーション能力の指導は

どのようになされているか。「共感」がより難しい高齢者の「怒り」の表出場面でそれをみてみよう。「語り」は目が不自由な利用者の「死にたい」と訴えの背後にある高齢者の真情を研修生が読みとることができず怒りをかってしまった場面でのものである。

> G指導者「死なせて下さいっていったら'いやだよ'くらいでいいんです。それなのにあまりにも強く反応しすぎるのは感情が燃えさかっているのに油を注ぐようなもんです。相手の感情や気持ちを受け止めて下さいというのはそういうことではない。一緒に泣くということではない。相手の苦しみを感じたから本当に自分が落ち込んでしまうことではない。開け放って相手を受け入れるというのはそのなかにあなたの感情を入れない。でも，あなたは自分の感情を入れてしまっている。」
> S指導者「あなたがどうしていいかわからないから，本人もどうしていいかわからないんですね。すべてこちらの問題ですね。どうしていいかわからないというのなら，その答えはたったひとつ，相手を知ることですね。そのためにもコミュニケーションが必要ということで。それが徹底的に行われてないということでしょう。だいたい'死にたい'というのは'自分が大切だと思われていない'という飢餓の言葉で，本当に死にたいという言葉ではないですよね。'大切だと思って欲しい'という言葉だと受け止めた時，それが怒りの強さとか，高さとか，激しさといった拒否的な力として出ているのはやりやすいのではないのか。コミュニケーションとしてそこに何を読みとるのか。サインは出ているので読みとろうとする気持ちがどこにあるかということだけです」

ここでは「受容しなさい」という「感情規則」を文字通りに解釈し共揺れし，訴えの背景にある高齢者の多重な心理を洞察できず怒りを誘発してしまった関わり方が厳しく批判される。「受容」する力とは，何層にも重なる相手の感情の襞を一瞬のうちに読みとりそれに即応していく能力である。したがって，関わる側にも何層かの感情管理が必要とされる。こうした時，何を手がかりに隠された相手の心情に達することができるのか。「共感」や「受容」が必要な場でケアする側に要求される能力について，精神科医土居は次のように言う。「'理解する''わかる'」というのはどういうことか。理解するためには「何がわかり，何がわからないかの区別がわからねばならない。……本当にわかるためにはまず何がわからないかがみえてこなければならない。日常なじんでいるものをわかっていると受け取る場合にくらべてより高度の認識ですらある。

なぜなら'わからない，不思議だ，ここには何かがあるに違いない'という感覚はもともと理解力の乏しい人には生じないからである。」(文献8)。しかし，ここでは「どうしてよいかわからない」という研修生の混乱は相手の感情の多重性を読みとれない研修生の「気持ち」(構え)の不足によるノンバーバルメッセージ(「怒りの強さ，高さ，激しさ」等)の解読能力の低さ，「落ち込んでしまう」自己感情処理能力の未熟さに由来するコミュニケーション能力の問題だと指導される。

そうした場面はケアする側のセクシュアリティという自己感情と抵触する面を持つ異性間介護指導場面でもみられた。30代女性研修生の手を重度の男性利用者が口に持っていこうとしたとき，一瞬研修生がためらった場面への指導である。

　S指導者「あなたの中に相手が男性だという戸惑いがありませんでしたか。何となく落ち着かない。そこには男と女であるということが関わっている気がする。同性と異性に感じ方が違っていて，その意識が硬いような気がする。向こうがあなたの手を握ってきて，あなたはこれ以上踏み込めないという感じをもってしまったでしょう。もっとどっしりしていて欲しかった。包み込むような安心感を出して欲しかった。考えすぎ意識しすぎだった。もっと素直に自分の感情を出して，全体に漂わすようなホワーンと相手を包み込む雰囲気をどう作れるかが課題。」

ここでは異性間介護ではセクシュアリティを感じるのが当然，しかし，感じすぎは禁物，ケアする側は自己感情を組み換え性別の壁を越え，「ホワーンと相手を包み込む雰囲気」を出すことが必要と説かれる。また，そうあることがケアする側の「素直な自分の感情」の発露であるはずという指導者の人間観，その上に立つケアのあり方が語られる。

指導者たちのこうした人間観，ケア観は相手と受容的な関係形成に失敗した研修生に対する指導場面で一層明確である。

　K指導者「多分上に立つということでずっと生きてこられているのでそれ以外の関わりができなくなっている。で，そのためには本当の自分に戻るというか，今まで作ってきた虚構みたいなものですね，実際のものではなく，肩書きとか，仕事の中で身に付いたものとかそれを全部脱ぎ捨てたFさんというものがあると思うんです。肩書きとか，それを全部脱ぎ捨てた。そこが出てこないと，この仕事自体が楽しくないだろ

うし，お年寄りはもちろん楽しくない。寂しさを感じたというのなら，それを感じるだけでもすごいと思うんですよ，感性があると思うんですよ。それをいろんなことで押し潰している肩書きとか責任といった周りからの要請でそうなってしまったと思うんですね。それを全部取り払って素の自分になって，そうすると自分も楽になると思いますよ」
G指導者「本当の包み込むような優しさは相手と一緒にいることが心地よいと思っているところからしか出てこないんですよ。でも，あなたは自意識が強いんだと思う。自分に対する意識が強く頭の中で考えている。相手と一緒にいるのが心地よいとかいうのではなくって，楽しむというのがなくって，そこが相手を包み込めるようなやさしさを持てない状況かな。自意識が強くて私はどうすればいいのか，とか，そういうことばっかりを一生懸命考えている。」

ここでも共感・受容するためには「自意識を捨てること」「データを捨てる」「自分をまっ白にする」という感情管理の方法が説かれる。その背景にある指導者たちの人間観は「肩書き」や「仕事の中で身についた」役割を降りたところに本来的な「素の自分」があるといった人間観である。このような人間観は指導者たちが自覚するか否かを問わず理念性の強い二項対立的な人間観，「役割を演じているのは本来の自己ではなく，本来の自己は役割を降りたところにある」といった近代的人間観である。したがって，対象理解に至る筋道が具体的に指導されないまま「自意識を捨てる」「自分をまっ白にする」ことが要求される時，指導される側は拠り所を失い，場合によっては無力化されかねない側面を持つ。それは相手との関係の中でケアする側に生じた感情の齟齬を手がかりにして相手の状況・文脈性を読み共感・受容能力の形成を図るセラピストやカウンセラー養成の手法などとは大きく異なっている。

ところでこうした近代的人間観とは産む性である女性こそ「母性本能」を持つ性であり，それゆえにケア役割の担い手としての適正を持つというジェンダー観であった。こうした点は研修指導者たちにおいてどう考えられているのだろうか。次にそれをみていこう。

（3）新しいケアと伝統的ジェンダー観
指導者たちが持つジェンダー観が研修過程で言語化される場面は少なかった。

Ⅱ　テーマ別分科会

わずかに研修最終日の評価が研修生の性別で次のように異なることからうかがわれるだけだった。

　G指導者「(首尾よく指導者の望む関わりができた女性研修生に対して)女性は変身が早いですね。昨日までさなぎだった人が突然変わるんだから。扉が開いたという感じですね。率直であることが大事ですね」
　S指導者「(男性の研修生に対して)声かけもちょっとだし，テレもあるし，ある部分は評価できるけどもう少し感じる感受性が欲しかった。男の人の限界かな。でもこの間の研修生で利用者に怖いと言われていた人がちゃんとできていたからね。あの人は変わることができた。変わらなければならないという弱さを持っていたからね」。

　ここではケア能力には性別による差があり男性は女性に比べ「限界性」をもち，それを男性が克服するには伝統的ジェンダー観では女性の特性とされてきた「弱さ」をもつ必要があるという指導がなされている。

　こうしたジェンダー観は通常背後にあって言語化されることが少ない。そこでこの点についてM施設のS指導者(男性)，K施設のY指導者(女性)にインタビュー調査による聞き取りを行った。S指導者とY指導者のジェンダー観は大きく異なるものであった。しかし，Y指導者の「語り」から高齢者との関係場面においてはケアする側が一元的なジェンダー観であっては対処できない側面がある事実も明らかになった。そうした点についてみていこう。

　まず，S指導者のジェンダー観である。前出の異性間介護におけるセクシュアリティに関わる指導場面で「ホワーンと相手を包み込む雰囲気」で性別の差を越えたケア関係を作る必要性を彼は指導していた。そのときのジェンダー観は「もうこれは相手ですから。異性という全般の問題じゃなくてその人その人ですからね」と性差を問題にしないものであった。ところが，ケア役割を担う適性という点では明確なジェンダー差があると述べる。

　S指導者「やっぱり，女性にはこう母性ってありますでしょ？それって，男の人に備わっているもんではちょっとないような気がしますよね。男性でも天性の方，いらっしゃるんでしょうけど，それは非常に稀でしょうね」

　S指導者のジェンダー観はケアの適性は「母性」を持つ女性の方が優れ，そうした特性によって女性は相手の性別に関わらず「包み込む」ケアの力を持つというものである。

一方，M施設の指導者Y指導者は伝統的母性観を次のように否定する。性別より個人差の方がケアにあたっては大きいというのである。

> Y指導者「私はそれは絶対否定したいですね。女性は母性を持っているという言葉によって，忍耐強く我慢強く幅広く寛容の心を持ってというなかにはめこまれてしまうか，そうあらなければならないという形にとらえられてしまう感じがするんですね。私は男女差というよりかは個人差と思うんです。個人の持つキャラクターみたいな感じですね」

彼女はケア能力には性差より個人差の方が大きく関っているというジェンダー観を持つ。しかし一方で，伝統的ジェンダー観を介護される高齢者側が持つ場合，ケアする側が相手を「幼児化しない」という「母性化装置」を否定する新しいケア観に立ったとしてもそれを貫徹することが難しいとも語る。

> Y指導者「70代の利用者がおられるんですが，入浴介助するときにセクハラ行為を何回かしてるという風に聞いて。若い職員の胸を触ったり，しかも触る対象が新しい職員とか，自分で訴えることができない職員をねらってやる。それは許せないということで，彼に'職員が嫌がるようなことは止めて下さい'と言ったんですが'していない'って。'ほんとにしてませんか''してない'と言い張られて。でも年輩の57歳の介護職の方がおられてその方が後で言われるんです。'あの後，私，あの利用者さんにあなた何かやんちゃしたんでしょって言った'って。そしたら，'したって言った'って。それを聞いて，ああ，そうだなって，やっぱり彼女の聞き方はさすがだって。私は正攻法でしか攻められなかった」

ここでY指導者が「彼女の聞き方はさすが」と感服している介護職の関わり方は「あなた何かやんちゃしたんでしょ」という相手を幼児化していくやり方である。Y指導者が「正攻法」としてとった関係のあり方は利用者との「対等な関係性」という理念にもかかわらず彼女が職員という地位にあり，高齢者は利用者であるという現実の地位関係の中で，相手の自尊心維持と抵触し良好な関係形成をはかれなかったのである。

こうみてくると高齢者を「幼児化」するケア関係を作ってはならないとい新しい感情規則は一元的なものではなく，「高齢者主体の関係実現」のために必要なら柔軟に運用すべきという多元性を持つものである。新しいケアにおいてケアワーカーに求められる感情規則とは相手を「幼児化してはいけない」，し

かし，相手にとって必要ならば「すべてを包み込むような母性を発揮しなさい」というダブルバインド的ジェンダー観に立つものだといえよう。

ところで，こうした高度の「高齢者主体」の感情管理を要求されるユニットケアの労働条件とはどのようなものであろうか。

3 ユニットケアの労働条件と介護ストレス

ユニットケアへの移行。それは「介護単位」で組織化されていた施設が「生活・介護」の二重性を持った単位に変わることにより，身体介護，日常生活維持のための諸活動・関係作りがケアワーカーの仕事として求められる方向への変化であった。しかし，改変はそうした側面にとどまらない。今ひとつの大きな変化は集団（多くは50人）単位のケアから，職員を各ユニットごとに配置して行うケアに移行することによって生じる人員配置の問題である。ユニットケア化によってもたらされるケアワーカーの労働条件は，国の「介護報酬基準」という経済的制約によって，身体的ケアの最低基準として設定された職員配置すら危うくする側面を持っている。公的介護保険制度の開始により特別養護老人ホーム等の職員配置基準は高齢者数：職員者数＝4：1が3：1に変更されはした。しかし，この「介護報酬基準」では4交替制である施設では厳しい勤務体制となる。すなわち「どう，夜勤帯を工夫しても，6人前後の人を1人でみる人数しか配置できない。しかもここでいう日勤帯とは，朝7時からよる9時までの14時間を指すので，日勤帯を早遅2つの勤務に分ける必要がある。本当の意味で6人に1人のスタッフがいるのは，12時〜4時までのたった4時間しかないし，それ以外の時間帯は18人前後を1人で見ることになる。業務以外のことをしろと言うのが無理な人数しかいない」という状況が生み出される（文献9）。

したがって，これを克服するためにM施設では高齢者対職員の比率2.3：1，K施設では2対1という独自の基準で運用されている。しかし，このように「介護報酬基準」より手厚い配置であったとしても，M園での夜勤帯勤務者は午後5時半から翌日午前10時までの16時間半勤務，うち午後8時から翌朝7時

30分までは2ユニット（24人または26人）を1人で担当する形であり，K施設においても夜勤帯勤務者は午後9時から翌日午前7時まで，40人を1人で担当というものである。この現状は特養や老健施設より比較的要介護度が低い高齢者が利用するグループホームの職員配置基準に比べても厳しいものであり，ケアワーカーにとって身体的・精神的な負担度が高いものである。

こうした現状の制度枠の中で新しいケアの実践に伴う労働負担の増大によって生じるケアワーカーの精神的ストレスという問題はさしあたりどのように解決するしかないと考えられているのだろうか。K施設S指導者は次のように語る。

> S指導者「ストレスをためない方法というのも相手に喜んでもらって，こちらもよかったという形で救われていくというか。ユニットケアでストレスがたまるということはコミュニケーションがきちんととれないことにあると思うんです。そういうところのケアの質を考えることが大事だと思うんです。怒りとか，悲しみとか，苦しみとかに向き合うケアワーカー。だから向き合っていくことによって自分自身も本当ボロボロになりますよね。でも，その対人関係の中でボロボロになるというんじゃなくて，そこで満たされていく。そういう関係がきっとあると思うんです。」

ここではストレスの蓄積はケアワーカー個人のコミュニケーション能力の不足の問題に帰着させられる。そして，ケアの中で「ボロボロになる」ケアワーカーの精神的疲労は「そこで満たされていく関係」を作るケアワーカーの構え，意識の組み換えによって軽減化される可能性を持つという見解が示されている。

しかし，こうした経済的制約と「高齢者主体」のケア実践の折り合い点を「やりがい」や「達成感」に求める考えはS指導者特有の考えではなく，現在の介護業界ではかなり一般的な見解である。介護保険制度の経済的制約により生じた「介護労働負担」問題を特集した介護関連の業界誌に掲載された4論文のうち3編は「やりがい」や「人を相手とした仕事がもたらす喜び」を強調することによって，コストの問題と介護労働負担の折り合い点を模索するものであった（文献10）。また，日本のみならずこうした考えは外国でもみられ，パム・スミスは看護研究を通して「看護には感情面と金銭面の2種類の報酬がある」にもかかわらず「感情面での報酬がおまけのボーナスかなにかのようにと

Ⅱ テーマ別分科会

らえられている」「感情面のケアはコストの見積もりが容易ではないので，ヘルスケアに市場原理が導入されるにつれ，（感情面の報酬は）さらに脇に追いやられてしまう」と述べる（文献11）。

　こうした形での妥協は形成途上の「高齢者主体」のケア確立が優先されざるをえなかったこれまではやむをえなかった部分もあるだろう。しかし，公的介護保険がもつ「高齢者主体のケアの実現」と「経済効率性」という相矛盾する課題の解決策が将来的にもケアワーカーの労働負担の増大によってなされ続けるならば，どういう事態が引き起こされていくだろうか。ケアワーカーの高い転職率，介護ストレスによるケアワーカーの「こころ」の疲弊，そしてそれは「こころを受け止める」高齢者主体のケアそのものの崩壊をもたらしていくだろう。

1) ユニットケア対応型施設M園でのフィールドワークは2000年から始め，2001年，2002年，同園で実施された「痴呆介護実務者研修，専門課程」にも関わった。K施設で行われた「痴呆ケア実務者研修」には2003年3月に参加した。本稿で引用する「記述」「語り」は2施設の痴呆研修の指導時，および，指導者への個別インタビューによって得られたデータである。
　　　M園：入所者定員100名（うち特養80名，ショートステイ20名），8ユニット。介護職員＝常勤32名，非常勤8名，常勤換算38.05名。看護職員＝常勤3名，非常勤5名，常勤換算4.95名。
　　　K施設：入所者定員80人，28室，8ユニット。看護職9人，介護職43人，OT・PT各1人。
　　　〔研修プログラム〕M施設（10日間）：〈1日目〉実習施設，入所者の概要理解，実習ユニットの理解〈2日目〉ユニットケアの介護に実際を知る〈3，4，5日目〉小集団ケアを通し痴呆性高齢者の生活のあり方を探る〈6日目〉痴呆性高齢者の小集団ケアのあり方の転換を考察する〈7日目〉ユニットケアの組織等オリエンテーション・所属施設の課題分析〈8日目〉所属施設における痴呆高齢者個別ケアの方法を探る〈9日目〉それぞれの所属施設での課題分析と改善プランの確認〈10日目〉実習全体評価。
　　　K施設：〈1日目〉オリエンテーション，利用者として過ごす〈2，3，4，5日目〉利用者と楽しく過ごす〈5日目後半〉まとめ
2) M施設における「痴呆介護者実務者研修」に関する分析は別稿（文献12）で行っている。また，ケアワーカーの「感情労働」の深化にともない必要とされる労働条件の問題についての自己論の視点からの考察も別稿（文献13）で行っている。

【参考文献】

文献1　高齢者介護研究会『2015年の高齢者介護』厚生労働省，2003年

文献2　高橋誠一「望まれる職員を育てる」個室・ユニット研究会編『普及期における介護保険施設の個室化とユニットケアに関する研究報告書』医療経済研究機構，2002年

文献3　日比野正巳・佐々木由恵・永田久美子『痴呆バリアフリー百科』TBSブリタニカ，2002年

文献4　高橋，前掲書

文献5　田中涼子「専門課程実習の観察記録について」『京都市痴呆介護実務者研修事業実施報告書』京都福祉サービス協会，2002年

文献6　A.R.ホックシールド，石川准・室伏亜希訳『管理される心：感情が商品になるとき』世界思想社，2000年

文献7　天田城介『老い衰えゆくことの社会学』多賀出版，2003年

文献8　土居健郎『新訂・方法としての面接』医学書院，1992年

文献9　篠崎人理「完全2：1人員配置体制で一人ひとりに深い関わりを」『GPnet』2002年4月号，環境衛生研究会

文献10　月刊老人保健施設機関誌『老健』2002年4月号，全国老人保健施設協会

文献11　パム・スミス，武井麻子・前田泰樹訳『感情労働としての看護』ゆみる出版，2000年

文献12　春日キスヨ「ケアリングと教育」『教育学研究』第69巻第4号，日本教育学会，2002年

文献13　春日キスヨ「高齢者介護倫理のパラダイム転換とケア労働」『思想』2003年11月号，岩波書店

テーマ別分科会4＝政策分析・政策評価──福祉・保健医療領域を中心に

高齢者ケアのウェルフェアミックス：介護・医療システムの再編成

河野　真　Kono Makoto

1　はじめに

　本稿では，ウェルフェアミックス・アプローチを分析枠組として，日本における高齢者介護・医療サービスの現状と改革動向をマクロ的な視点から検討し，その動態を理解するためのキーワードを探ってみたい。限られた紙幅の中で，広範なテーマを扱わなければならない。それゆえ本稿では，高齢者ケア領域におけるウェルフェアミックスの現状については，その特徴をごく簡単に触れるだけにとどめ，改革動向に主眼を置き検討を進めることにする。

2　高齢者ケアのウェルフェアミックス

（1）インフォーマルセクター

　日本の福祉システムについては，家庭と企業福祉が低水準の国家サービスを補完してきたが，それを支えてきた前提条件はグローバライゼーションの進展や急速な高齢化によって失われつつあり，こうした環境変化が福祉政策の新自由主義的傾向に拍車をかけ，今後は市場型福祉が強調されるようになるとの見方が多い（Esping-Andersen, 1997, 1999；Mishra, 1999；Kwon, 1997, 1999）。高齢者ケアの領域に関していえば，これまでは家族介護中心のウェルフェアミックスが形成されてきたと見てよかろう。急速に進展した工業化が経済と社会の発展ギャップを生み，政策当局が日本固有の伝統的価値や文化的遺制を政治的に利用する余地を与え，家父長制的価値に基づく介護関係が家族主義イデオロギー

に媒介され維持・再生産されてきたのである。家庭外からのサービス供給が不十分な中で介護労働は多くの場合女性に負わされており，長時間・長期化し，「高齢者が高齢者を看る」ことが常態化しつつある[1]。

ただし最近では「家族介護＋外部サービス」の組み合わせに対する支持が高まっており，老親介護に対する義務感は依然として高く保たれているものの，家父長制（家族主義）的伝統に基づく家族介護への拒否感はかなり強く，将来の家族介護の担い手として期待されている若い世代，特に女性の意識変化がとりわけ大きい[2]。こうした状況を無視した家族介護の強調は，老人虐待をともなう介護関係の破綻（Care Breakdown）を引き起こす恐れがある。さらに，家族介護を強調するミックスは高い同居率を前提とするが，同居率は70年代後半から低落傾向にあり，今後も減り続けることが予測される[3]。また，従来介護の多くを担ってきた女性の就労環境の変化も大きい[4]。これらは家族介護をますます困難なものにし，福祉サービスの多元化を求める圧力を形成することになるが，家族は介護の提供者として後景に退くわけではなく，引き続き大きな役割を果たすことが期待されている。近代化の過程の中で，家族の諸機能が外部化し他のセクターへ引き受けられていくことは必然ではあるが，その転嫁先は一様ではない。福祉の残余的モデル（Titmuss, 1974）では，福祉ニーズは通常，家族と市場によって満たされる。日本の高齢者介護制度の再編過程の中では，後でも触れるように，家族の役割を維持することが目指されるとともに，市場の役割が強調され始めているのである。

（2）パブリックセクター

次に，公的セクターの現状を見ておこう。施設介護サービスについては，全施設中公営のものは施設数で見れば2000年時点では18.2％に過ぎず（厚生省，社会福祉施設調査），在宅サービスも同様の傾向を示している。例えば公営のホームヘルプサービス（人数）は，1980年では60.7％であったが2000年には19.5％まで低下した（厚生省，福祉行政報告例［社会福祉行政業務報告］）。医療についても，公的機関（国・地方自治体・社会保険団体）が運営する病院数は1955年には全体の37.4％を占めていたが，75年には23.5％，そして2001年には

20.1%へ低下している。高齢者医療の分野では、こうした傾向はより顕著であり、公立の老人病院は1999年では1.5%（サービス供給総量の0.7%）のみであり、老人保健施設についても公立のものは2001年の時点で7.7%、長期療養型病床群は5.7%となっている（厚生労働省、医療施設調査）。このようにサービスの直接供給者として公的機関が果たしてきた役割は、医療や介護の領域では元来それほど大きくはなく、さらに縮小傾向にある。

それでは福祉財源としてはどうか。日本の社会保障支出は国民所得比で見た場合先進国としては最低水準にあり、社会福祉（対人社会サービス）の残余性が際立っていることは周知のとおりである[5]。人口の高齢化とともに社会保障支出が大幅に増加することは避けられないが、政府は将来においても支出増を極力抑え込む方針をとっている[6]。社会保障財源としての公的セクターの役割は1980年以降縮小傾向にあり[7]、財源調達責任を他のセクターへ転嫁することが試みられている。例えば高齢者医療については財政調整制度を導入したが、各保険プログラムは大幅な赤字を計上し続けており、当該制度は機能不全に陥っている。介護保険の導入は、こうした高齢者医療財政の構造的限界を克服することや大幅な拡充が求められる介護サービスの財源問題に応えることになるかもしれない。ただしこれは、新たな国民負担の増加（政府にとっては新たな収入源の確保）をともない、介護サービスの財源が所得税に比べ逆進的な調達方式へ変更されることを意味する。

高齢者ケアシステムの規制・調整主体としての公的セクターは、「準公的機関」としての社会福祉法人等へは強い規制力を発揮してきたが、その他の民間セクターの活動には参入そのものが進んでいなかったこともあり、これまで深く関与することはなかった。中央と地方の政府間関係については、形式的な分権化は進んでいるが実質的な権限委譲とはなっておらず、80年代以降財政責任の地方自治体への転嫁が進んでいると見るべきである[8]。

(3) プライベートセクター

高齢者ケアの法定サービスを主として提供してきたのは社会福祉法人や医療法人であったため、日本ではボランタリーセクターが重要な役割を果たすウェ

ルフェアミックスが，当該領域においては形成されてきたようにも見える。こ
れら法人の中には標準化された良質のサービスを提供するものも多いが，その
反面，公的セクターの下請けや安上がりな代替物のようなものであったり，官
僚主義的性質を帯びたものも少なくはない。また，ボランタリーセクターが本
来備えているべき自治・自主財政の原則は放棄されており，ボランタリーセク
ターとしての長所（例えば新しいニーズや少数派のニーズに迅速・柔軟に対応するこ
となど）を十分に発揮してきたわけでもない[9]。

　高齢者介護領域における近年の変化としては，市場セクターの進出が急ピッ
チで進んでいることを指摘することができる。在宅サービスにおける営利組織
のシェアは1994年（事業者数）では6.4％であったが，2000年（指定件数）には
26.2％にまで拡大している（厚生省，1994，健康・福祉関連サービス需要実態調
査；2000，厚生白書）。施設サービスの領域でも有料老人ホームの拡充が進んで
おり，特別養護老人ホーム・老人ホーム・軽費老人ホームの合計を分母とした
場合，1975年から2000年の間に，定員ベースで3.1％から8.1％，実員では
2.1％から6.4％へ増加しており，その存在感を増してきていることがわかる
（厚生省，社会福祉施設調査）。なかでも株式会社運営の有料老人ホームの伸びは
大きく，1989年の37.4％から2000年には68.6％へ増加している（厚生労働省，
2002，全国介護保険担当課長会議資料）。こうしたことから，老人介護の領域にお
ける市場セクターの浸透は着実に進行していると見てよかろう。ただし営利法
人の進出は，重装備・重介護分野へは手控えられていることには注意が必要で
ある[10]。

　民間非営利活動については，在宅介護の領域で住民参加型在宅福祉サービス
が増加傾向にあり，典型的なボランタリーセクターである市民互助型（自助・
相互扶助）組織の伸びが著しい[11]。ボランタリーセクターの最大の弱点は，資
金力の乏しさから財政的安定を求めるあまり，公的セクターの出先機関的な活
動に終始したり，利潤追求が目的化し，市場セクターの類似物のようなものに
変質するリスクを内包していることにある。NPO法や介護保険法の成立は，
民間非営利活動がこうした事態に陥ることを防止することに役立つ。それゆえ
ボランタリーセクターの今後に期待が寄せられるわけであるが，そのシェアは

まだ小さく，民間非営利組織による在宅サービス供給量は，現時点では総供給量（事業所数）の3％に満たない（厚生労働省，2001, 厚生労働白書；2002, 全国介護保険担当課長会議資料）。

3 高齢者ケアシステム改革の背景

次に，高齢者ケアの領域における近年の福祉改革の動向について検討する。注目しておきたいのは，現在進められている福祉改革の背後には，「家族中心」「小さなミックス」を特徴とするこれまでの高齢者ケアシステムを拡張しようとする圧力と抑制もしくは制御しようとする圧力が混在していることである。改革プログラムにはそれゆえ，普遍化と残余化といった相反する2つの側面を見出すことができる。これは，近年の改革動向の本質を理解するうえできわめて重要なポイントであるといってよかろう。

介護ニーズの高まりと多様化，インフォーマルセクターの介護能力の低下は高齢者ケアシステムを拡大する圧力を形成してきた。従来のサービスシステムに付随する官僚主義への批判や，利用者の権利擁護や分権化を求める声の高まりもまた，こうした動きを加速させる。拡大・普遍化を促す圧力は，サービス供給量の増加や利用要件の緩和（所得要件の撤廃とそれに続く家族要件の廃止）をもたらし，サービス需要の側面では，利用者および潜在的利用者の「権利意識」を高めてきた。サービスの種類や供給量を行政上の裁量ではなく利用者のニーズに応じて決定するメカニズムが，介護保険の導入によって，高齢者ケアシステムに組み込まれたと捉えることもできる。

ところが残余化圧力は，このようなサービスの拡大・普遍化傾向をなるべく小さなものに押しとどめようとする。改革プログラムには，医療費の膨張に歯止めをかけることや介護と医療の総合化を図ることなど合理的な理由に基づくものがある反面，安上がりな政策オプションとしてのコミュニティケアを追求することや介護サービスの市場化を進めることが目的化した施策，あるいは再編プロセスの中で消費税率の引き上げや介護保険料の徴収によって新たな介護サービス財源を確保するための方策，長期ケアシステム全般に対する規制力を

強めることなど，新自由主義のロジックで拡大圧力を制御しようとするものもある。

　普遍化と残余化の2つの圧力のもと，高齢者ケアシステムを再編するために選択された主戦略は，①公的ケア（介護および医療）サービスの抑制，②民営化・市場化の推進，③公的セクターの権限強化に分類することができる。第一のサービス抑制策については，ニーズの増大や多様化といったサービス拡大圧力が存在する以上，公的責任を一方的に縮小するといった一元的・単純なものではなく，より複雑なメカニズムによって構成されることになる。介護の領域では，サービス供給量を増加させる一方で，需要の抑制が図られる。高齢者医療については需給双方の抑制が進められている。このように，抑制策は三本柱の制度設計となっており，高齢者ケアにともなう公的責任が拡大することを全体として抑え込もうとする。この点について少し詳しく見てみよう。

4　公的ケアサービスの抑制

（1）介護サービス供給の増加策

　現行の制度改革は，医療と介護を合わせた施設サービス供給の増加率を高齢者人口の伸び率とほぼ一定に保つよう設計している。新ゴールドプランのもとでは，重点施設（特別養護老人ホーム，老人保健施設，ケアハウス）の収容能力は増加したものの，老人ホームと病院サービスは抑制されたため全体として見れば，施設サービスは要介護高齢者にとって身近なものにはならなかった。サービス供給量は1993～99年の間に38.7万人分増えたが，要介護高齢者は70万人増加したため，施設介護サービスの外側に置かれる要介護高齢者の絶対数は大幅に増えたことになる[12]。サービス増加の焦点は在宅ケアに置かれているがこれも十分なものとはいえず，例えばホームヘルプサービスについて見れば，1998年の供給水準は1990年代初頭のイギリスの49％，オランダの28％，デンマークの22％にとどまり[13]，先進国としてはまだ低位の水準から抜け出てはいない。

　ゴールドプラン21では，在宅サービス（特にホームヘルプ）の大幅拡充が計画されているが，問題はそうしたサービスが利用者にとって実際に身近なものに

なるのかどうかである。介護保険によって認められているサービス水準（利用可能時間）では，要介護度の高い人々や独居老人の自立生活は困難であることがしばしば指摘されている（例えば伊藤，2000）。サービス総量のみならず，1人当たりの利用可能量といった観点から制度は評価されなければならない。また，利用料金が適正であるかについても注意しなければならない。自己負担が過大であれば，サービス利用が手控えられるからである。

（2）介護サービス需要の抑制策

　介護保険の導入は，従来富裕層の排除機能を有していた長期ケアサービスの料金徴収システムの変更をともなった。介護サービス需要の抑制は，料金徴収を所得比例制から均一制へと変更することによって可能になる。利用料の1割負担が中低所得者に対して大きな利用抑制効果を生み，サービス全体の利用率を低位に押しとどめることができるからである。例えば特別養護老人ホームについていえば，介護保険導入前の最高料金は月額24万円であったが，現在では上限が約6万円に減額される一方，最低料金は無料から4万円（市民税非課税世帯）／2万4千円（老齢福祉年金受給者）へ引き上げられた。ホームヘルプサービスについても90年代後半までは，利用者の95％は利用料月額1万円以下であり，利用者の8割以上は無料でサービスを利用していたが，現在では一律1割負担が求められており，低所得層にとっては大きな負担増となっている（厚生省，1996，在宅高齢者福祉サービス利用料等実態調査）。

　介護保険の成立とともにサービス利用の選別主義的規則は取り除かれ，一部のサービス利用に残されていた家族要件も廃止された。しかしながら，自己負担に耐えられない所得階層に属する人々は，家族介護に依存せざるをえない。介護保険適用サービスの利用実績を見れば，2002年の平均では利用限度額の38％にとどまっており（厚生労働省，2002，全国介護保険担当者会議資料），かなり強い利用抑制が働いていることがわかる[14]。制度上家族要件は外れたものの，要介護老人は通常家族によって介護されているとの前提に立ち，介護を必要とする本人よりも家族介護者支援を念頭においてシステム設計がなされていることがわかる。

(3) 医療サービス：需要と供給の抑制策

　日本の高齢者介護・医療領域における施設サービスは独特の供給構造をもち，医療サービスと介護サービスの間に大きな供給ギャップが見られる。その背景には，第一に介護サービスの絶対量が不足していたこと，第二に選別主義的な規則や相対的に高い料金（平均／最高）が介護サービスの利用を阻んできたことがある。医療機関への過度の依存は，要介護高齢者の社会的入院を生み，日本における病院入院患者の平均在院日数は減少傾向にあるとはいえ，まだきわめて高い水準にある。老人保健施設も同様の傾向を示しており，入所者の自宅への帰還は思うように進んでいない[15]。こうした状況のなかで，第三の柱としての高齢者医療サービスの抑制は，主として高齢入院患者の退院を促すことを通して進められる。

　長期入院に対する誘因をサービス需給の双方から削ぐことは有力なアプローチの1つであり，供給者に対しては出来高払い制度の一部変更，高齢者医療診療報酬の削減，入院の長期化にともなう収入の逓減措置などが実施されている。利用者サイドには，付添看護の廃止や入院中の食費を医療保険給付の対象外にすること，自己負担額の引き上げなどが実施されている。医療サービスの抑制はこの他，病床の増設制限や介護に力点を置くサービスの導入や病床の転換（1992年の在宅看護サービス・療養型病床群の設置，1998年以降実施されている一般病床の分化および老人病床の統合）などを通しても行われているが，何よりも高齢者医療を介護保険の範疇へ取り込んだことが大きい。サービスを受けるためには要介護認定が必須要件となり，これまで続いてきた医療に対するフリーアクセスの見直しが始まったことを意味するからである。

(4) 小　括

　さて，これらケアサービスの抑制を目指す3つの改革戦略によってサービスシステムにどのような変化が見られるのであろうか。簡単にまとめておきたい。第一に，もともと小さかったサービスの直接供給者としての公的セクターの役割がさらに小さくなったことを挙げることができる。第二に，介護サービス供給の不足，低所得層に対するサービス利用料の実質値上げにともなう利用抑制，

さらに医療サービスの削減があいまって，サービス利用についての家族要件は制度的には廃止されたものの，実質的には家族介護を前提としたシステムが再構築されつつあること。そして第三には，料金徴収システムの変更によって，富裕層重視への政策転換が介護領域において図られつつあることが指摘できる。第一および第二のポイントについては，従来の福祉改革の流れに沿ったものであると見てよいが，最後の料金システムの改定は大きな変更であり，その政策意図や今後の動向にはとりわけ注意を払う必要があろう。

　福祉サービスの領域において，公的責任を残余的なものに押しとどめるための手段は数多くある。公的サービスの水準を低く抑えることはいうまでもなく，利用にともなう複雑な官僚主義的手続きや権威主義的なサービス利用者の取り扱いなどがこれにあたる。またサービス利用に選別的規則を設けることもその1つであるが，こうした露骨な手法は活用に限界がある。利用料の徴収は，運用の仕方によっては利用者間の再分配やサービス資源の乱用防止に役立つなど，多義的かつ間接的な手法であるため，利用者の反発を比較的小さなものに押しとどめることができる。新自由主義的改革のもとでは，多様な公的サービスに利用料が課され，徐々に引き上げられていく。所得比例制の料金設定がなされている場合はそれを廃し，代わりに比較的高額な均一料金を設定することで，主たるサービス利用者を低所得者から富裕層へ移していくことが目指されるのである。

　日本においても介護保険の導入によって法定サービスの料金徴収システムが富裕層寄りに改定され，低中所得者にとっては家族が介護の供給源としてより重要になりつつあることを見てきた。つまり，所得の多寡により家族介護への依存度が変わってくるわけである。このようなかたちで家族介護が強調された場合，従来からインフォーマルケアが抱えてきた問題点——性差や家族構成の違いに起因する不平等——に加えて，所得格差による不平等が新たに持ち込まれることになりかねない。

5 介護サービスの民営化・市場化

(1) 民間セクターの参入促進

　民営化・市場化は，サービスシステムへの民間セクターの参入を促すこと，利用者の購買力を強化すること，そしてこれらのプロセスの中で準市場を形成することによって進められている。高齢者介護の領域における民間セクターの参入については，1987年の「今後のシルバーサービスの在り方について（意見具申）」でガイドラインが示され，民間業者を法定サービス供給者として認定したうえで低利子ローンや優遇税制の適用を認め，規制緩和を通じて参入を促進すべきことが説かれた。その後，1989年のホームヘルプサービスへの参入を皮切りに，2000年にはすべての在宅サービスの領域に民間業者の参入が認められるようになった。

　民間セクターの進出は，法定サービス供給に関する公私の役割分担を変化させているだけではない。近年の福祉改革によって介護領域で活動する民間セクターは，公的に財政支援された法定サービス供給者と独立セクターの二者に分けられるようになった。すなわち営利／非営利を基準としない民間セクターの二極化・再編成が進行しているのである。こうした状況が進めば，福祉セクター間（公と民および民間セクター内）の境界があいまいになり，福祉サービス供給の基本原理に利潤追求や経営主義を持ち込むことが一層容易になる。英国における先行事例を一瞥すれば，さらにその先には，市場型サービスの長所が強調される一方で，経済的非効率，勤労と貯蓄に対する負のインセンティブ，責任感やコスト意識の欠如，そして過剰な需要を喚起する傾向などが公的サービスの欠点として認識され，最終的に公的サービスを社会的な負担として見なすような世論が形成されていくことがわかる。公的福祉の残余化はこうしたプロセスの中で進行するのである（Clarke, 1995；Evers, 1993；Johnson, 1993；Miller, 1988；Pinker, 1992；Walker, 1990）。

（2）利用者の購買力の強化

　法定サービスの民営化には，民間セクターの組み込みや市場原理の導入など供給システムを変更することに加えて，需要サイドへの働きかけがあわせて行われなければならない。とりわけ，市場型サービスの利用を促進するために購買力強化を図る必要がある。新自由主義的改革のもとではしばしば，公的サービスと市場型サービスの価格を一定にするよう規制し，料金が払えない低所得者層には補助が与えられる。日本の介護保険制度には低所得者の利用を抑制するメカニズムが埋め込まれているが，価格規制をともなうサービス購入の補助金であるという意味では，介護保険給付はまさにこれにあたる。ところで介護保険導入による利用者の購買力強化は新たな福祉支出をともなうが，福祉支出の削減は新自由主義的改革の下では，常に高い優先順位を与えられているわけではない。民営化・市場化を推進するために財政出動が必要になることが多いため，支出削減自体はしばしば放棄される[16]。国家財政の負担軽減が，市場型福祉のメリットの1つとして紹介されることがあるが，現実にはそうはならずレトリックに過ぎないケースも多いのである。

（3）準市場の形成

　次に，高齢者ケアサービスの領域に準市場が形成されつつあることに触れておきたい。福祉サービスをはじめとする公共サービスの領域では，市場メカニズムは機能不全に陥ることが多い。また営利サービスの導入には，公的資金の注入や参入業者への手厚い保護等さまざまな条件整備が必要になるため，市場型システムを作ろうとしてもそれは市場に準じたものにしかならない。そもそも準市場アプローチは，公共サービスに競争原理を導入しようとする NPM（新公共経営管理）の手法に基づき，福祉国家システムを解体するために用いられてきたが，例えば英国においては労働党政権下の改革戦略にも採用されているものである。Le Grand と Bartlett（1993）によれば，準市場が成立するためには次の5つの要件が満たされなければならない。①競争的市場構造と柔軟な価格メカニズムの形成，②情報の非対称性への対応（情報の開示，逆選択・モラルハザードの防止），③不確実性や取引費用を最小化すること，④動機付け（供

給者にとっての利潤追求と購入者にとっての消費者利益の追及)、⑤クリームスキミングの防止(低所得者保護)。また準市場の評価基準には、効率性、即応性、選択の保障、公平(公正)性の4つが取り上げられている。

さて日本では、介護保険の導入を核とした民営化戦略を通じてどの程度準市場化が進んでいるのであろうか。成立要件の①については、市場セクターの参入は進んでいるが競争的な状況にあるとはいえず、管理された市場のなかで価格も硬直的であると見るべきであろう。②および③については、情報の非対称性は強く(例えばケアマネジャーの専門性や中立性を考えれば、サービス利用者が十分な情報を得ているとは言い難い)、介護サービスの取引費用も高い。④の動機付けに関しては、営利組織の参入にともない経営主義・経済的効率性が浸透しつつあるが、社会福祉法人を中心とした非営利組織の行動原理がどの程度「利益を追求すること」に置き換えられつつあるのかについては別途検証が必要である。⑤のクリームスキミングは、低コスト高収益の領域に業者の進出が集中する傾向がすでに見られ、サービスの空洞化が懸念される(駒村, 1999；平岡, 2000)。こうしてみると現時点での準市場システムは、成立要件の多くを欠いた不完全なものでしかないことがわかる。システムの核としての介護保険が制度発足から日が浅く、結論を下すには時期尚早かもしれないが、効率性・即応性・選択の保障・公平(公正)性の観点からも、現行システムを高く評価することはできない[17]。

以上、民営化・市場化を促すための3つのアプローチについて見てきたが、これら相互の関係は次のようにまとめることができる。「民間セクターの参入促進」や「営利/非営利を基準としない福祉セクターの再編成」を通して「準市場が形成」されるが、これには多額の「公的資金の注入」が必要になる。すなわちこれが「介護保険」なのである。

6 公的セクターの規制力

ところで、こうした介護・医療システムの再編成プロセスの中で、当該システムに対する公的セクターの規制力や権限はどのように変化しているのであろ

うか。価格コントロールが行われず，競争が不活発であればサービスは富裕者に独占されてしまうことが民営化・市場化が内包する問題の1つであるが，介護保険によってはこうした問題は是正されない。介護保険は価格規制をともなうが，すでに見たとおり，中低所得者のサービス利用の抑制は，結果として，所得の多寡によるサービス利用者の階層化を進めることになる。また，民間業者の参入は軽介護・低コスト・経営リスクの低い領域に集中する傾向がある。利益が薄く多くの売り上げを見込むことができない労働集約的な重度の介護や複合的なニーズをもつ人々のケアなどは，市場メカニズムの中ではあまり顧みられることはない。利潤追及を目的とする以上，参入業者がこうした行動をとることは当然であり，例えば英国で施設介護の市場化が進められた際にも，利用者の選択肢や業者間の競争が高められたり，サービスの質が向上するというよりはむしろ，経営的メリットの高い領域に業者の参入が集中したことが指摘されている (Walker, 1993)。理論的には，市場型福祉の欠陥は公的セクターによる法規制や財政機能（補助金の交付）などにより是正可能である。しかし日本における規制は，消費者保護の観点から見れば決して強いとはいえない（伊藤，2000)。1989年の「今後の社会福祉のあり方について（意見具申)」(福祉関係三審議会合同企画分科会）等により，市場セクターに対しては「消極的」「自主的」規制を行うことが規定路線となり，こうした方針は今後も継承されると思われる。

　ただし，サービス供給・財源調達についての公的責任の抑制や市場に対する控えめな対応は，必ずしも国家権限の弱体化や権限委譲を意味しない。「強い国家と自由経済」(Gamble, 1988) を標榜する新自由主義アプローチのもとでは，国家の規制力は弱まるどころかむしろ強化されることが一般的である。日本でも，サービス価格の決定権が中央政府に集中し，民間組織に規制の網が新たにかけられるようになったことからもわかるように，介護保険の導入にともない，公的セクターの規制力は緩やかとはいえ徐々に拡大しつつある。

　福祉改革の舞台で，しばしば新自由主義的改革の対抗軸とみなされるエンパワーメントアプローチ（利用者主体の改革）は，ケアシステムの再編成を促すイデオロギー的志向や主要な役割を演ずるべき自助・相互扶助組織がまだ未成熟

であることを勘案すれば，日本の現状に対して高い説明能力をもつとはいえない。しかしながら国家が失敗し，市場もだめならボランタリーセクターの出番（Evers, 1993）であると指摘されるように，オルタナティブとしての利用者主体の改革は無視できないし，米国における活発な民間非営利活動を見れば，利用者主体の改革は新自由主義的アプローチとも親和的な部分を多くもつと見てよい。それゆえ将来的には日本でも，市場化の「次のステップ」としてクローズアップされる可能性はある。

7 ま と め

本稿では，高齢者ケアのウェルフェアミックスをめぐる状況，特にケアシステムの再編成に焦点を当て検討を進めてきた。ここでは日本の特殊性・独自性を念頭に置きながら，得られた結果の中から特に2点について強調しておきたい。第1点は，高齢者ケア領域における日本のウェルフェアミックスはもともと残余的であって，そうした状況を維持することが目指されていることである。介護ニーズが顕在化し社会問題化するようになったのは比較的最近であり，それまでは要介護高齢者人口そのものが少なく，介護が長期に及ぶことも稀であった。それゆえ日本では，インフォーマルセクターが中心的な役割を果たしてきたとはいっても，その規模は決して大きくはなく，補完関係にあった公的セクターの役割もまた限定的なものでしかなかった。これは，高水準で強固な福祉国家システムを破壊するために残余化・民営化政策を導入したヨーロッパ新自由主義国家の置かれていた状況とは大きく異なる点である。

第2のポイントは，日本では高齢者ケアをめぐる急速な環境変化がサービスシステムに拡大と抑制の2つの流れを作り出しており，福祉改革のレトリックがここから生み出されていることである。高齢者ケアに関しては，従来の小さなウェルフェアミックスからより大きなミックスへと変貌を遂げつつあるが，こうした状況を説明する場合，「普遍化」「市場化」「分権化」などがキーワードとして持ち出されることが多い。そこではサービス供給の大幅増による介護の社会化やサービス利用の普遍化が進み，（準）市場化によるサービス利用者

Ⅱ テーマ別分科会

の選択肢の拡大や業者間の競争促進によりサービスの質が高められ，国家財政の負担は軽減され，さらには分権化も進展することが説かれる。

公的セクターの役割が直接サービス供給者から民間組織への財政支援や規制緩和を通して支援者（Enabler）へと変化していくことは，世界の福祉改革の趨勢であり，日本における改革プログラムも軌を一にしたものであると捉えることができる。ただし，アプローチの仕方が似通っていても結果は一様ではなく，利用者利益の観点からはまったく異なる結果がもたらされることもある。新しいケアシステムが提供しようとするサービスは介護の社会化を達成するには程遠く，富裕層重視の選別主義的なものに変質しつつある。また，準市場化は利用者すべての利益一般を増大させているとはいえず，国家財政の負担が軽減しているわけでもない。さらに規制・調整システムについては，形式的分権化が進んでいるが，実質的な分権化とはなっておらず，権限は中央政府に留保されている。こうした改革プロセスの中で高所得者層の利益は高まるが，低所得者は家族介護者への依存を深めることになる。ところが，家族介護者の意識は大きく変化してきており，介護責任の一方的な押し付けは悲劇的な結果をもたらしかねない。こうした事態が所得で輪切りされた特定の階層，とりわけ介護扶助適用者より若干所得の高い階層に集中して起こることが懸念される。注意深い観察が必要である。

1) 2001年の調査では，寝たきり老人の主な家族介護者が女性であるケースは76.4%，男性は23.6%であり，介護時間は平均で，ほとんど終日27.4%，半日程度10.0%，要介護度5の場合ではそれぞれ59.4%，14.8%となっている。要介護期間（2000年）を見ると3年以上54.6%，5年以上が33.3%であった。介護者の年齢（2001年）は50歳以上が83.1%，70歳以上27.7%であった（厚生労働省，国民生活基礎調査）。
2) 1995年の調査では，家族介護のみを支持する人は，70歳以上で22.8%，40代16.7%，30代20.4%であるが，家族介護＋在宅介護サービス支持者はそれぞれ43.2%，62.0%，62.1%であった（厚生省，1996，厚生白書）。50歳未満既婚女性の家族介護に対する意識の変遷をたどれば，「子の義務」であるとする意見は1963年で38.6%，1998年でも35.0%と比較的高く保たれているが，「好ましい習慣」であるとの見方は同時期に36.1%から13.2%へ低下し，逆に「他に選択肢がない」からやむをえない，「好ましい習慣ではない」といった消極的・否定的見解はそれぞれ8.7%から24.5%，3.0%から10.8%へと増えている（毎日新聞社，各年，全国家族計画世論調査）。

3) 1955年では80.4%，1975年時点でも77.7%に保たれていたが，その後急速に低下し2000年には49.1%となった（厚生労働省，国民生活基礎調査）。
4) 1955年には28.9%であった女子の雇用労働比率は，1975年には59.9%，2002年には83.3%に達している（総務省，労働力調査）。
5) 対国民所得比は1980年の12.4%から1999年には19.6%へ伸びたが，ヨーロッパ福祉国家（1996年のイギリス，ドイツ，フランス，スウェーデンの社会保障支出国民所得比は，29.4%，37.7%，40.3%，46.2%）と比較すれば日本の社会保障水準が低位にとどまっていることは明らかである。日本の「社会福祉その他」支出は対国民所得比で2.3%（1999年）であったが，イギリス，ドイツ，フランス，スウェーデンのそれ（1996年）は11.7%，12.8%，12.7%，20.0%であった（厚生労働省，2001，厚生労働白書；国立社会保障・人口問題研究所，2002，社会保障給付費）。
6) 社会保障サービスの最大の利用者は高齢者であり，社会保障支出総額の67.1%，年金の94.7%，医療の41.5%，社会福祉の18.4%が高齢者サービスとして使用されている（1999年度）（国立社会保障・人口問題研究所，社会保障給付費）。
    政府は2025年の社会保障支出対国民所得比を31.5%に抑えこもうとしている（「社会保障の給付と負担の見通し」厚生労働省，2001，厚生労働白書。なお福祉ビジョンでは28%に設定されていた）。これはイギリスの1996年の水準29.4%に近い数値であるが，当時のイギリスにおける65歳以上人口は16%であり，2025年の日本では27%以上に達すると予測されていることには注意が払われなければならない。
7) 国庫等公費の社会保障財源に占める割合は，1970年で30.0%，1980年33.0%であったが，1985年には28.3%，さらに1999年には25.2%まで低下している（ILO, The Cost of Social Security）。
8) 施設サービスと在宅サービスの国庫負担割合を見れば，1984年には8/10と1/3であったが，2000年にはそれぞれ1/4へ下がっている。
9) ボランタリーセクターおよびその他の福祉セクターの特徴については，河野（1998）をご参照いただきたい。
10) 社会福祉法人が提供するサービス（指定件数）と比較すれば，営利法人立のデイサービスは19%，通所リハビリテーション1%，短期入所生活介護・療養介護も1%程度となっている（厚生労働省，2002，全国介護保険担当課長会議資料）。
11) 1987年の住民参加型在宅福祉サービス団体数は121，市民互助型組織については41であった。1991年にはそれぞれ359と107に増え，1997年には1177と549になった（全国社会福祉協議会，1998，住民参加型在宅福祉サービス団体活動実態調査報告書）。
12) 医療を含む全施設サービス供給量を要介護高齢者数で除した数値の1993〜99年の増加率は5%に満たなかった。算出根拠については Kono (2003) を参照のこと。
13) 65歳以上人口千人当たり7.1人（厚生省，福祉行政報告例）。イギリス，オランダ，デンマークの供給量はそれぞれ14.5人，25.4人，33人であった（Alber, 1993; Anderson, 1992）。
14) 利用が進まないことの背景には，施設介護の供給量が少なく，比較的利用しやすい在

Ⅱ　テーマ別分科会

宅サービスの価格が提供されるサービス水準に比して割高であることもおそらく影響していよう。要介護度5の場合，35,800円＋食費＋居住費となり，特養入所の6万円と比べかなり割高となる。家族介護者の機会費用を考えれば，両者の開きはさらに大きくなる。

15)　平均在院日数は1980年の55.9日から1990年50.5日，1999年には39.8日へと減少しているが，例えばアメリカ7.0日（1999年），フランス10.6日（同），ドイツ14.2日（1995年），イギリス9.9日（同）と比較するとまだ多い（OECD, 2001, Health Data）。老人保健施設から自宅への帰還者は1998年が46.8％，1999年が41.4％であった（厚生労働省，老人保健施設調査）。

16)　英国保守党政権下の福祉改革でも，政府の広範囲に及ぶ積極的な介入（消費者の購買力を高めるため現金給付や補助金，サービス料金の払い戻し，バウチャーの支給等）を必要とし，結果的に社会支出の増加をともなった。施設介護サービスに市場型福祉を導入した際には，家賃補助を受けた利用者が1979年から1991年にかけて14％から70％へと増加し，施設介護に関する支出も600万ポンドから23億ポンドへと大幅に増えた（Alber, 1993 ; Glennerster and Le Grand, 1994 ; Walker, 1993）。

17)　例えば公平（公正）性についていえば，所得比例制料金徴収システムの均一性への変更は「名目的」には平等化を意味するかもしれないが，同時に中低所得者の排除をともなうため，「公正」の観点からは大いに問題がある。

【参考文献】

Alber, J. (1993) 'Health and Social Services' in A. Walker, M. Guillemard and J. Alber (eds.) *Older People in Europe : Social and Economic Policies*, the 1993 Report of the European Community Observatory, Brussels : European Community.

Anderson, R. (1992) 'Health and Community Care' in L. Davies (ed.) *The Caring of Age in Europe : Older People in the European Community*, London : Age Concern England.

Clarke, J. (1995) *The Problem of the State after the Welfare State*, paper given at the Social Policy Association Conference, Sheffield : Sheffield Hallam University.

Esping-Andersen, G. (1997) 'Hybrid or Unique ? : The Japanese Welfare State between Europe and America', *Journal of European Social Policy*, 7 (3), 179-89.

Esping-Andersen, G. (1999) *Social Foundation of Postindustrial Economies*, Oxford : Oxford University Press.

Evers, A. (1993) 'The Welfare Mix Approach : Understanding the Pluralism of Welfare Systems' in A. Evers and I. Svetlik (eds.) *Balancing Pluralism : New Welfare Mixes in Care for the Elderly*, Hants : Avebury.

Gamble, A. (1988) *The Free Economy and the Strong State : The Politics of Thatcherism*, London : Macmillan.

Glennerster, H. and J. Le Grand (1994) *The Development of Quasi-markets in Welfare Provision*, paper given at Quasi-market Research Seminar, London: LSE.

平岡公一（2000）「社会サービスの多元化と市場化―その理論と政策をめぐる一考察」大山博他編著『福祉国家への視座―揺らぎから再編成へ』京都：ミネルヴァ書房

伊藤周平（2000）『介護保険と社会福祉―福祉・医療はどう変わるのか』京都：ミネルヴァ書房

Johnson, N. (1993) 'Welfare Pluralism: Opportunities and Risks' in A. Evers and I. Svetlik (eds.) *Balancing Pluralism: New Welfare Mixes in Care for the Elderly*, Hants: Avebury.

駒村康平（1999）「介護保険，社会福祉基礎構造改革と準市場原理」『季刊社会保障研究』35（3）

河野真（1998）「ウェルフェアミックス理論：ウェルフェアミックスの概念規定と主要福祉セクターの特徴に関する検討」『経済学論集』（龍谷大学）38（2）

Kono, M. (2003) 'Health Care and Personal Social Services for Frail Older People', 『兵庫大学論集』8，35-70

Kwon, H. (1997) 'Beyond European Welfare Regimes: Comparative Perspectives on East Asian Welfare System,' *Journal of Social Policy*, 26 (4): 467-84.

Kwon, H. (1999) 'Income Transfers to the Elderly in East Asia: Testing Asian Values', *CASE Paper*, 27, London School of Economics.

Le Grand, J. and W. Bartlett (1993) 'The Theory of Quasi-Markets' in J. Le Grand and W. Bartlett (eds.) *Quasi-Markets and Social Policy*, London: Macmillan.

Miller, S. M. (1988) 'Evolving Welfare State Mixes', in A. Evers and H. Wintersberger (eds.) *Shifts in the Welfare Mix-Their Impact on Work, Social Services and Welfare Policies-Contributions from Nine European Countries in a Comparative Perspective*, Vienna: European Centre for Social Welfare Training and Research.

Mishra, R. (1999) *Globalization and the Welfare State*, Glos: Edward Elgar.

Pinker, R. (1992) 'Making Sense of the Mixes Economy of Welfare' in *Social Policy & Administration*, 26 (4), 273-84.

Titmuss, R. (1974) *Social Policy: An Introduction*, London: George Allen & Unwin.

Walker, A. (1990) 'The Economic "Burden" of Ageing and the Prospect of Intergenerational Conflict', *Ageing and Society*, 10, pp. 377-90.

Walker, A. (1993) 'Under New Management: The Changing Role of the State in the Care of Older People in the United Kingdom' in S. A. Bass and R. Morris (ed.) *International Perspective on State and Family Support for the Elderly*, London: Haworth Press.

テーマ別分科会11＝IMF危機後の韓国社会政策1
金大中政府の「生産的福祉」
その歴史的意味と残された課題

李　惠炅　Lee Hye-kyung

1　はじめに

　19世紀の西欧がレッセフェールの時代であったとすると，20世紀の西欧は福祉国家の時代であった。とりわけ第二次世界大戦後の先進諸国では，社会保障制度と累進税制，財政政策と金融政策，研究開発と教育政策などをつうじて，完全雇用と大衆の経済的福祉が実現された。これはマルクスの予言からの逸脱であり，レーニンが資本主義下では不可能であると主張した状況の実現であった。このような戦後の福祉国家の成長はケインジアン混合経済体制に対する広範な合意によって可能となったものであり，その背景にはブレトンウッズ体制という安定した世界秩序が存在し，またアメリカとソ連の覇権的指導力を両軸とする冷戦体制が存在した。
　しかし20世紀末になると，1970年まで当然視されていたケインジアン福祉国家に対する合意が失われる。1970年代半ばからは福祉国家の成長の速度が著しく低下しただけでなく，戦後の福祉資本主義の内的矛盾や不安定が批判され，福祉国家の危機論が盛んになった。しかし現実に存在する社会主義の没落，情報技術革命，知識経済の登場，グローバル化などのマクロ環境の変化とともに，福祉国家危機論は，福祉政策の再構造化と再編成が進んだことによって沈静化した。
　ヨーロッパ諸国の社会民主主義政党は，福祉国家の脱官僚化や自由市場を重視する現実主義的な路線を採用し，新たな状況への適応を試みている。また，これによって新しい政治連合を模索している。ブレアの「第三の道」はイギリ

ス労働党が新自由主義と伝統的な社会民主主義の両方を乗り越えようとする現実的対応の典型的な例であろう。Pierson（1998：166）が指摘するように，1975年以後の25年間を振り返ってみると，福祉国家の危機というものは，福祉国家そのものの危機というよりは福祉国家の知的危機（intellectual crisis）であった。

　韓国は1997年末の経済危機以後，グローバル資本主義理論のもう１つの実験場になっている。IMFと世銀の救済金融によって新自由主義的経済改革を着実に実行してきた金大中政府は，1999年，「市場経済」と「民主主義」の実現という国政治哲学の２つの柱に，「生産的福祉」の実現という３つめの柱を追加することによって，新自由主義的構造調整と福祉国家の超高速拡大を同時に進めるという，グローバル資本主義における類例のない実験を推進した。もちろん，この実験が成功したかどうかを論じることは時期尚早である。しかしその性格を把握し，本質を究明することは，21世紀における韓国の福祉国家の進む道を探求する社会政策研究者にとって重大な挑戦であろう。以下，第２節では，「生産的福祉」というレトリックを考察し，第３節では実際に実施された福祉政策改革を公的扶助と社会保険を中心に考察し，第４節では，残された課題について考えることにしたい。

2　IMF危機と金大中政府の「生産的福祉」

　1997年末に韓国を直撃した金融危機の直後に登場した金大中政府は，韓国の社会福祉政策の地平や地形を大きく変えた。金大中政府は，IMFや世銀が要求する新自由主義的経済哲学と自らの進歩的な思想の狭間に置かれ，新自由主義的構造調整と生産的福祉を同時に進めることを選択した。IMF救済金融の支援には，いわばワシントン・コンセンサスを基本的枠組みとする急激な安定化と根本的な経済改革の要求が含まれていた。金大中政府は，IMFの新自由主義的処方箋を忠実に実行し，外貨保有高の増大，貿易収支の黒字実現，外資導入の拡大，経済成長率の回復など多くの成果を遂げ「IMF早期卒業」を宣言した。

しかし、このような金融危機への適応過程のなかで、景気後退、高失業、貧困の増加など深刻な社会問題が累積した。とくに失業と貧困の増加によって、社会的不平等が拡大したため、金大中政府は財政支出を増やさなければならない状況に置かれた。IMFは財政支出縮小の要求をしていたが、同政府は1998年半ばからIMFとの交渉をつうじて経済回復と社会的セーフティネットの構築のための財政支出を大幅に増やした。

政権発足後1年たった1999年、新年の挨拶と光復節の祝辞のなかで、金大中大統領は「中産層の育成と庶民生活の向上を目標とする人間開発中心の生産的福祉」を約束し、関係省庁はこれを実現するための措置を発表した。それは、2000年4月13日の総選挙を控え、新党の創設を準備する金大中政府の政治的選択の表明でもあった。中産層と庶民を中心とした改革を標榜する新党の結成のためには、平民党の時代からの支持者であった労働者、農民など民衆の支持を引き続き維持する必要があった。このため新自由主義的改革のなかにあっても、彼らの支持を取りつけなければならなかった。大統領は政治改革、財閥改革、税制改革、腐敗清算などによって旧体制の解体を宣言し、同時に、国民所得増大、完全雇用、全国民の中産層化、生産的福祉をつうじての「先進韓国創造」のビジョンを提示した。

大統領秘書室・生活の質の向上企画団による『生産的福祉への道』(1999)によれば、生産的福祉は、人権・労働権・社会的連帯を哲学的基礎とする民主的―福祉―資本主義の体制として解釈することができる。既述したように、生産的福祉は、民主主義の実現と市場経済の発展という2つの国家目標と同等の比重をもつ国家目標として位置づけられた。金大中政府の生産的福祉は、民主主義と市場経済に単純に並列的関係で加えられたのではなく、民主主義と市場経済の内容を深化させつつ、これらが相互作用する政治経済の体制としてとらえられた。言い換えると、生産的福祉は、民主主義や市場経済と福祉の統合的動態的な関係を前提としているところに特徴がある。

このような人権・労働権・社会的連帯を哲学的基礎とする生産的福祉の体制は、少なくとも次の3つの構造的特徴をもっている。

第一に、生産的福祉は、これまでの経済成長の過程では福祉に対する考慮が

不足していたことから，福祉に対する国家責任を強調している。生産的福祉は20世紀のケインジアン福祉国家の中核概念である市民権としての福祉を基本的な考えとしている。このため生産的福祉は残余的福祉ではなく，人権や社会権としての福祉といった概念に基づいた社会保障を要求する。したがって国家責任が生産的福祉の基礎として繰り返し強調される。すべての国民を貧困から解放し，人間らしい生活をすることができるように，基礎生活を人間の基本的権利として保障することが国家の責任であると考えられているのである。

　第二に，生産的福祉は，21世紀のグローバル資本主義という環境の下における韓国経済の危機やその克服過程で生じた中産層の弱体化と庶民生活の不安を改善しようとする積極的意志の表現でもある。したがって生産的福祉は公正で競争的な市場秩序に基盤を置かない経済は，結局は崩れてしまうと認識しており，一方で，国家福祉の規模を拡大するが，他方で，市場の秩序やその機能を最大限に担保しうる方法を模索する。それゆえ生産的福祉は国家の再分配政策のみに依存するのではなく，人的資源の高度化をつうじて，労働の権利と機会を拡大しようとする。たえざる教育と訓練をつうじて労働者が自ら知識産業社会の新たな需要に対応するように支援することが生産的福祉の重要な柱である。生産的福祉は労働生産性を向上するための社会投資としての福祉を強調する。

　第三に，生産的福祉は，雇用の安定と創出，失業者の生活安定と再就職のために政労使が協調することを強調する。政府は雇用創出的なマクロ経済政策をつうじて完全雇用の実現をはかるが，労働組合や使用者団体をはじめとする市民社会の多様な諸主体も参加と協力につとめなければならない。とりわけ過酷な競争のなかで企業が生き残るためには，労働者の創意と自発的参加が不可欠であり，労使が共同で参加する労使協議や労働者の経営参加の道を同時に追求すべきであり，政労使による社会的パートナーシップを形成しなければならないというのである。

　このように生産的福祉は基本権保障・人間開発・参与福祉を根幹とする民主的─福祉─資本主義のシステムである。それは過去の成長至上主義に対する反省に基づき（基本権の保障），21世紀のIT革命に積極的で生産的に対応することを目標とし（労働を通じた福祉，人間開発中心の福祉），公私や政労使の参加す

る民主的―福祉―資本主義体制の構想であるといえる。生産的福祉は社会権の積極的拡大を主張する社会民主主義路線と，市場経済の活性化を主張し人間開発や福祉多元主義を強調する新自由主義路線を統合的に克服しようとするブレア流の「第三の道」に近いといえよう。言い換えれば，「第三の道」がそうであるように，金大中政府の「生産的福祉」のなかには20世紀的なケインジアン福祉国家の要素と21世紀のグローバル化時代の福祉多元主義的社会投資の要素が共存している。

　世界史的な観点からすると，この2つのモデルは時代背景を異にしており，またこれらを採用した国も異なっている。ところが韓国の現代史では，この2つのモデルが二重の課題として同時に登場している。このような壮大な生産的福祉の構想は，金大中政府の時代にすべて実現できるものではなかった。金大中政府の後を継いだ廬武鉉政府に多くの未完の課題を残したのである。

3　金大中政府の社会福祉改革

　金大中政府の福祉改革は速いスピードで進められた。1997年11月に経済危機が韓国を直撃した当時，公的扶助制度は全人口の1％程度に生活費を支援する名目的な扶助制度にすぎなかった。社会保険制度はいわば四大社会保険の制度があったが，医療保険を除けば，どれも全人口を適用対象としておらず，実際の受給者の範囲も制限されていた。国民年金制度は運営されていたが，都市自営業者を排除しており，完全年金はまだ支給されていなかった。産災補償保険や雇用保険もまだ適用範囲が制限されていた。さらに社会福祉サービスは貧困階層のみを対象とするきわめて低い水準の給付が行われていたにすぎなかった。こうしたなかで金大中政府の福祉改革の具体的内容としては公的扶助の改革，社会保険制度の改革，そして福祉財政の拡充の3つに要約することができる。

（1）公的扶助制度の改革

　金大中政府の福祉改革におけるもっともめざましい成果は，国民基礎生活保障制度という社会的セーフティネットの整備と実施である。1997年末の経済危

機は，高度成長期には経験しなかった大量失業と貧困人口を生み出した。とくに，離婚，高齢者の家出，ホームレス，欠食児童の増加など各種の病理現象を随伴する貧困が韓国の重要な社会問題として浮かび上がった。従来の生活保護制度は基本的に労働能力の有無によって生計費を制限的に支援したため，このような危機状況で社会的セーフティネットとして機能することができなかった。

　そこで労働能力の有無にかかわらず最低生活を保障する憲法上の権利の実際的保障を規定した国民基礎生活保障法の制定が45の市民団体の連帯会議によって推進・請願され，1999年9月には同法が成立し，2000年10月から施行された。国民基礎生活保障制度と従来の生活保護制度との違いは，第一に，過去40年間の慈恵的な単純保護レベルの生活保護から脱皮し，国民の権利として生活保護を受けることができるようにした点，第二に，最低生計費以下のすべての国民に対して国家の義務として基礎生活を保障するようになった点，そして第三に，貧困層が社会的排除や貧困から抜け出すための自立生活を体系的に支援する仕組みを構築した点などがあげられる。この制度の導入によって，生計給付の受給者数は1997年の37万人から2002年の155万人にまで大きく増加した。最低生活保障の水準もまた，大きく向上し，4人家族の場合，1997年の33万ウォンから2002年の87万ウォンへと約2.6倍に引き上げられた。このような受給者数の拡大と給付水準の向上は，政府予算の大幅な拡大によって可能となった。1997年には9千億ウォンであった公的扶助の予算が2002年には3兆4千億ウォンにまで増加し，保健福祉部の予算の44％を占めるまでになった。

　国民基礎生活保障制度の導入によって，韓国は歴史上初めて全国民のための社会的セーフティネットを確立したが，これにともなって初めて給付の条件として資力調査が実施されるようになった。また貧困から抜け出すための自活支援事業が体系的に導入されたことも意味深い。ただし，資力調査をはじめ公的扶助の行政事務を担当する社会福祉専門の公務員を拡充すること，そしてまだノウハウが十分に蓄積されていない自活事業を効率よく施行することなどが課題として残されている。とくに公的扶助への過度の依存を防止するために給付体系の改善と自活後見機関の創設など福祉インフラ構築が重要な課題である。公的扶助の改革は，韓国に現代的な制度の仕組みを導入することに成功したと

いう点で大きく評価できるが，給付が受けられない死角地帯の解消，資力調査の適切な施行，自活支援体制の定着など，残された課題も見逃すことができない。

（2）社会保険制度の改革

　金大中政府の福祉改革のなかで最も包括的なものは社会保険の改革である。金大中政府は年金保険，医療保険，産災補償保険，雇用保険といった四大社会保険制度それぞれの制度改革を追求し，適用対象の拡大をつうじて普遍主義的社会保険体系の確立に相当な成功をおさめた。さらに適用対象の拡大過程では社会保険の社会統合的機能を維持した。

(1)　国民年金

　韓国の公的年金制度は，公務員（1960年），軍人（1963年），私立学校教職員（1975年）など，特定の職域を対象とした年金制度が先行した。国民全体を対象とする国民年金法は1973年に成立したが，経済状況のため施行が延期され，ようやく1988年1月から10人以上の事業所の労働者を対象として施行された。金大中政府の以前までに5人以上の事業所の被用者，農漁村の住民にまで段階的に拡大されていた。

　1999年4月，金大中政府は，国民年金の適用を受けていなかった都市地域の5人未満の零細事業所の被用者と，臨時，日雇労働者，零細自営業者など約900万人を国民年金の適用対象に入れた。これによって，1988年の実施から11年で皆年金が実現された。国民年金の加入者総数は1997年末の784万人から2001年末の1,608万人へと2倍以上増加し，年金制度の成熟にともなって受給者総数も同期間に15万人から75万人へと大幅増加した。

　全国民とくに都市自営業者を公的年金制度のなかに編入したことは大きな成果といえる。これによって所得捕捉率のまったく異なる自営業者集団と被用者集団は，所得比例拠出・再分配的所得比例給付を原則とする単一の国民年金保険制度のなかに包括された。年金改革の過程では，世銀の代案，例えば，三階建て制度や年金民営化論が拒否されたことはよく知られている。しかし全国民を所得比例拠出による再分配型の単一年金保険に包括することは，垂直的再分

配と社会統合という側面からすればよい評価が得られるが，所得の捕捉が困難であるという現実的な制約のゆえに，制度の公平性という側面においては問題が多い。そのため自営業者と被用者との分離運営，基礎年金制度の導入などの提案がなされている。とくに都市自営業者の実際の保険料納付率はきわめて低く，2001年12月現在，総加入者のなか54.5％のみが保険料を納入しているにすぎない。加入対象者1,600万人のうち1,000万人が地域加入者であるが，彼らに対する国税庁の所得捕捉率は30％にすぎず，地域加入者の平均申告所得は事業所加入者のそれの57％にとどまっている。

また修正積立方式である国民年金は，完全年金の支給が始まる2008年までは積立金が累積するが，2034年には基金の枯渇が予想され，制度改善に関する議論がすでに行われている。金大中政府は国民年金保険の給付水準を賃金代替率で70％から60％へと下向調整し，5年ごとに財政再計算を行うことで，再調整しうる可能性を開いた。

(2) 医療保険制度

医療保険はすでに全国民を対象としていたが，長い間，組合主義対統合主義の論争が繰り広げられていた。金大中政府はこれに終止符を打った。1977年に導入された医療保険制度では組合方式が採択され，一般被用者の場合は職域別の組合に，農漁民，自営業者，日雇労働者は地域別の組合に組織された。1989年には，全国民が医療保険の対象となったが，このときも組合方式は維持された。組合方式は，医療保険の適用拡大の容易性，組合間の競争原理による管理運営の効率性，保険料の付加決定，迅速性などの点で長所がある反面，次のような問題を抱えていた。第一に，組合別の分離運営の結果，職域別地域別ともに，組合間の競争力格差が大きくなりすぎた。政府が国庫負担や組合間の財政調整によって，その格差を埋めようとしたが，うまくいかなかった。第二に，財政力の低い組合を基準として医療サービスの保障範囲が決められていたため，サービスの水準は低く，これを高めることが困難であった。それゆえ財政力の強い組合の積立金は増えていく反面，一部の財政状態のよくない組合の場合には，診療費を支給できないことすらあった。そして第三に，組合別管理は多くの職員を必要とするだけでなく，加入者が職場や居住地を移動するさいにも，

資格管理や保険料徴収などの点で組合間の連携がうまくいかず，全国民的な社会保障制度としての限界が現れていた。

　金大中政府の発足直前に第一期政労使委員会で医療保険の統合が合意され，政権発足直後には，地域医療保険組合と公務員や教職員の医療保険管理公団とを統合する国民医療保険法が公布された。これによって1998年10月に国民医療保険管理公団が誕生し，職域別組合も含めて完全統合を推進するための医療保険統合推進企画団が設置された。統合前には227の組合，142の職域別組合，そして公務員・教職員医療保険管理公団に分立していた医療保険を，2000年7月に単一の国民健康保険公団に統合した。金大中政府は医療保険の統合推進とともに，健康保険の給付範囲を漸進的に拡大した。保険適用の上限年間日数（1997年270日）を無制限にすることによって，被保険者の医療費負担を軽減した。また，高額療養費の自己負担が軽減され，自己負担が100万ウォンをこえたときは，その超過分の50％が給付されるようになった。さらに産前診療に対する保険給付を実施して，母体の健康維持と胎児の先天性障害発生の予防につとめた。これらの改革は，医療のような基本問題は社会保障の原則と社会連帯性の原理によって解決すべきだとする金大中政府の選択の結果であった。

　しかし，このような医療保険の改革は，医師と薬剤師との間の先鋭な対立の争点であった医薬分業の施行と絡み合って，医療保険財政問題の壁にぶつかった。統合後の2001年の赤字規模は4兆ウォン，積立金は3兆ウォンが不足すると推計された。これに対して，政府は2001年3月に健康保険財政安定のための緊急対策本部と緊急対策委員会を設け，20あまりの財政負担軽減対策を含む財政安定総合対策を発表した。

(3)　産災補償保険と雇用保険制度

　産災補償保険の場合も，金大中政府は適用範囲の拡大を推進した。1964年に産業災害補償保険法が施行されて以来，適用範囲は拡大を続けていたが，従業員5人未満の零細事業所の労働者が保護されていないなど，制度の適用を受けない死角地帯が存在していた。さらに近年における産業構造や雇用構造の急激な変化に起因する新たな要求に対応することには限界があった。金大中政府は，2000年7月から強制加入の対象となる事業所を，従業員5人以上の事業所から

全事業所にまで，そして保護対象の範囲を被用者だけでなく零細事業所にまで拡大し，適用対象となる業種も全業種に拡大した。

　これらの制度改革の結果，適用事業所の数が1997年の22.8万ヶ所から2001年には90.9万ヶ所へと4倍近く増加し，保護対象労働者の数も1997年の823.7万人から2001年の1,058.1万人にまで増加した。さらに産災として認定される範囲も拡大され，労働者に対する産災からの保護が強化された。従来は治療と補償が中心であったが，新しい制度では自活プログラムが強化され，産災労働者の自立および社会復帰を支援する仕組みができあがった。しかし制度の適用を受けない多数の事業所と労働者が存在することもまた事実である。新規に適用を受けた事業所であっても，非正規雇用は死角地帯として残されている。したがって産災保険の管理および監督体系を強化し，非正規労働者の保護機能の充実化が求められている。

　1995年に導入された雇用保険は，経済危機以前の利用度は低かったが，経済危機以後，急増する雇用不安や失業のなかで，これらに対するもっとも重要な政策手段となった。金大中政府は雇用保険の適用範囲を以前の30人以上の事業所から1998年1月には10人以上の事業所にまで拡大し，1998年10月には全事業所へと拡大した。雇用保険の強制加入の対象を全事業所まで拡大したのは，韓国の社会的セーフティネット拡充および福祉政策発達史において重要な意味をもつ。これによって対象事業所数は1997年の4万7,400ヶ所から1998年の40万ヶ所，2001年には80万ヶ所へと急増したが，これは1997年を基準にすれば17倍以上の増加である。被保険者数も1997年が428万人であったのに対し，2001年は690万9,000人に達した。これとともに失業給付の受給資格を緩和し，給付水準も低所得者保護のための下限額を最低賃金の70％，90％へと調整した。これ以外にも失業者の再就職訓練を拡大し，雇用環境変化に対する雇用安定事業による対応を強化した。しかし2001年末，雇用保険制度によって管理されている被保険者数690万9,000人は，過去に比べれば大きな増加であるが，加入対象者数の75％にすぎない。強制加入の対象の拡大，受給条件の緩和，受給期間の延長などにもかかわらず，失業給付の受給者は2001年の場合，失業者全体の16.6％にとどまっている。

（3）社会支出の拡大

　金大中政府の福祉改革の柱は支出の画期的な増加である。福祉支出・予算規模の拡大は福祉制度に対する政府のコミットメントの程度を物語っている。OECD 基準の総社会福祉費の支出規模をみると，1996年と1999年の間に対GDP 比で5.3％から9.8％にまで増加し，保健福祉部の予算も対一般予算比でみると，1996年の4.0％から2001年の6.7％にまで急激に増加した。

　もちろん1995年の OECD 諸国の社会費支出規模の平均である22.5％に比べれば，韓国は OECD 諸国のなかで最下位圏にある。過去40年間にわたる市場の拡大が進行していくなかで，家族や地域社会を含む伝統的なインフォーマル部門は加速度的に解体されたが，これを埋めるためのフォーマルな福祉制度は未整備のままであった。しかし，ほとんどの OECD 諸国の1人当たり所得水準や老年人口比率は，韓国の2～3倍の水準であり，また韓国の制度の仕組みが完備されたとしても，制度の未成熟さのゆえに本格的な支出が行われていないという理由から，先進諸国との単純比較には無理があるだろう。とくに2008年以後，国民年金の老齢給付の本格的な支給が始まると，社会保険支出も大幅増加すると予想される。したがって，今後10～20年後には，制度成熟の効果だけでも，先進諸国の支出水準に到達すると思われる。

　以上のように，金大中政府の福祉改革には，民主主義と市場経済の発展とともに生産的福祉を三大国政目標と位置づけ，市場経済と民主主義の実質的な発展のためには生産的福祉が必要であるという国政の構想が前提とされていた。このような枠のなかで社会的セーフティネットを拡充し，生産過程への参加を通じた労働参与福祉と産業民主主義を実現し，脆弱階層の自立支援，民間役割の強調を推進する生産的福祉の構図は明確であった。もちろん現実的にはきわめて部分的な実践であったし，青写真のなかにおいてもそれらの優先順位が明らかになっていなかったが，それにしても生産的福祉は韓国における21世紀の福祉の長期課題と短期課題の双方を含んでいた。

4　未完の課題と新しい政府の選択

　保守主義と地域主義が蔓延する韓国の政治のなかで，金大中政府の後を継いで成立した進歩的少数派による盧武鉉政府ができることには確かに限界が存在するだろう。それにもかかわらず盧武鉉の参与政府は金大中政府の生産的福祉を継承・深化させると期待されていた。しかし参与政府は経済成長と分配の好循環を強調しているが，参与政府の福祉政策の設計図はまだ明確ではなく，参与政府のいわば「参与福祉」の具体的な内容がなんであるかを把握することはむずかしい。福祉政策の総合的ビジョンと哲学，調整総括機能の中心が存在しない。

　参与政府の時代認識には，金大中政府とは異なり，ポスト構造主義的な参与（参加・参画）と連帯，ネットワーキングを核心とする新たなガバナンスのパラダイムがその基底に存在している。このため参与政府は，国民を支配し動員する政府，一方的な福祉供給者としての政府ではなく，国民と協働する政府，成熟した市民と協働する政府，社会的排除ではなく参与を原則とする政府を標榜している。「参与」というコードから読む21世紀の福祉問題は，生産的福祉の20世紀的ケインジアン・パラダイムとは異なり，多面的かつ多次元的に，また創意的に接近されるべきであろう。

　すでに先進諸国の学者たちは，福祉国家モデルとして20世紀パラダイムを脱皮しなければならないと主張している。彼らの福祉国家再編論においては，少なくとも3つの論理が支配的である。第一に，エスピン・アンデルセンは「経路依存性」に依拠して福祉レジームの漸進的な適応を予想しつつ，科学技術革命，情報化，労働市場の変化，人口高齢化，ライフサイクルの変化，家族構造の変化，女性の社会参加などの変化が伝統的な社会民主主義型の福祉国家の維持を不可能にしていると主張する。第二に，レギュラシオン派の理論家のジェソップは情報化，知識経済，単一地球経済の登場は，生産と蓄積様式の変化をもたらし，このような生産様式の変化が調整様式の変化を要求しているという。彼はシュンペーター的ワークフェア国家がケインズ的ウェルフェア国家に取っ

て代わり，新国家主義，新自由主義，新保守主義の混合形態としてその姿を現すだろうという展望を示している。最後に，フェミニストは，福祉レジーム論の家父長制的な前提と既存の社会福祉政策が支持してきた性分業的な前提を批判しつつ，福祉国家の二重構造，すなわちケア労働と福祉国家の関係の解明をつうじて，21世紀の脱産業社会のジェンダー認知的な福祉国家再編を要求している。さらにギデンスの第三の道をこれらに付け加えることができる。

これらの議論の背景には，グローバル化，ローカル化，高齢化，ジェンダー主流化にともなう水平的ネットワーキングの支配構造への変化などが共通の前提として存在する。これらの議論の共通点は，21世紀のグローバル資本主義時代の福祉は完全雇用ではなくフレキシブルな雇用，製造業中心の産業経済ではなく情報知識基盤の経済，人口高齢化と女性の社会参加を前提とする福祉の枠が必要であると主張していることである。ここで市民は与えられた消極的な市民権（entitled citizenship）ではなく，参加する積極的な市民権（active citizenship）を行使すべきである。

参与政府がすべきことは，進歩政権としてのアイデンティティを有する参与福祉の青写真を提示し，それに対する国民的合意を導出することであろう。新しい政府は，第一の課題として，すでに導入している国民基礎生活保障制度と社会保険制度の内実化に力を入れるべきである。とくに適用対象の拡大に続いて，皆年金皆保険の実質的な内実化が求められる。また，給付水準と負担水準の適正性の確保と，これに対する国民的合意の導出という重要な課題が待っている。

第二に，伝統的な社会保険制度が前提としていきた完全雇用，フォード主義的蓄積様式と労働市場構造，そして国家の役割が全世界的に変化しつつあり，韓国においてもこれらの変化がすでに進行しているという認識のもとで，社会権の保障という古典的課題と，新たな環境に適応する課題との接合が必要となってくる。とくに男性正規労働者を中心とする完全雇用体制は，もはや前提となりえない。労働市場のフレキシビリティが加速化しつつあり，雇用状態が不安定な臨時職，パートタイムなど非正規雇用が全雇用の半分以上を占めるようになった今日の韓国において，過去の完全雇用を前提とした社会政策の基本

構想は適切ではない。新たなフレキシブルな労働市場と新たな蓄積体制への適応が考慮されなければならない。

　第三に、これと関連して、21世紀の韓国社会は生産的福祉の社会権保障の要素に加えて、人間開発、参与福祉、福祉多元主義の要素の拡大を求めている。金大中政府の下で、共同募金会の民間募金活動はめざましい成長を遂げており、数多くのボランティアおよび市民団体による自発的な福祉サービスの機能遂行が著しく増加した。公共部門と民間部門のパートナーシップは時代の要求として認識されている。公的扶助の自立支援事業や社会保険改革に関する参与政府の選択は、生産的福祉の第二の要素、第三の要素をよりフレキシブルに組み合わせ、統合させるべきである。生産的福祉を継承するにせよ、「参与」というコードの新たな福祉青写真を作成するにせよ、参与政府の福祉マスタープランが明らかにされなければならない。福祉政策が破綻すれば、市場の拡大は期待しえず、結局、東北アジアの時代は開かれないだろう。

【参考文献】

고경환 외, 2002, 『OECD 기준에 따른 우리나라 사회보장비 산출에 관한 연구』한국보건사회연구원. （ゴ・ギョンファン『OECD基準による韓国の社会保障費算出に関する研究』韓国保健社会研究院）

대통령비서실, 삶의 질 향기획단, 1999, 『새천년을 향한 생산적 복지의 길 : '국민의 정부' 사회정책청사진』, 퇴설단. （大統領秘書室、生活の質向上企画団、『生産的福祉への道 「国民の政府」社會政策青写眞』）

대통령직인수위원회, 2003, 『참여정부국정비젼과국정과제』. （大統領職引受委員会、『参与政府の国政ビジョンと国政課題』）

이혜경, 2002, 한국복지국가 성격논쟁의 함의와 연구방향, 김연명편, 『한국복지국가 성격논쟁』, 인간과복지. （イ・ヘギョン「韓国福祉国家性格論争の含意と研究方向」キム・ヨンミョン編『韓国福祉国家性格論争』人間と福祉社）

Blair, Tony, 1998, "Forward and Introduction," *Green Paper on Welfare State Reform.*

Esping-Anderson, Gosta, 1999, *Social Foundations of Postindustrial Economies*, Oxford University Press.

Giddens, Anthony, 2001, ed., *The Global Third Way Debate*, Cambridge : Polity Press.

II テーマ別分科会

Jessop, Bob, 1994, "The Schumpeterian Workfare State", in R. Burrows and B. Loader eds., *Towards a Post-Fordist Welfare State*, London,: Routledge, pp. 13-48.
Pierson, Christopher, 1998, *Beyond the Welfare State?: The New Political Economy of Welfare*, Polity Press.

テーマ別分科会11＝IMF危機後の韓国社会政策2

金大中政府の女性政策

鄭　鎭星　Chung Chin-sung

1　金大中政府の女性政策を決定した変数

　韓国において女性政策の歴史はそう長くない。本格的な経済開発を遂げ始めた朴正熙政府において，経済開発および社会全体の開発のための政策の一部分として，女性が主要な政策対象となったのが起点である。人口政策とセマウル運動を進展させた主な行為者は女性であり，低賃金に依拠した労働集約的な産業発展の中心的労働者も女性であった。より直接的に女性に向けられた政策としては，要保護女性（主に売春女性）政策および主婦を対象とした生活教育政策などが社会開発の次元から行われた[1]。しかし，女性政策を女性の地位向上のための政策として規定する場合（Kim, Kh 2003），それらは真の意味での女性政策とはいい難いものであった。韓国社会の他分野の発展と同様に，女性政策の発展も民主化過程とともに進められてきた。1980年代末，民主化が急激に進むにつれ，その間土台を築いてきた女性運動は，政策決定過程に重要な声を発するようになり，盧泰愚，金泳三政府における女性政策は，そこに基礎を置くことになったのである（黄 2003: 102-116）。もちろん，国連などの国際社会の影響も女性政策形成・展開にとって主要な契機となった[2]。

　金大中政府は，当初から「親女性政府」（ウーマン・フレンドリー）として出発した。長い間在野と野党の時期を経験した金大中大統領の主要支持勢力である中下層の庶民，労働者，そして女性を代弁する政府であることを公言していたのである。このような政府の意思にもかかわらず，金大中政府は経済危機とともに出発し，IMFとの協定を執行せざるをえない悲運を迎えた。"皆様が私を大統領に選んでくださったのに，これから私は皆様が嫌がることを始めなけ

Ⅱ　テーマ別分科会

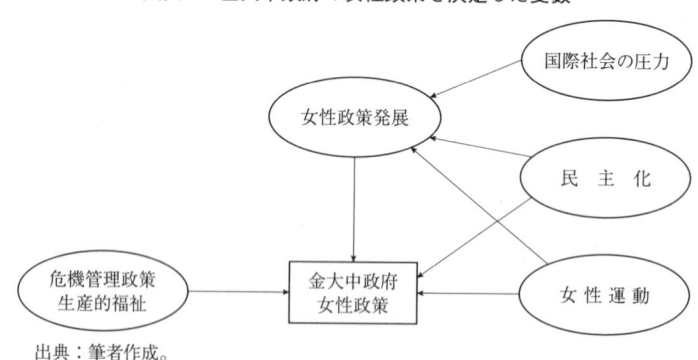

図表1　金大中政府の女性政策を決定した変数

```
                              国際社会の圧力
                   女性政策発展  ↖
                         ↑      民　主　化
                         ↑
  危機管理政策      金大中政府
  生産的福祉    →  女性政策  ←  女 性 運 動
```

出典：筆者作成。

ればなりません"と述べた，大統領当選後の初演説は，金大中政府の悩みをそのまま露にするものであった。金大中政府のすべての社会政策は，危機管理（crisis management）政策として始まった。危機状況は予想より早めに収まったが（Song, Hk 2003)[3]，それ以降の社会政策は，ひき続き危機管理政策と密接にかかわりながら展開してきた。いわゆる生産的福祉政策はこのようななかで生み出されたものといえる[4]。危機管理政策の主な被害者であると同時に受け手となった女性は，生産的福祉政策にも大きく影響された。新自由主義政策を遂行する小さな政府は，女性を専担する国内本部機構（ナショナル・マシーナリー）の樹立と予算配分において，その改革の意思と限界を同時に表出することとなった。

　すなわち，金大中政府の女性政策は，民主化以降着実に発展してきた女性政策自体のメカニズムと，危機管理および生産的福祉政策という2つの軸が交差して出来上がったものといえる。政策の内容によって，その2つの軸が及ぼす影響の程度は異なるが，相互に緊密な関連を結びながら発展したのである。このような過程を下から支え推し進めた力として，女性運動は何よりも重要な役割を果たしてきた。金大中政府において，女性政策の遂行と市民社会における女性運動は，人的・物的に深くかかわっており，そのような趨勢は盧武鉉政府においても引き継がれると思われる。

　本稿は，金大中政府の女性政策に関するこのような全般的な過程の整理を目

的とする。まず，以後の議論を容易にするために，金大中政府の女性政策の内容および機構，予算問題などを範疇化し，それぞれの部分の評価を試みる。政策および市民社会との関係を明らかにした後，今後の展望を述べることとする。

2　金大中政府の女性政策の内容

　1995年12月30日に制定された女性発展基本法に基づき（Kim, El 1996；成 2003：51-55），1998年から2002年にわたり執行される第1次女性政策基本計画が樹立された。これは，韓国においては初めて設けられた女性開発のための本格的な国家次元の総合計画であった。実際，1997年の金泳三政府の女性政務長官室で策定されたのが発端ではあったが，積極的に女性政策を実行する基盤として活用されたのは，各省庁に女性担当部署を新設し，女性部（省）を設立した金大中政府においてであった。また，これをもとに，盧武鉉政府において推進される第2次女性発展基本計画が立てられている。金大中政府の女性政策は，政策内容，女性に対する視点，政策の目標などにおいて一貫した明瞭な立場を取っているとはいい難いが，その成果はなによりもこのような体系化を実行したところにあるといえよう。

　本計画に基づき金大中政府の女性政策の内容を分けると以下のとおりである。まず，具体的に女性を対象とする政策と，それをサポートする法，制度，機構の発展に区別できる。前者にあたる具体的な政策としては，労働，福祉，性，人権，家族などの分野，および女性代表性の増進，国際協力，統一への寄与問題などがあり，後者の範疇には，女性部など政府の女性専担機構および各種法律の整備などが挙げられる[5]。具体的な女性政策は，それぞれ対象とする女性を異にする。労働分野の政策においては女性を労働者として，家族政策においては基本的に女性を家族内的存在として，女性に対する暴力および人権分野においては女性を被害者として規定しており，女性の代表性や国際協力や統一への寄与問題においては，女性をより積極的な歴史的主体として捉えている。福祉政策は，これらすべての視点における女性を包括しながら，政策の内容によって特殊階層と一般女性に選別的に適用している。労働と家族分野の政策が

図表2　金大中政府女性政策の内容

女性の権利	労働者と母としての権利		女性の市民権	
女性を捉える視点	労働者としての女性	家族内の女性	被害者としての女性	歴史的主体としての女性
政策内容	労働政策	戸主制問題 単親家族支援 （育児支援等）	女性暴力 女性人権 買売春問題	女性代表性 国際協力 統一への寄与等
		福祉政策		
政策対象層	一般女性		特殊階層	一般女性
政策実施機構	該当部処		女性部	

出典：筆者作成。

労働者と母としての女性の権利に注目するとしたら，性暴力，人権，代表性および歴史的役割などの政策は，女性の不完全な市民権を完成させる政策として理解することができる。

3　女性労働および女性福祉政策

女性労働と福祉にかかわる政策は，労働者と母としての女性の社会的権利を保護するためのものと捉えられる。実際，この部門における政策は，女性を子供を出産する存在として前提しながらも，それを配慮せずたんに労働者としてだけの女性を対象としている政策が，その多くを占めている。このことは，一方では出産しない女性を排除する結果をもたらし，他方では家事と養育担当者としての女性に対する性別に敏感な（ジェンダー・センシティブ）観点が欠如していることを意味し，より精密な政策立案を要する部分である。女性労働と福祉政策はまた，社会全般の経済状況に直接かかわるものとして，金大中政府の生産的福祉政策に対する理解の下で把握される必要がある。

(1) **女性労働政策**

　女性労働問題を雇用，平等および母性・育児関連の3つの部分にわけてみると，金大中政府の女性労働政策における雇用の問題は，その政治的性格と労働政策からの直接的影響のなかで陰陽の両側面を表した。平等と母性関連分野は，経済危機収束後，相当程度の発展を達成したと評価できる。

(a)雇用：「両性平等を実現する男女共同参画社会の構築」を標榜した金大中政府は，経済危機を迎えると，整理解雇制度や派遣労働者制度を施行した[6]。整理解雇の優先的対象者は女性であったし，保護対策の微弱な派遣法は，女性の雇用不安定をより深化させた。また，非正規労働者に対する差別規制および保護方策が皆無の状態で施行された労働市場柔軟化政策は，女性労働者の状況を悪化させる一方であった。

　しかし，他方で，政府の失業および労働連携の福祉政策の面では，女性労働に少なくない肯定的影響を与えた。金大中政府は女性に特化した失業対策を実施したが[7]，それは主に女性家長（女性が稼得者となり生計を維持する家庭）を対象にする創業支援[8]，特別職業訓練，女性家長採用奨励金制度，職業安定サービス，職業斡旋サービスなどの政策であった[9]。そのほかに，公共勤労事業に女性が大量に吸収されたことや，雇用保険の適用範囲の拡大および最低失業給付額の引上げ調整を通じ，その影響は女性全般に及んだ。さまざまな問題点にもかかわらず，これまでは作動せず，その機能を果たしてこなかった雇用保険が金大中政府では積極的に稼動され，その給付が女性にも適用されるようになったことは評価に値するであろう。ただし，非正規職などの立場の弱い女性労働者に対する政策は，深刻なほど不足している状態である[10]。

(b)平等：経済危機後に目立った女性の差別的解雇に対する措置は，実質的な効果をあげることはできなかった。しかし，1999年末の除隊軍人加算制の廃止（Chung, Cs 2001）は，画期的な発展として注目する必要がある。また，採用目標制の拡大および職場内のセクシュアル・ハラスメント防止措置[11]も肯定的に評価できる部分であろう。

(c)母性・育児：金大中政府は経済危機状況がひとまず落ち着くと，女性運動界

が要求してきた母性・育児のための制度改善を大幅に受け入れ始めた。女性労働者の母性保護のための産前・産後休暇期間を拡大し，政府と雇用保険からそれにともなう費用を負担する措置を施行した。また，育児休職制度の活性化と事業場保育施設の拡充を通じて，女性が家庭と職場を両立できるような基盤を発展させた。

（2）女性福祉政策

　金大中政府の女性福祉政策の基盤は，保健福祉事業全般のジェンダー主流化という目標と生産的福祉の理念である。このような理念と目標は，女性福祉政策のさまざまな部分に反映されており，福祉政策全般に求められたのと同様に，福祉給付を一般女性層に拡大することと，要保護対象集団に対する選別的な給付を強化することを，結合させる方向で進められた。ただし，改革の進展の一方，基本的には女性を家計の一員として把握するという限界からは離れていないことがうかがえる。

(a)社会保険：一般女性を対象にした社会保険政策は，所得維持を通じた女性の経済力の保障を目標とする。国民年金においては，婚姻期間が5年以上である場合の，離婚配偶者の年金分割受給権を認定したことや，専業主婦の任意加入率を引き上げるために保険料率を調整したことなど，政策改善が試みられたが，依然として，女性を配偶者に対して経済的に依存する存在と前提する限界からは免かれていない。健康保険においても，出産前後費用が保険適用になるなどの進歩が見られるが，出産女性を前提にしているものの，未婚の女性が考慮されていない（Park, Yr 他 2001 ; Eom, Ks 2002）。

(b)公的扶助：低所得の女性稼得主に集中している公的扶助は，生産的福祉理念に立脚し，勤労誘引と体系的な自活支援のための積極的な労働市場政策と結び付けられた。その結果，前述のような創業支援をはじめとし，子女学費支援，児童養育費支援の拡大などが行われた。しかし，家事・育児支援の補強が求められるような限界が見られる。

(c)社会福祉サービス：母子家庭，未婚の母，家出および売春女性に代表される要保護女性に集中してきた社会福祉サービスを，金大中政府は，女性障害者，

女性農民，家庭暴力被害女性，女性高齢者および介護を担う女性にまで拡大させた。介護などのケア労働に対する支援はジェンダー主流化目標を反映するものと評価できるが，究極的にはそれが社会的責任であることを前提する必要があると思われる。さらに，生産的福祉政策が進められるなかで，既存の要保護女性に対するサービスの発展はほとんど見られないという批判を免れない面が見られる。

4 女性暴力，女性の人権および女性の代表性増進政策

労働と福祉分野における女性政策が女性を働く母として規定したとするならば，暴力，人権および代表性の問題においては，男性と同等の市民としての女性の権利を追求しているといえる。この2つは，実は緊密に交差しており，政策も相互に重なっている。女性が同等の市民権をもてるとき，はじめて労働と福祉における男女平等の法制度が設けられ，その円滑な施行が可能になるからである[12]。それにもかかわらず，暴力，人権および代表性の領域では，女性政策は経済危機管理政策と生産的福祉政策と直接的な関連をもたずに展開された。それよりは，社会全般における民主化とこれまで蓄積されてきた女性政策およびその発展を図る金大中政府の意思に基づいて，進展を遂げた部分が多かったといえよう。

(1) 女性暴力，人権分野

女性暴力と人権問題は，事実上，韓国社会において女性運動が民主化や労働問題などの社会問題の重荷を降ろした1980年代末にいたって，そのような社会運動から独立して女性独自の問題を振り返ることで，社会的な関心を集められるようになった分野である。また，女性運動の役割が特に目立つ分野であって，韓国において社会問題として扱われてきた歴史は浅いが，短期間の間に早い進展を見せていると評価できる。

(a)性暴力，家庭暴力（ドメスティック・ヴァイオレンス）：性暴力に対する社会的認識が高まるにつれて，被害親告も増え，その結果さまざまな法制度の整備

が遂げられた。女性の電話，性暴力相談所など，女性運動団体の蓄積された経験を政府が大幅に受け入れた点も注目に値するであろう。金大中政府は，経済危機と関係なく，政権初期（1998-99年）において性暴力犯罪の処罰および被害者保護などに関する法律[13]の改正，男女雇用平等法にセクシュアル・ハラスメント規定の新設，男女差別禁止および救済に関する法律の制定など，法律を整備するとともに，性暴力相談所および被害者保護施設を支援し，性暴力予防教育を実施した。しかし，親告制の廃止および検察，警察，判事，医療陣の認識改善のための政策，サイバー性暴力対策などが課題として残されている。ドメスティック・ヴァイオレンス（以下DV）は，性暴力よりは社会問題としての認識が遅れたが，直ちに家庭暴力防止法（1997年）が制定され，金大中政府は，新政府樹立当初から女性特別委員会（女性省の前身）と6つの省の共同事業として，DV防止のための総合対策を立て（1998年）推進した。とくに，女性緊急電話の設置が挙げられる。しかし，性暴力に比べ社会的認識が低いため，このための広報・教育が必要であり，被害者の自活プログラムも求められる。

(b)性売買問題：金大中政府が力を注いだ政策は，とくに青少年の売買春に関する問題であった。青少年の性保護に関する法律を制定し（2000年），青少年の性売買防止とその取締りを実施し，被害者の支援を行っている。この法では，性売買にかかわる業主と需要者に対する処罰を強化し，身元公開規定を明示した。また，性売買を行った青少年は被害者として認識し，刑事処罰の免除，社会復帰させるための支援などを与えている。さらに，韓国内において外国人売買春が拡大することに対する対策が整っていない状態で，国際的な批判とともに，売春女性に対する無対策を女性運動界から持続的に指摘されてきたことから，金大中政府は，2002年には性売買防止総合対策を樹立した。青少年にだけ限定していた被害者視点を，売春女性全体に拡大するとともに，男性中心的思考が支配的であった既存の「淪落」（売春）行為などの防止法の廃止が要求されている。

(c)日本軍慰安婦被害者対策：金大中政府の人権政策の主要な成果の1つとして，これまで水面下に置かれていた日本軍慰安婦問題を政策課題として可視化し

た点が挙げられる。1994年金泳三政府は，日帝下日本軍慰安婦の生活安定支援に関する法律を実施し，保健福祉部（省）にその業務を管轄させるようにしたが，金大中政府は女性部（省）を新設し，それらの業務を権益増進局の主務として移管した。被害者支援のみならず，研究調査および記念事業にかかわる市民団体および研究者の支援を行っている。しかし，そもそもの問題解決の意味での政府次元の努力は弱いものであったといえよう。

(2) **女性の代表性増進**

金大中政府は，2002年に政党法を改正し，国会議員の30％および市・道議会議員の50％にあたる比例代表候補の一定比率以上を女性に割り当てるようにした。これにともない，2002年地方議会広域議員比例代表の67.1％を女性が占めるという快挙を成し遂げたが（2000年国会議員全国区の女性比率は26％であった），地域区を含む全体の議員比率からすると，2002年の地方議会が3.4％，2000年の国会議員は6.2％と相変わらず低い水準である[14]。政府の各種委員会における女性比率は，2002年に30.1％にまで増加し，女性の公職参与も増加している。しかし，人事関連委員会の女性参加や，高位公務員における比率が非常に低い状態は，量的な拡大対策が質的な発展へと結びついていないことを示唆していると考えられる。

(3) **女性の積極的な役割支援**

女性を同等な市民権を所有する存在として扱うだけでなく，より積極的に社会開発にかかわる歴史的主体として設定しようとしたのが，女性団体連合などの女性運動界のこれまでの基本的立場であった。これを金大中政府は積極的に受け入れ，韓国社会の発展において重要な目標の1つである統一に，ジェンダー平等の側面からアプローチできるようにし，統一のためのさまざまな活動に女性の参加を促進させた。南北女性交流の増進や南北共同行事へ女性の参加機会を拡大させたのである。国際会議，国際機構における人材など，国際活動への女性参加を促進させたのもそのような脈略から捉えられる。さらに，女性団体に対する支援が増加したのも金大中政府の成果の1つといえよう。

5 女性機構および法・制度整備

このような女性政策を遂行するにともなって，その基礎となったのは政府による女性問題専門担当機構の設置であった。金大中政府の女性政策の最も可視的な成果といえば，なによりも女性部（省）の新設と主要部処（省庁）に女性政策担当官室を設けたことであろう。そして，これを基盤として各種法・制度の整備が行われたのである。

（1）女性機構と予算

　韓国政府の女性専担機構は，1997年に政務第2長官室が設立されたことに始まる。韓国の女性運動は，1980年代末からその影響力を強め，1995年の国連第4回世界女性会議（北京）に後押しされ，女性専担機構の実現が具体化したのである。政務第2長官室は，政府部処としては初めて女性問題を担当したが，その拡大は不可欠のものであったように思える。「親女性」政府としての金大中政府は，女性部の新設に対する期待を背負いながらも，IMF危機管理政策のため，その実現を遅らせざるをえなかった。女性部を設置し，人員と権限を拡大するのは，当時のIMFの要求する小さな政府の志向に反するものだったからである。そこで金大中政府は，女性部を新設する代わりに，政務第2長官室をなくして大統領直属の女性特別委員会（以下，女性特委）を新設した。女性特委は，大統領との意見交換通路を随時にもつものであるが，規模と行政力の面で微弱なものであった。地方自治団体においても，女性政策担当の総括組織や部署および担当者が設けられるようになった。

　より注目したい点は，法務・行自・保健福祉・農林・教育・労働部における女性政策担当官室の新設である。これは，女性政策の主流化（mainstreaming）のための画期的な発展であった。しかし，女性政策の核心にある部処である女性部が各省の所管事項にタッチすることができず，他方で労働・教育などの各省の女性担当官室が，省の政策の全般的な流れから離れにくいため，ジェンダー問題を可視化するのが難しいという限界ももっている（Kim, Yh 2002: 16）。

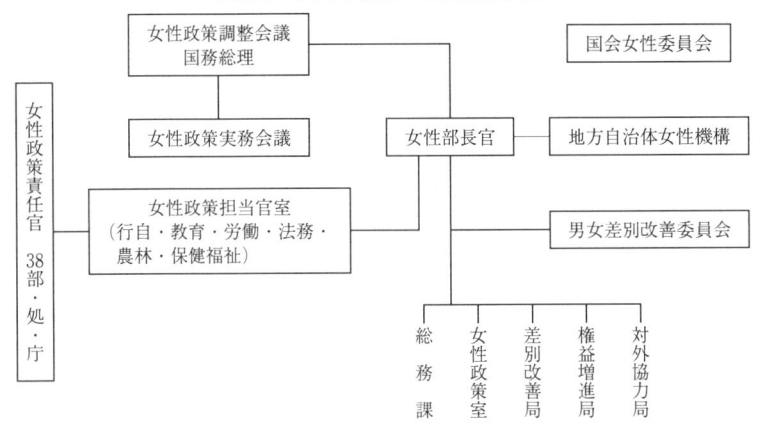

図表3　金大中政府の女性政策機構

```
                  ┌─ 女性政策調整会議 ──┐        ┌── 国会女性委員会
                  │    国務総理          │        │
  女性政策責任官 ─┤                      ├─ 女性部長官 ─┼── 地方自治体女性機構
  38部・処・庁    ├─ 女性政策実務会議 ──┤        │
                  │                      │        └── 男女差別改善委員会
                  └─ 女性政策担当官室 ──┘
                    (行自・教育・労働・法務・
                     農林・保健福祉)
                                          │
                          ┌───────┬───────┼───────┬───────┐
                        総務課  女性政策室 差別改善局 権益増進局 対外協力局
```

出典：筆者作成。

　経済危機を経験した金大中政府が，性・人権問題における成果の著しさに比べ，労働や福祉などの分野では限界を見せたのも，このような機構の構造と無関係ではないと思われる。

　経済危機状況がある程度沈静した後，金大中政府は，各部処に散在していた女性関連業務の統合の必要性にかかわる女性運動界の問題提起をうけとめ，政権後半（2001年1月）に女性特委を女性部に拡大・発展させた。各部処の固有の女性政策をそのまま維持するかたちで設けられた女性部の業務は，女性政策の企画および方向性を総合する役割のほかに，差別改善と女性暴力・人権問題に限られていた。各部の女性政策を円滑に総括するという問題や，女性部の人員規模と活動領域の制限の問題などが指摘されるが，予算規模から見るとそのような状況に納得せざるをえない。1998年の政府予算のうち，女性関連予算の比率は0.23％に過ぎず，その額はこの5年間に2倍を少し越える程度の増加があっただけである（韓国女性部 2003）。それにもかかわらず，とくにナショナル・マシーナリーとしての女性部の発足は，韓国社会において性認知（ジェンダー問題に関する認知）を大きく高める結果をもたらした。

　2002年12月には，国務総理を議長とし関連部処の長官で構成される女性政策調整会議と，すべての中央行政機関の室・局長クラスから運営される女性政策

責任官制度を導入した。これは，各部処の女性政策を円滑に調整する一方，女性部と女性政策担当官に女性政策が集中してゲットー化することを防ぎ，関連部処との業務連携および調整を柔軟にさせるための試みと理解できよう。

このほかに，行政機構ではないが，国会における女性関連部処間の議案や請願を審査し，女性部の国政監査および予算・決算を予備審査する国会女性委員会（1994年設置された女性特別委員会が廃止された後，2002年に新設）にも注目を払うべきであろう。

（2）法・制度整備および意識改革政策

前に述べた女性政策基本計画の樹立（第1次，1998-2002年）と，推進（第2次，2003-2007年），男女差別禁止および救済に関する法律の制定，国民年金法の改正をはじめ，女性差別を是正する法の制定・改正が持続的に行われた。女性部の報告によると，金大中政府は，任期の5年間に771件の国家法令および地方自治法規を整備した（韓国女性部 2003）。なお，各部処の法令の重複や空白の調整問題が提起されている。

そのほかに，男女差別意識を改革するための生活文化の改善キャンペーンや公務員意識教育などが行われた。その成果は微々たるものではあるが，持続的に発展を試みる必要がある。

6 女性運動とジェンダー・ポリティックス

韓国近現代史の展開において，社会運動の重要性はいくら強調しても過言ではない。とくに，1970年代以降の民主化運動は，韓国の社会発展を導いた動力であった。女性はこのような社会運動のなかでの役割を担いながら，女性運動独自の領域を作っていった（Kim, Yj 1999）。軍事独裁の時期に徹底して排除されていた市民社会勢力が，文民政府（金泳三政府）の登場とともに政府機構に直接的・間接的な影響を及ぼすようになり，野党への初の政権交代を達成した金大中政府においても，その影響は少なくなかった[15]。なかでも，女性部と女性政策は，とくに社会運動（女性運動）の影響を多く受けた部門である（Seo,

Ms 1995；Park, Es 1999；Kim, Ek 1996；Kong, Sm 1998)。

　女性運動の影響は隅々にわたっているといえる。なによりもまず，可視的な部分として，政府の女性政策担当者の特性からもその影響がうかがえる。長官をはじめとする女性部の職員，各部処および地方自治団体の女性政策担当官には，多くの人々が女性運動団体から採用された[16]。また，各部処の女性政策関連委員会と政府主催の女性関連政策会議および学術会議には，欠かさず女性運動団体の代表が大勢含まれている。そのほかにも，政府と女性運動団体の間に非公式的な人的ネットワークが形成されていることはよく知られている。政策に関する直接的な圧力も非常に強く働いてきた。女性団体は大統領および国会議員選挙のさい，各候補と政党の女性公約を比較・分析し，選挙にも影響を与え，女性政策基本計画などの新しい政策が行われるさいは，事前に細部にわたる案を作成し女性部に提出してきた（大選女性連帯 2002；韓国女性団体連合 2002）。新たな法案の制定・改正の試案が女性団体から作られることは通例となっている。ジェンダー・センシティブ（性認知的）予算の導入を国会に請願したのも女性運動団体である。労働・福祉分野より，性暴力などの女性独自の問題における女性運動の役割は絶対的ともいうべきであろう。女性学者を含む専門家の意見が，むしろ女性運動団体を通じて政府に伝わるという現象もしばしばうかがえるのが韓国の現状である[17]。

　女性部という機構それ自体が，既存の政府において新たな観点を盛り込んだものであり，また，新たに設けられた機構であることから，社会運動の影響に対し容易にオープンになれたと考えられる。一方，今日における女性政策の様態が，多様な形態に分化するよりも法制度改善に集中している状態や，女性学と女性運動の円滑な協力が発展できていない状況も，このような女性運動の独占的な影響を物語っているといえよう。

　女性政策の発展が本格化する時点で女性運動の影響が大きかったことは肯定的に解釈される。しかし，女性政策の長期的な展望を考えるさい，いくつかの問題点を指摘せざるをえない。女性運動がこのように政策に直接的な影響を与える状態が続くと，政府に対しジェンダー平等の志向点を提示し，圧力をかけるという本来の役割を放棄し，政府とともに実現可能な政策の追求に腐心する

にとどまる恐れがある。それは，政府にとっても，政策決定に重要なヴィジョンを提供してくれる資源を失うことにもつながり，それと同時に，女性運動においても，より本質的な問題の追求を軽んじる結果を招くことになるだろう。逆に，官僚の蓄積された行政経験と専門家の知識が運動の論理に圧倒され，政策の専門性を弱める危険性も看過できない。政府と市民団体の協力は，成功に結びつく政策樹立のためには必要不可欠である。しかし，それは各部門の位置づけと役割分担が整っているという前提が満たされて初めて可能となるものであろう。

7 むすびにかえて

　金大中政府の女性政策をどのように評価できるか。まず，全般的な拡大と発展を挙げられる。法・制度・機構が拡大・整備され，差別改善と女性人権の伸長が相当程度進められた。経済危機を経て萎縮していた雇用，福祉分野は，それ以降展開された社会・福祉政策によって定着しつつあるが，女性労働と福祉が周辺化されるという問題は，持続的な発展を要する部門である。そして，戸主制の廃止，ジェンダー・センシティブ統計の構築や予算の構成など，まだ多くの課題が残されている。

　より根本的には，ジェンダー平等と国家や家庭の発展にかんして安易な概念化が行われている点を指摘すべきであろう。第1次女性政策基本計画は，「健全な家庭の具現と国家および社会発展において，男女が共同で参加し，責任を分担する社会システムの構築」を究極の目標としている。しかし，現代韓国社会において，民主化と労使問題などどれだけ多くの問題が，国家・社会・家庭の発展のためという名目の下で犠牲にされてきたかを想起すると，このような目標設定はいかにも安易に映る[18]。つまり，男女平等がなぜ社会発展に必要であり，さらには（ときには葛藤するであろうが），それが究極的にはなぜ社会発展に寄与するかという点に関して，哲学的であると同時に科学的な論議の基盤が薄く感じられるのである。それと関連して，男女の完全なるジェンダー平等を目標とするのか，漸進的で衝突のない社会発展のために相対的な不平等をどの

程度まで認めるか，男女の差異の問題をどのように反映していくか，また，女性を政策のなかで扱うさい，暫定的または過渡期的な視点から捉えるか，それとも根本的な視点から捉えるかなど，政策次元における一貫した視角の定立も必要であろう。基本的には女性政策は，女性が家庭と職場を両立しながら，男性と平等に働けることを前提にしている。しかしながら，現状では女性を家計補助的に捉える観点が分散的に現れており，女性を出産する存在として画一化したり，それとは逆に，家事や育児が女性の役割とされている現実を無視した政策も共存している。女性政策に関する理論的，実践的研究[19]に基づき，女性に対するより精密な理解のうえに設けられるべきといえる。ジェンダー主流化が女性政策の基本理念になっているように見えるが[20]，そこにはまず，それに対する体系的な概念定立が行われるべきであろう[21]。このような観点や視点が体系化されず，発展の哲学や長期的な展望が粗末に扱われた点が，金大中政府の女性政策の基本的な弱点だったといえる。

1) 1960-70年代の韓国の女性政策に関しては Hwang, Jm（2000）参照。
2) 韓国女性政策の性格変化を世界女性会議を基準に判断する視点もある（Lee, Bh 2001）。国連と韓国女性政策に関しては成（2003）の付録2を参照。とくに，女性差別撤廃条約との関連では Kang, Ns（2000）を参照。
3) 金大中政府は，IMF 危機が始まってから1年半が経過した1999年8月15日に「外貨危機は克服された」と宣言した。
4) 生産的福祉（productive welfare）は，1995年3月金泳三政府が社会政策に関する包括的な改革を試みながら唱えた名称である。しかし，政治的修辞にとどまっていた生産的福祉が，文字どおりに経済成長に寄与する福祉政策としてその内実を図られ，機動力を発揮できるようになったのは，危機以降の金大中政府においてであった。その他，金泳三政府と金大中政府との差異に関しては Song, Hk（1999）を参照。
5) 第1次女性政策基本計画に基づき，女性部は2003年1月にこれまで5年間の女性政策の成果を評価しながら，次の8つの内容に分けている：女性政策推進の制度的基礎枠の整備，男女差別的法と制度，意識および慣行の改善，女性の代表性増大，女性の雇用安定と拡大のための支援強化，女性の人的資源の開発と活用，多様な女性福祉基盤の拡充，女性の社会・文化活動支援，国際協力と統一への女性の寄与拡大。一方，最も影響力のある女性団体のひとつである韓国女性団体連合は，金大中政府の女性政策を，女性政策専門担当機構，女性代表性問題，予算問題，福祉，ジェンダー，労働問題に区別して評価している。

Ⅱ　テーマ別分科会

6) これに関して見られる否定的な評価に関しては，Roh, Jg（2001），民主労働党政策委員会（2001）などを参照。
7) イギリスなどでは青年に特化した失業対策を施行したが，金大中政府においては，そのような特化政策はなかった。
8) 政策立案時に，政府内での少なくない反対もあって，5000万ウォン（500万円相当）という限度額が設けられた。
9) このような失業対策を通じて，1998年に5.6％だった女性の失業率が，2002年には2.5％まで減少した。
10) 1年未満の短期契約勤労者，短時間勤労者，在宅勤労者に対する勤労基準法の適用指針，建設日雇い勤労者の保護指針が2000年に施行されただけである。
11) 男女雇用平等法および男女差別禁止法を通じて行われている。
12) 公式的な法・制度には現れないが，ジェンダー平等の政策施行を妨げる「間接差別」の状況が多々あり，金大中政府ではこれに注目して1999年男女雇用平等法に間接差別規定を導入した。
13) 女性運動界の長年にわたる努力の結果として1994年に制定された。
14) IPUが2001年177ヵ国を調査した結果，女性委員の比率順位は，韓国が94位であった（Oh, Ys 2002: 47）。
15) このような状況は「市民運動の政治」という用語で表すこともできる（Kim, Ym 2002: 113）。
16) 初代，そして第2代女性部長官すべてが，韓国女性団体連合の常任代表出身であることは，そのことを象徴的に表している。
17) 女性運動界は，女性学界との協力を試みたが，今では，運動団体自ら委員会や研究所を設立し，専門家を集め，早急な対応が求められる問題に対する政策案を作っている。
18) 今後の韓国の女性政策は，国家発展パラダイムの克服から出発しなければならないという主張もある（Cho, E 2001: 6）。
19) 日本の女性政策に関する実践的な研究に関しては，大沢（2002）を参照。
20) 女性の主流化と，性観点（ジェンダー・パースペクティブ）の主流化が入り混じって使われている。
21) 1995年の世界女性会議（北京）において，ジェンダー主流化は，「体系的な手順とメカニズムの両性平等に向かう跳躍を意味し，ジェンダー・イッシューを主に政府と公共機関のすべての意思決定と政策実行において考慮すること」であると定義された（Kim, Kh 2003: 7）。

【参考文献】

Cho, Eun,「21世紀女性政策の新しいパラダイム」，韓国女性開発院，『2010韓国女性政策 VISION』，2001。

Chung, Chin-sung,「軍加算制度に関する女性主義観点からの再考」，『韓国女性学』17（1），2001。

大選女性連帯,『第16代大統領候補女性公約比較評価』, 2002。
Eom, Kyu-sook,「女性と国民年金」, 韓国女性政策研究会,『韓国の女性政策』, 未来人力研究院, 2002。
韓国女性部,『男女がともにする健康な社会：国民の政府年女性政策の成果』, 2003。
韓国女性団体連合,『韓国女性団体連合「2次女性政策基本計画」試案』, 2002。
韓国女性団体連合,『金大中政府女性政策3年評価および政策提案のための討論会』, 2001。
Hwang, Jeong-mee,『開発国家の女性政策に関する研究』, ソウル大学社会学科博士論文, 2000。
黄晶美,「韓国女性政策の展開過程」, 山口大学経済学会,『東亜経済研究』, 第61巻第4号, 2003。
Kang, Nam-shik,「UN女性差別撤廃条約20年と韓国女性の地位向上」, 韓国女性団体連合代案社会政策研究所,『UN女性差別撤廃条約20年と韓国女性運動の課題』, 2000。
Kim, Eun-kyung,「韓国の女性政策形成過程に関する分析」, 延世大学政治学科修士論文, 1996。
Kim, Kyung-hee,「両性平等概念と政策議題の主流化のための試論」, 韓国女性学会3月月例発表会, 2003。
Kim, Yang-hee,「第2次女性政策基本計画推進戦略」, 韓国女性部,『女性政策討論会』, 2002。
Kim, El-lim,『女性発展基本法の内容と課題』, 韓国女性開発院, 1996。
Kim, Yeon-myung,「社会福祉改革の社会的葛藤の構造」, ソウル大学社会発展研究所,『韓国の民主化と社会葛藤』, 2002。
Kim, Young-jeong,『1980年代韓国女性運動の性格に関する研究』, 淑明女子大学女性学協同課程修士論文, 1999。
Kong, Sung-min,『女性運動が女性政策に与える影響研究』, 建国大学政治学科修士論文, 1998。
Lee, Bong-hwa,『韓国と日本の女性政策に関する比較研究』, ソウル私立大学行政学科博士論文, 2001。
民主労働党政策委員会,『金大中政府3年評価と代案』, イフ, 2001。
大沢真理,『男女共同参画社会をつくる』, 日本放送出版協会, 2002。
Oh, Yu-seok,「女性と政治」, 韓国女性政策研究,『韓国の女性政策』, 未来人力研究院, 2002。
Park, Eun-sook,『女性政策形成過程における女性団体の役割』, 慶北大学行政学科博士論文, 1999。

Ⅱ　テーマ別分科会

Park, Young-ran 他，『社会保険制度の女性需給現況および改善方案研究』，韓国女性開発研究，2001。

Rho, Jung-gi,「金大中政府の労働政策」，民主社会政策研究院，『民主社会と政策研究』，ハンウル，2001。

Seo, Myung-sun,「女性と社会活動」，政務長官室，『韓国女性発展50年』，1995。

Song, Ho-keun, *Globalization and Social Policy in South Korea : The Politics of social Protection and Structural Adjustment*, Ruschemeyer (ed.), Globalization and Social Policy, Princeton University Press, 2003 (forthcoming).

Song, Ho-keun,『政治なき政治時代：韓国の民主化と利害衝突』，ナナム，1999。

成　垠樹，『民主化以後の韓国社会政策――ジェンダー視点からの検討を中心に』，東京大学大学院人文社会系研究科修士論文，2003。

●第1分科会
中国の社会保障 (Part 2) ―失業保険と医療保険制度改革を中心として―

座長　埋橋孝文　Uzuhashi Takafumi

1　分科会設定の趣旨

本分科会では以下の3名による報告が行われた。
1　沙　銀華（ニッセイ基礎研究所・中国人民大学労働人事学院）「中国の失業問題とその展望」
2　于　洋（早稲田大学大学院経済学研究科後期博士課程）「新しい基本医療保険制度の形成とその実態」
3　楊　開宇（大阪市立大学大学院生活科学研究科後期博士課程）「中国の『基本医療保険制度』の展開と地域格差―上海市と青島市を例に―」

分科会設定の趣旨を，大会プログラムから再掲しておけば，以下のとおりである。

> 昨年の分科会では，年金問題を中心に社会保障改革を取り上げましたが，今回は，失業問題・失業保険と医療保険制度改革に焦点を当て，試行錯誤的ではあるが，ドラスティックに変化しつつある中国社会保障の現状と課題に迫ります。去年に比べて報告者が3人と多く，時間がタイトですので，論点を絞った報告とディスカッションを心がけたいと考えています。

2　報告要旨と論点

1) 沙　報　告

1つ目の沙報告では，まず，深刻化している中国の「構造性失業問題」が，(1)農村部余剰労働力の圧力，(2)国有企業の倒産，(3)国有企業のリストラ（早期定年退職と一時帰休）という3つの異なる背景から生じていることが明らかにされた。その上で，失業者（2004年から一時帰休者も失業者に含まれることになる）は実際には7％台といわれるが，その数字には含まれない9000万人といわれる移動（流動）人口の問題がクローズアップされた。かれらは，人口の7割を占める農村部人口と同様に，失業保険や社会保障制度によってカヴァーされておらず，1つの大きな盲点になっているのである。したがって，雇用・失業問題は統計数字から見た以上に深刻であることが示され，今後も第2，第3の「9000万人」が都市部に流入することが確実

に予想されるため，何らかの対応が必要であることが強調された。

　きわめて興味深かったことは，こうした事態が，現在の企業経営と「福利厚生費」との関係からも助長されていることであった。それは以下のような事情による。周知のように今のところ，郷鎮企業と外資企業が雇用吸収の大きな窓口であるが，都市部の人がいわゆる3K仕事を避ける傾向にあること，また，企業はコストを下げるために（福利厚生費は全国平均で賃金の50％を占める），「農村戸籍」をもつ移動労働者を採用・雇用する傾向にある。この農民工の労働者は他の都市出身の人とは異なって社会保障制度に加入していない。つまり，移動人口の増加の構造的背景として，適応対象という意味での社会保障制度のあり方が関係しているのである。

　こうした2～3億人とも考えられる予備軍が存在すること，また，同じ供給側の要因として「世界の工場」としての中国に香港や台湾から技術者が入ってきていること（上海には40万人の台湾人が住んでいる），さらには，需要側の要因として技術革新―ハイテク化がすすんでいること，こうした事情により失業問題は容易には解決できないことが示された。

2) 于 報 告

　この于会員の報告は本誌に論文が掲載されており，ここで詳しく紹介する必要がないであろう。座長にとって興味深かった点を列挙すれば，以下のとおりである。
- 従来の公費医療制度，労働医療保険制度ともに「離退休・退職者」が被保険者として制度にとどまり，そのため「企業が古ければ古いほど企業側の負担が重い」（当日配布原稿より，以下の引用も各報告者の配布原稿より）ということになる。これは昨年取り上げた年金制度とも共通する問題であった。
- 1993～98年の改革期に各地方で試行錯誤的に試みられた5つの改革案が詳しく検討された。これは中国の社会保障制度（改革）全般に共通することであるが，中央からのガイドラインの提示があるものの各地方は独自のやり方での施行に努める（期待される）。雇用側と従業員の拠出に基づく保険方式（個人口座と統括医療基金）という点では同じであるが，「両江式」，「海南式」，「牡丹江式」などの方式の違いは，個人口座と統括医療基金をどのようにミックスさせるかにある。「両江式」ではまず個人口座から支払われ，「海南式」では，外来＝個人口座，入院＝統括医療基金，「牡丹江式」では病種の違いに対応している。なお，「深圳式」では，在職者，離退休・退職者，短期滞在者，失業者，出稼ぎ者に異なる医療保険制度が適用される点がユニークである。
- 上のさまざまな点を踏まえて定式化された「新しい基本医療制度」（1999年～）の

概要とその帰結が明らかにされた。なお，新旧制度の違いは「非国有・集団企業とその従業員までの適用対象の拡大，国家・企業・被保険者による三者負担の財源調達，個人口座の導入」の3点であるといわれる。第2点目に関して，国家の財政責任がどの程度であるかについてはやや不明な点が残ったが，この点は異なる文脈ではあるものの質問と討議のときに明らかになった。

3) 楊　報　告

上の「新しい基本医療制度」の策定以降も，具体的な「実施細目」の制定とそれに基づく施行は地方に委ねられている。楊会員の報告は，上海と青島の両市に焦点をあてた詳細なケース・スタディであった。私たちはそれにより，保険料が年齢により異なること，定年退職者および高齢者については（個人口座への）企業積立金があること（上海市では上海市平均賃金の4〜4.5％，青島市では本人年金の5％，どちらも本人負担はない），あるいは，上海市に関して「個人医療口座」残高がゼロになった場合の個人負担額の詳細（それは「老人」「中人」「新人」によって異なる）を知ることができた。

医療給付については上海のほうが水準が高いが，それは（より一般的に地域格差は），経済発展水準の格差，医療水準の格差を反映している。こうした現状把握を踏まえ，問題点の指摘と改革の方向が具体的に示されたことが楊報告の特長である。以下，それらを6点にわたって紹介しておく。

1) 上でふれた個人医療口座への企業積立てベースの統一の必要性（とりわけ退職者に関して）。
2) 個人医療口座の積立て残高の不足問題が，疾病リスクは高いにもかかわらず積立て期間の短い高齢者で深刻化している。「政府は責任をとるという意味で一定の経済的補償を与えるべきである」。
3) 基本医療制度の基金は地域ごとに徴収，管理されるため，地域を超えた財政調整が困難である。高齢化の進展が地域によって異なるため，このことは深刻な影響をおよぼす。
4) 「旧制度では，扶養家族に対して5割の給付を行ったが，新制度での給付対象者になるのは被保険者だけであり，扶養家族の医療給付が排除された。中国では，共働き夫婦が一般的であるといっても，子どもに対する医療保障が何らかのかたちで行うべきであろう」。
5) 医療サービスの提供体制の効率化も同時に求められるが，とくに出来高払い制度は「情報の非対称性」が存在するなかで問題が多く，「診断群ごとに死亡率や

II テーマ別分科会・座長報告

入院日数，治療コストなど医療の質を示す指標の情報開示と今まで進められている病院分級管理，監督をさらに強化する」必要がある。
6）（今回の報告の範囲外であるが）医療保険制度にどのようにして農村部を取り込むかという問題が残されている。

3 質問と討論[1]

質問としては，失業者，あるいは移動（流動）人口の定義をめぐるものがまずあった。沙報告の数字は「中国統計年鑑」「労働統計年鑑」に拠るが，その定義は年次によって変更がみられるとのことであった。なお，従来，一時帰休者は失業者にカウントされなかったが，2004年以降は含まれるであろうとの説明がなされた。補足説明として，一時帰休者は3年間の再就職センターへの登録が保障されていたが，2003年度末でそうした措置が打ち切られること，一時帰休者も名義上は企業籍をもち会社が3～4種の保険料を支払っているが，それがなくなった場合の不安があるという紹介があった。

フロアからSARS対策のありようについての質問もあった。これについては，楊報告の配布資料のなかで「『基本医療保険制度』には，予防医療としての定期健康診断さえも含まれず，疾病の早期発見，早期治療が困難になるであろう」との指摘があるが，于会員から，公衆衛生は医療費総額の5％を占めるにすぎず，今回の事件を機にその増額が図られるという最新情報が紹介された。

最後に，改革の基本理念を問う質問があり，それをめぐって興味深いディスカッションが行われた。昨年取り上げた年金改革の場合，「十分な準備の下での改革ではなく，模索しながらのものである」ことが強調された。今回は，まず于会員から「改革は経済改革と企業改革をスムーズにすすめるための条件」であり，ILOと世界銀行の異なる立場に即していえば中国は後者の自己責任を強調する路線を採用しているとの見解が示された。楊会員は保険料負担に関して，今の段階では国の負担が明言されておらず，自己責任原則が前面に出ていると述べた。また，沙氏からも，三者負担が大きく宣伝されているものの，国の責任が明確にされていないことが問題であるとの認識が示された。沙氏によると，現在判明しているのは，医療保険制度の運営コスト（人件費を含む）と地域・国有企業が赤字になった場合の補填という2点のみであるが，税を使っての再分配などの国の責任を明らかにしたほうがよいのではないかということである。この点に関しては，3人の報告者の間でかなりの意見一致があったのではないかと思う。

学会が開かれた5月中旬にはまだSARS問題がくすぶっていた。ひょっとして

第1分科会＝中国の社会保障（Part 2）

分科会参加者が少ないのではないかと思ったが，30数名の参加を得て，それは杞憂に終わった。活発な質問や意見を披露していただいた参加者各位にお礼申し上げる。

1) これは当日の座長のメモに基づいている。いくつかの遺漏や不正確なものがあるかもしれないが，その場合はご容赦願いたい。

●第2分科会
〈社会政策〉の範疇概念

座長　小笠原浩一　Ogasawara Koichi

1　分科会の趣旨

　この分科会は，領域総合的に進展している正義や福祉的資源分配をめぐる新たな理論動向，「社会的排除」等にみられる社会政策の実体概念の変化，さらには社会政策の総合的調整の動きなどをふまえて，理論範域としての社会政策を画する範疇概念ないしは目的概念について検討することを課題として設定されたものである。
　ところで，戦後世界は福祉国家の常態化とでも呼びうる道を辿ったが，その過程において，ひとつの有力なモデルとされたのはニューディール体系であった。ニューディールは労働を優先原則としつつ経済的困窮を緊急的に救済することを目指した政策体系であったが，福祉国家の常態化のなかでその読み替えが進むこととなった。すなわち，労働と社会保障的救済との一体性の枠組みや社会保障的救済の緊急性という原則が崩れ，労働と社会保障の政策・行政体系としての分断化，貧困・低所得対策における緊急性の希薄化，給付の権利化や私的福祉領域の社会化などが進んだ。福祉国家とは，労働機会と社会保障機会とを一体的・整合的に保障することで，最終的にはひとの自律的生活形成への機会を等しく実現するための社会的統合システムであったはずであるが，制度機能別にサブシステムへの細分化が進み，給付財政部分が肥大化し，労働の優先原則の矮小化が進むことになった。こうした隘路への反省から，ひとの生ということを基底に置くことで公共福祉的機能のあり方や社会組織的機能との役割分担を再構成しようとする福祉国家の自由主義的再編成の作業が，とくに1980年代半ば以降世界的に進むこととなった。
　同時に，福祉国家へのもうひとつの危機であったいわゆるグローバル化は，生産への社会的条件におけるグローバルな偏在の戦略的活用を底流とするものであっただけに，伝統的な市民権概念を超えるより不偏的通用性をもつ社会政策原理の探求を必然化させることとなった。これに対応して，社会国家の再構成にみられる国家概念の再構築や「国民」「市民」を超える「ひと」の人格や尊厳に関する概念構成，あるいは，公共政策の役割を権利や利益の保障システムからひとの不平等状態を解消するためのシステムへと転換させようとする作業などがみられるようになった。
　このような作業には，経済学や社会行政学の範囲を超える幅広い研究領域から生

第2分科会=〈社会政策〉の範疇概念

み出される知的成果の総合というダイナミズムが働いていた。社会政策の領域総合化現象には，行財政論や市場理論からの外在的原動力あるいは分権化論に付随する脱国家・脱行政の力学といった要因も働いているが，長期的な方向性としては，ひとの自由・人格的自律ということの公共政策上の価値を再生させながら，すべてのひとびとは自分らしく自立した生活をおくる資格を有すること，そのために必要となるある種の手段を，一定の観点から定義される平等にそって分配することが正義であり，これが新しい社会政策の規範的基礎となるべきであるという共通の方法的視座の形成と一体で促されてきたといえる。ひとの自律を支える一定の意味における〈機会〉への平等ということが，社会政策改革に関する新しい政治的選択の枠組みを形成するようになっている。

この分科会の目的は，そのような政治的選択の枠組みはどんな概念的基礎を有するものであるべきか，異なる研究領域からアプローチを試みようとするものであった。

2　報告の内容

(1)　後藤玲子「『ひとがひとであること』と公的扶助の哲学的基礎」

後藤報告は，ジョン・ロールズの〈正義〉ならびにアマルティア・センの〈福祉〉に共通する哲学的基礎としての「自由」を，多様な価値をもつ多様なひとびとの間において誰もが同意可能な最低限のルールとしての「ひとがひとであること」として読み込み，その概念の範域と〈公共的提供〉システムへの具体化を論じたものである。

後藤報告は，個人の効用を情報的基礎として資源の効率的配分や社会的厚生の増大などの目標達成に向かおうとしたウェルフェアリズムでは捉えきれない現実的な問題に対して関心を示す。そして，個人の多様性を理論的根拠として新しい規範理論を開発しようとしたロールズとセンに共通する哲学的基礎をふまえながらも，道徳的人格を有する個々人が多様性を前提にリーズナブルな正義原理に関する合意選択を行う仕組みを，何らかの政治的観念が共有された範囲という意味で閉じた共同的な社会のフレームの中で構想したロールズに対して，そのようなフレームを超えて拡がり，重なりあおうとする中間的・媒介的な集団の存在やそれらの交わりに位置する具体的なひとびとのありように着目した多層的な福祉政策（well-being policy）を構想するセンに共感を示しつつ，福祉的自由のグローバルな文脈における公共的提供への可能性を論ずる。

そのため，とくにセンの〈開かれた普遍性〉に着目している。それは，人間は多

様性をもつグループ・ポジションの複数に所属しているという現実を前提に，個々のグループ・ポジションの個別的請求の切実さを理解する共感，その普遍性・人間的意味を理解する理性とともに，それらを部分的に整序してバランスをつける合理性を内包する原理であって，異なるグループ・ポジション依存的判断を別の観点から反省し，よりドラスティックな合意と参加のプロセス（公共的討議）を構想することへとつながる原理として捉えられている。換言すれば，ひとつの集団が掲げる組織内原理を拡張して価値序列をつくるのではなく，正義に関して異なる観点を提出する複数の組織内原理をベースに順序を形成するようなシステム（後藤『正義の経済哲学』）の構想が主張されることになる。

(2) 阿部彩「『Socially Perceived Necessities』と公的扶助理論の課題」

阿部報告は，イギリスで開発された「社会的必需項目」(Socially Perceived Necessities) の概念を用いて，日本において最低生活水準に関する政策参照標準となりうるような何らかの国民的合意が発見できるかどうか，大量観察調査で検証しようとしたものである。

調査では，1999年にイギリスで実施された貧困・社会的排除調査の項目を参照しながら一般項目28，子供に関する項目14を選定し，1,350のサンプルについて，回答者の50％以上が「絶対に必要である」とする項目を「日本における社会的必需項目」と定義するという方法で実施された。その結果，イギリス同様に日本においても「社会的必需項目」の構築の手法が十分に適用できること，また同様に物的項目のみならず社会的項目の多くが「社会的必需項目」と認識されていること，その中には，友人や家族・親戚に会うための交通費といったひとの社会的関係を維持するために不可欠な項目や保険料・貯蓄などリスクに供えるための項目が生活水準の維持に不可欠なものと認識されていること，そして，主観的貧困層の方が社会的関係性をより重視していること，などが実証されたとしている。

他方，家族旅行や誕生日のお祝いなど生活のゆとりや潤いに関する項目が50％の支持を得ていないこと，等価世帯所得の第1と第5五分位の比較で高所得者層の方が高い割合で必要とする項目が多いこと，教育レベルの高い層の方が医者や冠婚葬祭などの項目を低い度合でしか必要としていないこと，全体的に女性の方が必要度が高いことなど，イギリスとの相違も発見されている。教育のレベルによる必要度の格差など，日本では，満たされている層が満たされていない層の必要性に厳しい見方をしていることが示唆されているとの指摘も行われた。

阿部は，これらの結果をふまえ，社会的合意が確認された社会的必需項目リスト

を用いて，これらの項目の満たされないひとびとの存在規模と，相対的剥奪の度合いを測定する作業を次段階に見据えている。阿部報告の意図は，ピーター・タウンゼントの「社会的剥奪」概念が日本における社会政策，とりわけても公的扶助制度の再構築に関する公共選択基準の形成に有効な理念たりうることを前提の認識として，すべてのひとびとにあてはまる最低生活水準ということに関する社会的合意を発見し，異なる属性を有するグループ間において共通に必要最低限とされる水準を具体的な指標のもとに検証しようとするところにある。

(3) 小笠原浩一「『主訴』『能力』および機会保障型社会政策」

　小笠原報告は，社会政策の目標がひとの自律的生活形成の保障にあるという観点から，その障害となっている解決すべき問題状態を医療分野やケアマネジメント実践などで用いられている「主訴」概念を用いて定義する。そのうえで，「主訴」を解決する自律的選択のプロセスは専門福祉的能力との協働性を不可欠とすること，そのような能力を社会政策の取り扱うべき公共的資源と位置づける必要があること，などを主張する。社会政策の基本機能は，そのような能力への機会をすべてのひとびとに不偏的・普遍的に保障することにあるという立場から，「主訴」対応の専門福祉的能力への機会の平等ということを核心に置く社会政策の概念再構成が必要であることを主張する。同時に，社会政策における能力は単一の価値基準で測定可能なものではなく，能力の価値的多様性ということを前提にした機会保障という視点が必要であることを主張している。

3　分科会の成果

　この分科会は，ひとの行為主体的自由や人格的自律，あるいは価値多元的な社会政策といった関心を共有しながら，その先に可能な社会政策の範疇概念の構成を，それぞれの専門から試論的に試みる場であった。「ひとがひとであること」「社会的必需項目」「能力への機会保障」というキーワードに共通するのは，社会政策は，生活リスクへの安全網機能や外形化されたニードへの資源給付機能にとどまるものではなく，ひとの人格的自律や生活自立をすべてのひとびとにその必要の実態に応じて偏りなく保障するための政策臨床システムの範域から成り立っているという理解である。

　約90名の会員の皆さんの参加を得て，短時間ながら活発な質疑が行われた。社会政策，社会保障，社会福祉といった学的範疇そのものに関する公共的討議の場が今後も学会内部で確保されていくことを期待したい。

● 第3分科会
ジェンダー・ケア労働・セクシュアリティ

座長　室住眞麻子　Murozumi Masako

1　テーマの趣旨説明

　今年度のジェンダー部会は，「ジェンダー・ケア労働・セクシュアリティ」というテーマを掲げ，1名のゲストと2名の会員から報告していただいた。家族内外のケア労働をめぐってジェンダーとともにセクシュアリティを課題としたのは，以下の理由からである。ケア労働が，他者のニーズを優先的に考え行動するニーズ指向的で日常的な身体労働と感情労働の二面性をもつ労働であることから，その担い手は家事労働の延長として女性がふさわしいとされ，現実的にも多くの女性たちが担っている。とくに，高齢者介護の場合は，ケアを受ける側も性別を問わず女性ケア労働者を希望する傾向が強い。逆に，男性ホームヘルパーによる一人暮らしの女性高齢者介護にともなう初期の困難（例えば，ヘルパーが自宅に入ることを高齢者が拒否する）や男性高齢者が男性ヘルパーのケアを受け入れる際には独特の「通過儀礼」をヘルパーに強制するなど（例えば，ヘルパーにタバコの火をつけさせる。この行為は男性高齢者が自己を上位，男性ヘルパーを下位に位置づけることの象徴）（春日，2003），介護の社会的場面においてジェンダーとセクシュアリティが交差した諸困難が生じている。また，家族内においても女性高齢者の介護に対して，息子や娘の配偶者など男性による介護が決定的に少ない現況の根底には，ジェンダーとセクシュアリティが交差した問題が存在している。

　ケアとセクシュアリティについては，これまでも例えば障害者福祉施設入所者の同性による介助要求，女性患者の女性医師による診察要求などケア部門の異なる領域において議論されており，要求に沿う方向での新たな施策が展開している。また，ごく最近では男性ホームレスに対するホームレス体験のある男性労働者による介護の提供なども試行されている。職業として多くの男性がケア労働に参入するあるいは家族内でのケアの男女共担化をはかるには，ケア労働の社会的・経済的評価とともに，身体感覚に根ざしたセクシュアリティとジェンダーの交差した問題状況に焦点を当てることこそが重要である。同時に，そのためにも，高齢者介護場面において，まったく光が当てられない女性ケア労働者のセクシュアリティに関する問題点を浮き彫りにすることが緊要である。本テーマの趣旨は以上のような理由である。

第3分科会＝ジェンダー・ケア労働・セクシュアリティ

　3人の報告のうち春日会員の報告は本誌に掲載されているので詳細はそちらに譲り，以下では各報告の概要または背景と重要な論点に限定して述べていきたい。なお，ジェンダー部会の前日に研究会が開かれ，笹谷春美会員が「スウェーデンにおけるケアワークの変容と困難」というテーマで報告されたことを付記しておきたい。

2　報告の概要と背景

(1)　第1報告：広井良典氏の報告「ケアとジェンダー」は，ケアという概念を（介護や保育のみにとどまらない）広いものとして捉えたうえで，そもそもケアとは何か，という根元的な問いの検討から始まり，ケア職業におけるジェンダー的分離の実態を明らかにし，比較福祉国家視点からその分離の実態の意味を考察し，それらをふまえて今後の展望を示された。このような包括的で多岐にわたる報告の中で，重要な論点のひとつとして提起されたのが，ケア職業におけるジェンダー階層序列化と福祉国家に関してである。ケア職業群のうち高度な専門性と資格をもつ職種（例えば医師）は男性比率が高く，家事労働の延長とみられる介護および保育，医療の分野でも補助職的で身体的ケアの看護職などは女性比率が高い。また，日本の場合，臨床心理士や医療ソーシャルワーカーも7割強が女性である（レジュメ，p.2）。このようなケア部門でのジェンダーによる職業分離は，日本のみならずフィンランドやノルウエー，スウェーデンなど北欧諸国においても明確に存在している。例えば，北欧三カ国における地方自治体によるホームヘルパー，看護師，保育所職員などは9割強が女性である（1990年時点，レジュメ，表2）。

　結果的にみれば，ケア職業群において日本も北欧も同様に女性比率は高いが，そのルートはかなり異なる。北欧諸国とくにスウェーデンの場合は，1980年代以降の男女平等政策の下に「ボランティア的主婦ヘルパー」を公務労働者として雇用し（笹谷，2001），公務員に占める女性比率を半数（男性17％，1998年。レジュメ p.3）にまで拡大したのに対して，日本の場合は制度上「家庭奉仕員」という名称が1989年まで残された（笹谷，2001）。この点に両国の違いが端的に示されている。

　広井氏が提起したのは，北欧諸国での女性の高い公務員比率にみられるように，「女性の最大の雇用主」としての福祉国家と，その福祉国家においてケア職業に占める女性比率の高さをめぐる評価である。言い換えれば，ケアサービスが国家から提供され，そのケア労働者の多くが女性であるというケアをめぐる国家とジェンダーとの関係（国家フェミニズム）を問題にしている。広井氏の見解は，主として女性が家庭内で担う私的なケアが社会化され，職業として女性が担うようになったとする「家庭内労働が単に外部化・社会化された」とする解釈では不十分であって，

2つの条件つきで積極的に評価するというものである。2つの条件とは,「民間部門における女性雇用の状況の改革を伴う」ことと「ケア労働の経済的評価の改善」であり,これらが「セットとして推進する限りにおいて」評価するというものである(レジュメ, p. 3)。

(2)　第2報告：春日キスヨ会員の報告「高齢者介護倫理のパラダイム転換とケア労働の変化」は,2002年に厚生労働省が提起した「特別養護老人ホームの個室化・ユニットケア」政策によって,施設ケアのあり方が,従来の「医療・業務モデル」から「生活・関係モデル」に転換されたことに起因して生じた,ケア労働者のセクシュアリティの問題について取り上げられた。2000年4月にスタートした公的介護保険制度によって質量ともに大きな変化を遂げているのが,定員8-10人前後のグループホームと(このグループホームをワンユニットとしたような)ユニットケアである。厚生労働省は,2004年までに,グループホームを3200カ所(2002年時点で1400カ所,2.3倍の増加)作ることを目標としている。

　このような施設ケアをめぐる政策転換は,ケアを受ける側に新たな費用負担を課すことと引き替えに,規模の経済性を優先した集団的ケアから個室による高齢者1人1人への個別的ケアの保障を意図したものである。このことは,ケアを受ける側からみると,費用負担に耐えられる所得階層にとってはケア水準は確実に上昇しうることを示す。ケア労働者からみると,新たな人員確保や賃金上昇,集団的協議の場の保障など労働条件の改善がなされないままに,1人1人の高齢者に寄り沿い共感しながら,高齢者の個別的ニーズに対応する感情労働の側面がより一層強調されるとすれば,労働強化となる。この場合の労働強化は,24時間ケアに対する交代制勤務という不規則労働および個別ケアという過重労働に加えて,他者の必要を満たすために自己の心身を使い,自己の思慮や行為の適否がケアを受ける相手が満足したかどうかによって左右されるというケア労働の特性からすると,ケア労働者の自己の深部を揺がす側面がある。

　春日会員は,このような政策転換によって,ケア労働者に対して実施されるようになった「関係形成能力形成のための研修」場面での女性ケア労働者と(男性および女性の)研修指導者とのやりとり(語り)を労働観,セクシュアリティ観の視点から分析された。こうした分析から,これまで問題化されていない(例えば,重度の痴呆性)男性高齢者への介護研修場面において,母性を前提とする労働観や母親技能を応用した介護指導によって,女性ケア労働者のセクシュアリティの搾取や抑圧の現状が明らかにされた。

(3) 第3報告：大塚陽子会員の報告「デンマークにおけるチャイルドケアサポートにみるジェンダー的平等」は，デンマークの両親休暇制度に焦点をあて，家庭内での子どものケアをめぐるジェンダー平等の条件について検討された。デンマークは，国連開発計画の「人間開発報告書」(2002年)によると，ジェンダー・エンパワーメント指数 (GEM) が，66カ国中4位に位置している (日本は，32位で前年よりも後退)。GEM で上位を占める北欧の中でもデンマークは女性の就業率が73.6％で男性の81.4％ (2000年時点。大塚，2001) に接近しており，6歳以下の子どものいる家族でも専業主婦の母親の割合が4％と低く，他方0-2歳児の保育所利用が5割強，3-6歳児の場合は9割近くと北欧の他国よりもかなり高い (レジュメ，表2)。

一方，出産にともなう「両親休暇制度」による (1994年から導入された育児休暇制度を除いた) 休暇中の賃金補償の割合は98年時点で9割と高いが，その休暇を取得するにはデンマーク国内で最低120時間就労し，所得税を支払っていることが必要条件となっている (他の北欧諸国の場合は，就労実績とは無関係にユニバーザルな制度)。また，休暇期間は北欧の他国と比較して短い (レジュメ，表5)。このような点から，大塚会員は，他の北欧諸国よりもデンマークは，個々の家族へのケア時間保障よりも集団的保育サービスに力点をおく労働市場寄りのケアサポート政策に特徴があるとし，デンマークは『2人稼ぎ手で，国家がケアを担う』モデルであり，それは『2人ケアの担い手で，国家に協力的な家族モデル』のスウェーデンと異なると指摘している (大塚，2001)。

問題点は，両親休暇制度および98年から導入された「父親クオータ制度」(子どもの誕生後25-26週目の2週間を父親のみ取得する制度) においても父親の取得率がきわめて低く，こうした家庭内ケアの分担差と休暇を長く消化した母親が負うキャリアと社会保障上のリスクである。こうした現実のジェンダーギャップを埋め，家庭内保育におけるジェンダー平等を実現するには，労働市場と社会保障における個人モデルを「ノンケアラーな個人」から「ケアの義務を担う個人」とし，「ケアの義務」を「両親単位」から「個人単位化」することにあると，大塚会員は主張された。

3 提起された論点と課題

大塚会員の報告が明らかにしたように，デンマークにおいてもジェンダー不平等を依然として残している。しかし，ジェンダーとセクシュアリティに関する政策論において摂取すべき多くの点がある。例えば，デンマークでは新生児の半数が非法律婚カップルから誕生しているが，両親の関係とは別に (法律婚・非法律婚に関係なく)，子ども自身への社会保障が考慮されている。また1989年に制定された「パー

トナーシップ法」によって同性カップルが登録できる家族として認められており，パートナーのどちらかが実子をもつ場合養子制度が検討されるなど，セクシュアリティの多様性，家族の多様性が社会的に承認されている（大塚，2001）。こうした社会的承認と非課税でユニバーザルな児童手当制度など経済的保障が並行して存在し機能するなかで，日本よりも高い女性の就業率と出生率が維持されている。他方，国家は，婚姻関係を問わず別居後生みの親が未成年の子どもの生活費を平等に分担することを義務づけ，子どもに対しては別居親への面接交渉権を保障するなど，デンマークで唯一残されている18歳未満の子どもへの親の義務を規定している（大塚，2001）。こうした規定は，「家族に正義を！」と主張しているアメリカのS. M. オーキンの提言，すなわち「離婚後の家計はともに同じ生活水準を享受すべきである」という提言がデンマークではすでに政策化されていることを示している（M. ヌスバウム・川本訳，1993）。

　このようなデンマークの政策は，家族の絆や責任を強調する割には，離婚後母親と暮らす別居子の生活費を分担しないケースが多い日本の父親とその父親を結果的にサポートしてきた日本の問題点を浮き彫りにしている。また，低出生率の対応策として，保育サービスの充実と同時に不妊治療対策を盛り込み，「子産み子育て奨励策」的側面を払拭できない日本の「少子化社会対策基本法」の問題性を示唆していると言える。

　高齢者介護研修場面において生じている女性ケア労働者のセクシュアリティの問題を明らかにした春日会員の報告は，介護実践のオピニオンリーダー的存在のある論者が語る「老人介護とエロス」論と対照的な現状分析である。これまでの介護研修場面でのケア労働者のセクシュアリティへの無関心さは，ケア労働者の4割が異性の利用者の性的言動に困りながら，その7割以上が対処方法を習得していないという深刻な現状を生み出している（ヘルスケア総合政策研究所の調査．『日本経済新聞』2003年2月11日付夕刊）。このようなケア労働者の自己の深部を揺がす危険性をはらんでいるケア環境は，ケアを受ける高齢者にとっても問題含みである。いずれにしても，今後の介護労働論においては，感情労働およびセクシュアリティは欠かせない視点である。

　北欧の福祉国家におけるジェンダーによる職業分離に対して，厳しい条件付きで評価された広井氏の報告は，公的介護保険制度と（その下に）福祉産業も加わってケアサービスが提供されている日本のシステムとケア労働の場合は，どのように評価されうるのだろうか。本部会において提起された以上の問題点や疑問点の他にも，国内のケア労働者不足を外国人ケア労働者によって補充するプランも進展しており，

高齢者介護に関する政策論議は緊急かつ継続すべき課題が残されている。

【引用文献】

大塚陽子「保育制度と親休暇制度の関係からみるデンマークの個人単位制とジェンダー的平等」『ジェンダー研究　第4号』2001年。

春日キスヨ「ケア，感情，ジェンダー——いま現場で進行しつつあること」『大阪女子大学女性学連続講演会』2003年7月5日。

笹谷春美「ケアワークのジェンダー・パースペクティブ」『女性労働研究』No. 39, 2001年。

マーサ・ヌスバウム（川本隆史訳）「女たちに正義を！——スーザン・M・オーキン『正義・ジェンダー・家族』のために」『みすず』389, 1993年。

●第4分科会
政策分析・政策評価―福祉・保健医療領域を中心に―

座長　平岡公一　Hiraoka Koichi

　この分科会は，2001年の第102回大会および2002年の第104回大会での「福祉国家・福祉社会」分科会の実績を踏まえて，政策科学的な手法を用いた福祉・保健医療政策の分析・評価や，市場化や業績評価などの新たな政策手法の社会政策への適用可能性の検討といった課題に取り組む会員が，その最新の研究成果を発表し，こうした分野の研究の今後の展開の方向性について検討を行うための場として設定された。

　報告は，英国の保健医療・対人社会サービスにおける疑似市場や業績評価の導入などの新たな政策展開について研究を続けてこられた長澤紀美子氏（高知女子大学），欧州の学界の事情に詳しく，福祉多元主義・福祉ミックスの問題を中心として比較の視点に立った政策分析に取り組んでこられた河野真氏（兵庫大学），保健医療と福祉の両分野で経済学的なアプローチによる政策科学的研究に取り組んでこられた塚原康博氏（明治大学短期大学）の三氏にお願いした。

　長澤紀美子氏の報告「NPM（ニュー・パブリック・マネジメント）の保健医療福祉領域への適用における行政の役割――英国型モデルの検証を通して」は，NPMの英国型モデルの特徴を明らかにしたうえで，保健医療福祉領域におけるNPMの代表的な適用例として，英国のNHS改革と社会的ケアの改革（コミュニティケア改革）を取り上げ，それらの改革における疑似市場の導入の経過を明らかにし，NPMの保健医療福祉領域への適用における行政の役割という観点から，その成果と問題点を分析したものである。

　長澤氏によれば，保健医療福祉領域における行政の役割は，第一に，戦略計画策定，第二に，調整者（enabler）としての役割，第三に，情報の非対称性を少なくする制度的な工夫を行うことである。この3つの役割についての現在の英国の状況は次のとおりだという。第一の戦略計画策定の役割については，目標―具体的施策―業績指標―予算の間の対応を図る仕組みが導入され，住民参加型の協働体制により，その役割が遂行されている。第二の調整者の役割については，全国的な基準の設定や個別契約における配慮やモニタリングによりサービスの質の確保が図られているが，なお課題が多いと考えられる。また，競争による効率化のインセンティブも十

第4分科会＝政策分析・政策評価

分でない。第三の役割については，業績指標の導入と契約内容の柔軟化，「協働的な契約」の導入により対応が行われている。

さらにブレア政権誕生以降の動向について，長澤氏は，顧客選択型の市場メカニズムを基本にしつつ，住民参加型のパートナーシップを強調する傾向がみられると指摘している。

この長澤氏の研究の積極的な意義は，まず第一に，たんに制度改革の内容やその目標・理念についての政府の説明の紹介にとどまることなく，多くの論文や研究報告書を参照して，改革の成果や問題点を分析していること，また，英国型NPMモデルの特徴を明らかにしていることに認められる。また，疑似市場論の枠組みを用いて，改革実施以降の英国の保健医療・社会的ケアが直面している諸問題を統一的な視点から分析している点も，この研究の特徴であり，わが国における保健医療福祉サービスの市場化や計画化について分析・評価を行うにあたって多くの示唆を与えてくれる内容となっている。

この長澤氏の報告については，分科会の参加者から，中央政府と地方政府との関係，NPM論が登場した時期や経緯，介護に関して統一的な基準を定めることの可否などについて質問が出された。

続く河野真氏の報告「高齢者ケアのウェルフェアミックス：介護・医療システムの再編成」は，ウェルフェアミックス・アプローチの高齢者介護・医療分野への適用可能性を探るとともに，高齢者介護・医療分野の動向を理解するためのキーワードを整理するという問題意識に基づいて，日本における高齢者ケアのウェルフェアミックスの特徴と，福祉改革によるその再編成の経過と結果を分析したものである。その分析結果の要点は次のようなものであった。

高齢者ケア領域における日本のウェルフェアミックスの特徴は，もともと残余的であるという点にあったが，そうした状況を維持・強化するために民営化戦略が適用され，その一方で，急速な環境変化のなかでサービスの拡大圧力と抑制圧力が併存していることも特徴的である。こういう状況のなかで行われた福祉改革は，サービスのシステムを富裕層重視のものに変化させる一方で，介護の社会化は進展せず，利用者利益も増大させず，分権化も形式的なものにとどまったという。

河野氏はまた，公的セクター，インフォーマルセクター，民間セクターのそれぞれの内部の変化も分析しており，インフォーマルセクターについては，所得の多寡により家族介護への依存度が異なること，民間セクターについては，営利事業者の重装備／重介護分野への進出が容易でないこと，自助・相互扶助組織のシェアはまだきわめて小さいことなどを指摘している。

Ⅱ テーマ別分科会・座長報告

　河野氏が依拠しているウェルフェアミックス・アプローチは，わが国でも政策論としてそれを支持する論者は多いが，これを用いて日本型福祉システムを検討した先行研究は少ない。それだけに，各セクターの内部の変化にも着目しながら，そのような分析を行った点が，この研究の第一の意義といえるだろう。当日は，時間の制約もあってあまり言及されなかったが，河野氏は，ウェルフェアミックスの文献の広範なレビューの結果や，統計データも用いて日本のウェルフェアミックスの特徴を多角的に分析した結果をまとめた資料を用意しておられた。

　塚原康博氏の「介護サービスの利用を規定する要因について──個票データによる実証分析」は，筆者（平岡）が代表者を務める研究班が，東京都墨田区において要支援・要介護認定の高齢者を対象として実施した調査のデータを用いて，4つの主要な在宅介護サービス（ホームヘルプ，デイサービス，訪問看護サービス，ショートステイ）について，その利用量を規定する要因を定量的に分析した結果を報告したものである。

　分析結果は多岐にわたるものであるが，特徴的な点をいくつかあげると，①世帯所得はホームヘルプの利用量を有意に高める効果をもつが，効果が特に大きいとはいえないこと（1000万円の所得上昇により利用量が約2時間増加），②老人性痴呆の症状があることは，デイサービスの利用量を0.37日増やす効果をもつ，③主介護者の年齢は，ショートステイの利用量を減らす効果がある（年齢が低いほど利用量が多い），などである。

　塚原氏の用いた分析の方法は，比較的シンプルなものであるが，同様の主題についての先行研究は意外に少なく，分析結果には，いくつかの新しい知見が含まれている。行政側の裁量によりサービスの利用量が左右されることが多かった措置制度の場合と異なり，介護保険制度においては，利用者によるサービスの選択の自由度が高まったため，利用者の属性等の要因によってサービスの利用量を説明しようとするこのような枠組みの研究が有効性を発揮するようになっている。例えば，介護保険制度が河野氏が指摘するように富裕層を優遇する仕組みになっているのかどうかという点を検証するうえでも，このような枠組みの研究を積み重ねることが必要とされている。

　塚原氏の報告に関しては，参加者から，統計分析に関する技術的問題についての質問のほか，家族介護者の続柄によってサービスの利用態度が異なるのではないか等の指摘がなされた。

　冒頭に述べたように，今回の分科会は，第102回・第104回大会での分科会「福祉

第 4 分科会＝政策分析・政策評価

国家・福祉社会（1）」「福祉国家・福祉社会（2）」の延長線上で企画されたものである。この 3 回の分科会の開催によって，福祉国家研究・社会政策（ソーシャル・ポリシー）論におけるマクロレベルの理論的・経験的研究（比較福祉国家論等）とミクロレベルの経験的・計量的研究（社会調査データを用いた分析），そして政策科学的なアプローチの研究という 3 つの研究領域における新たな研究動向を紹介し，その研究成果の共有を図るという目的は一応達成されたのではないかと思う。これらの主題に関する研究活動は，隣接領域の学会においても活発に行われているが，社会政策の発展に関する歴史研究や，経済理論に基づく社会政策の理論的研究の蓄積の多い本学会においてそれが行われることには，独自の意義もあるのではないかと考える。このたび発足した保健医療福祉部会や，その他の関係する専門部会での研究活動，あるいはその他の機会における本学会での研究活動に，3 回の分科会の開催の成果が生かされることを願っている。

● 第5分科会
変容する労働運動―イギリス，フランス―

座長　大塚　忠　Otsuka Tadashi

　筆者がおもな調査対象にしているドイツでは，2001年に30年ぶりに経営組織法が改良され，この間起こった産業構造の変化が事業所や事業所従業員に与えた影響を共同決定制のなかに再編成することが行われている。とりわけ旧来は手付かずであった小企業にも従業員委員会を設置することを義務づけたのは，大量生産の終焉と大企業組織の分権的小企業への分解と，IT化によってサービス産業に生まれる大量のベンチャー企業を展望し，それら新しい小企業を共同決定制のなかに取り込んで，労働組合の影響をとどめようという政策の表れであった。その成果はまだ明らかになってないが，グローバル化で激しくなる国際競争と，大量失業の存在が，企業レベルでの労使協調を余儀なくさせていることもあり，どこまでドイツの労働組合の影響が浸透し，組合組織の再生が可能になるか大いに興味をそそられるところである。というのはドイツの労働組合組織率は，ドイツ統一後いったんは上がるが，この10年間で組合員が当時の半数ほどになってしまったところが多く，大組織IGメタルも3割ほどの組合員を失っており，全体としては退潮著しいからである。ただ組合員の入れ替わりがあり，IGメタルなどは，男子労働者が減る一方で女性組合員や職員の組合員は増加している。ドイツ統一後唯一組合員を増やしている公務員組合をみると新たな動きが起こっているようにもみえる。組合運動にとってマイナス要因として指摘されてきた産業構造の転換や経済のグローバル化に対抗できる新たな運動が模索され，一定に成果を上げているのだろうか。

　おおよそこのような問題意識で産業労働部会では，ヨーロッパにおける最近の労働組合運動の動向をみつめ，労働組合に関する新たな兆候を取り上げようと報告を企画した。イギリスとフランスで明確に組合運動の新たな兆候がみえてきている，というのでイギリスの公務員の労使関係を研究されている松尾氏と，フランスのルノーを中心に労使関係を研究されている松村氏にご報告をお願いした。その際新たな兆候はさしあたり組合運動にとってプラスのイメージで描き上げるというのが，事前の打ち合わせ会議の申し合わせであった。

　松尾報告は，ブレア政権の民主的かつ多元的な参加を促す地方分権化策，TUCの労使共通目標に関する職場から全国に及ぶパートナーシップの提唱，組合員を顧客とみなし，組合サービスを供給することで組合組織率の低下を防ぐ，という

第5分科会＝変容する労働運動

ニューユニオニズムの展開などを背景に，組合の主体的な組織化活動によって組合員の拡大を実現している地方公共部門の組合，UNISON を対象にその組織化戦略（教育・訓練サービス活動と組織化→パートナーシップ形成）を描いたものである。合併で自治体，公企業体職員ばかりでなく，医療・福祉関係の職員をも組織し，130万人の組合員の7割が女性という組合である。組合によって提供される援助が不十分と離脱するものも多いが，仕事上の問題へのサービスをあてに新規加入者も多い。そしてこの加入の増加に注目すると，組合の新たな戦略がみえてくる。組合によって教育・訓練サービスが入門的で実務的なものから，資格・学位取得のようなかなり高度な内容にいたるまで提供されており，そのサービスを受けることで，組合員の教育・訓練レベルが上がり，結局は職場活動の強化につながっているのである。つまり，教育・訓練機会の提供という中央集権的なサービス活動が，UNISON のケースでは現場の非専従役員による組合活動への参加促進活動へと連動している，と指摘された。公共部門の女性組合員が多数を占める組合の組織化成功例である。ただ，課題もいくつか残されていて，ホワイトカラー上層へのサービスはどうか，賃金交渉への取り組みはどうかなどが検討されて，UNISON の組合活動の全体評価が可能，とまとめていた。

松村報告は，フランスに固有な伝統的な労使関係，経営の専制的な対話拒否の姿勢と，それに対する労働組合活動家の異議申し立てという対決型労使関係が，70年代末以降の労働組合の沈静化（争議件数の縮小，組織率の急減）と，大企業における労使関係の見直し（フレキシビリティーと参加の要求）を背景に，80年代以降の政府による企業内交渉・協議の促進を契機に変化し，労働組合による企業内協議・交渉の増加を促して，90年代後半には労働組合運動の再活性化につながるような動きとなっていることを描いたものである。事実，争議件数は90年代に入るまで一貫して減りつづけ，ブルーカラーから，エンジニアー，公務員まで組織している最大左翼労働組合の CGT も，70年代末から対話路線をとる CFDT も90年代に入るまでは組織率を下げ，他の4つの全国組織を加えても1995年で9％の組織率でしかなかった。それが90年代後半には公共企業年金を初めとする社会保障費の削減と財政改革に反対して，公共企業の大争議が起こり，それをきっかけに争議件数が多くなった。さらには CFDT が組合員を増やし最大労組となったばかりでなく，急速に組織率を減らした CGT も下げ止まり，回復基調にあるというように，風の向きが変わってきた。原因は多面的で，ルノーのような個別企業の参加と対話促進の効果もあるが，政府が交渉と協議を促進するために80年代から展開した労働立法が効果的であった。経営に年一回の労働条件交渉を義務づけたオールー法（82年），一連の雇

用創出策の後に出た週35時間労働法（オーブリ法, 98年）が労使関係転換に大きく影響した。後者は労働組合にワークシェアリングをめぐる雇用維持・創出策を企業と交渉させ，交渉が成立した場合当該企業の社会保障費負担を軽減するという，雇用に関する実効性と企業内労使交渉の促進の両面を狙ったものであった。オールー法で従業員選出の企業委員会という協議機関が作られたことも大きい。こうして，90年代には企業協定の対象は賃金・労働時間ばかりでなく，雇用や，職業訓練，職務等級表，組合の権利，共済などと拡大しているばかりでなく，雇用の維持を条件に，賃金凍結を協定するというように明らかに協議・交渉システムの広がりを確認できる内容になってきているのである。このような労働政策による，企業内交渉の定着とは別に，労働組合の主体的な取り組みも労働運動再生に大きく影響した。とりわけ組合が交渉代行をすることも可能になったオーブリ法の影響で，中小企業の企業協定が増え，組合機能が拡張しているし，CFDTに関しては，80年代からの組合再建策で組合活動家への教育が強化されており，これが組合員獲得に影響した。CGTの再建論議は，ソ連・東欧の社会主義諸国の崩壊，ルノーの企業委員会での影響力喪失などが続いて90年代にずれ込みその分回復が遅れた。しかし90年末までに次第に勢力を挽回している，というのが報告の主旨であったように思う。

　以上のように，松尾，松村報告の対象は異なり，松尾報告は公共部門に限定した報告であったが，いずれも組合組織の拡大に注目し，その背景に政府・労働組合の積極的な取り組みに企業が答えてきていること，労働組合員に対する教育・訓練が組織化に貢献していることを強調するものであった。仕組みはずいぶん異なるが，企業内労使関係の成長を目標としたコーポラティズムが基調となっている，とみてもよいだろうか。それが好景気を背景に成功した，と。

　報告についての内容確認では，フロアーから，UNISONに関してパートの組織化の程度，成果給への対応について質問があり，パートに関しては公共部門には9％がパート労働者で，UNIONの組合員のうち40％がパート労働者からなること，成果給についてUNISONはあまり積極的でない旨の説明があった。フランスに関しては，CFDTも含めて組合員数については水増しがありうる旨の指摘があった。その後の質疑応答は広範に及んだが，主だったものを取り上げてみると，まずパートナーシップという労使関係は制度化する展望はあるのかどうか，という質問があった。フランスはまだパートナーシップまではいってないので，UNISONに関する松尾氏の回答は，公共部門，ノンマニュアル，女性という組合員の属性の新しさと組合の階層と職場階層の重複などが影響して，パートナー関係維持に成功していることが強調された。旧来のマニュアル労働者中心の労組ではないということで

ある。また，労働組合と，政党との関連で質問があった。フランスに関しては，すでに報告内容から推測できるように，CFDT は早くから，CGT も90年代以降は組織強化とのかかわりで，距離をおくようになってきている，というのが答えだった。イギリスに関しても，政党との関係は希薄化しているが，ブレア政権はパートナーシップの形成のなかでこの関係再生を図っているというのが返答であった。労働党の生涯学習，技能訓練強化などの政策の目玉が浸透してきていて，UNISON の組織化戦略とうまく符合している点はその証である，と。

他の質問は，イギリスにおけるパートナーシップの批判的解釈からのものであった。すなわち，民間で行われているパートナーシップは経営の労働者取り込み戦略であって，事実上の組合否認戦略のひとつであり，それとの関連からみれば，UNISON のパートナーシップへの取り組みは組合承認戦略の，つまり民営化の方針への防衛ではなかったか，また UNISON の労使協調は戦後のナショナルレベルでの労使協調路線からみればそれほど新奇性はないのではないかなどが提起された。松尾氏の回答は，確かにパートナーシップは民間ではいわゆる「グリーンフィールド」が中心で労使協調体制の一翼として組合を取り込むということが行われており，また労使協調が全国レベルでは維持されてきたというのも事実だが，UNISON の場合は，組合員の組織化に教育・訓練を媒介に現場レベルで成果をあげているという，最近ではほとんどみられない現象が起こっており，現場から運動が盛り上がっている点に注目していきたい，というものであった。労働組合の運動として新しい地平が開けたのかどうかは，今後の UNISON の推移でわかるだろう，と思われた。

●第6分科会
介護保険は地域福祉か

座長　高田一夫　Takada Kazuo

　介護保険もスタートして3年，中間見直しも行われ，ほぼ制度も固まってきたといえよう。そして制度の問題点も明らかになりつつある。

　問題点の第1は，福祉と社会保険の異なるシステムが衝突していることである。たとえば，低所得層問題がその典型例である。生活保護を受けてしまえばかえって問題は少なくなるが，生活保護の受給は非常に制限されているため，ボーダーライン層の問題が起きている。要するに福祉と社会保険の境界をどう整理するか，という問題である。

　第2に，介護保険は健康保険を下敷きにした制度で生活のあり方をあまり問題にしていない。その意味で，医療モデルだといえよう。さらに濫用を警戒して現場から離れたところで独立したスクリーニングを行っているため，生活状態の把握がさらに難しくなっている。これは福祉の理想を追求するうえで大きな批判を招いている。

　第3に，介護保険は，日常生活における自立を政策目標としている。ところが，介護という活動はこれまで家事の一部であったのであって，健康保険や雇用保険のように，病気や失業という誰の目にも明らかな生活のピンチというわけではない。たいへんな家事ではあれ，家事という私的な領域に対して公的な援助を与えるものなのである。その意味で，これは日本の社会保障・福祉政策の大転換といえる。逆にいえば，介護保険の範囲はどこに設定するか，曖昧であるし，線を引くことが難しいともいえる。

　要するに，介護保険はわれわれの生活をどこまで公共的なものとして見るべきなのか，という大問題を突きつけたことになる。政府も，要介護認定から始まり，ケア・マネジメントのあり方，介護報酬のあり方，オンブズマン制度，成年後見制度など，次々と政策領域を拡大・深化させつつある。

　福祉は生活そのものを対象とするという政策の特質からして，地域と切っても切れない関係にある。この問題を議論することはわれわれの生活を地域の中でどのように設計するか，という問題を扱うことになる。この方向を進めれば，地域福祉が見えてくるのだろうか。

　新田國夫氏（医師・新田クリニック）は，国立市で在宅医療や訪問リハビリを実践

してきた医師として、医療や介護問題が地域の生活と切り離せない問題だということを身をもって体験してきた。新田氏は在宅死と取り組んできたが、介護保険も在宅＝地域での生活支援という意味で似た性格をもっている。とくに介護保険は、家族のあり方に大きな影響を与える。この問題を追求すると、死生観や医療の根源的あり方といった問題にもぶつかる。氏は介護実践を映像資料を交えて具体的に解説し、介護保険の範囲内では家族を十分支えることは不可能であると主張した。現在の給付水準では家族の負担は相変わらず大きい。つまり、介護保険は現状では十分地域福祉として機能しているとはいえないのである。新田氏は、制度の充実の第一歩として、予算の増額を主張した。家族の負担を軽減し、要介護者の QOL を改善するには、まず予算を増やさなければならない。

平成12年の社会福祉法成立により、今後の社会福祉は地域をベースに進められることが明確にされ、さらに平成15年度からは地域福祉計画の策定が本格化する。水谷詩帆氏（全国社会福祉協議会）は、社会福祉協議会が地域福祉の担い手として期待されてきたことを指摘したうえで、社協が介護問題をはじめさまざまな生活課題への対応にあたって、地域福祉の視点をどのように取り込み、サービスや生活支援のシステムとして具体化するか、が今後の課題だと指摘した。新たな事業として地域福祉権利擁護事業、成年後見制度などの利用者支援、権利擁護の実践についての取り組みが進められていることを紹介し、さらに充実した活動が求められることを指摘した。

地域福祉は少しずつかたちを取り始めたとはいえ、まだまだ取り組みが不十分なのである。

最後に、上原公子氏（国立市長）は、地域福祉の土台としてのコミュニティ作りの試みに関して、国立市を例にとって論じた。住民の地域への愛着や連帯意識がなければ、そもそも地域が成り立たない。地域の結束がなくては地域福祉が成り立つわけがないのである。国立市では、「桜守り」や商店街活性化事業によってコミュニティの実質を作ろうとしている。その経緯を、映像資料を交えながらヴィヴィッドに描いてみせた。

地方自治は、コミュニティの形成を最大の課題にしている、といえるかもしれない。共同性をしっかりと認識しなければ、そもそも自治が成り立たないからだ。しかし、現代の社会は個的社会にむかっている。古いコミュニティは消え去り、社会は流動化と個別化を強めているといえよう。

ここで個的社会というのは、筆者の作った概念である。個が重要視される社会であり、20世紀の組織社会の後に形成されつつあるものである（高田一夫「新自由主義

から個的社会へ」『一橋論叢』2003年10月号)。個人化した社会は，自由を拡大できる反面，共同性が弱まって孤立が問題化する。規範の「乱れ」も問題視されている。しかし，筆者の考えでは個人化した市民が同時に市民意識を成熟させつつあり，高められた市民意識によって新しい，共同性を自覚した運動を担う可能性がみえる。たとえば，東京都内のJRの駅では10年ほど前から利用者が1列だけ待ち行列をつくって順番待ちをしている。かつては競争で便器の数だけトイレ内に行列ができた。それがいまや，入り口に1列だけ行列ができるのである。これならば，ひとりが得することもないが損することもない。こうした慣行が誰にいわれたわけでもなく，自然発生的に出現したことが日本人の市民意識の成長を物語っている。

　介護保険は，自立した生活の支援を目指してはいるが，地域にも大きな負担を与えている。施設の不足や保険料負担など小規模な自治体には頭の痛い問題である。地域生活を支えるためには基本的な安全ネットの構築が欠かせない。地域保健福祉計画など地域福祉の体制作りが少しずつ始まっているが，まだまだ多くの問題を抱えている。今回のシンポジウムでは，資金面（介護保険），サービスのメニュー（成年貢献），地域のネットワーク（コミュニティ形成）という多様な角度から現状を確認した。問題が入りくんでおり，どこから解決すべきかも，まだ十分には解明できていない。しかし，コミュニティを新たに形成していく方向性は確認できたと思う。今後いっそう議論を深めていきたい。

●第7分科会
医療政策におけるニュー・パブリック・マネジメントの動向

座長 三重野卓 Mieno Takashi

　1980年代から西欧世界においては，財政難のなかでさまざまな改革がなされてきた。具体的には，社会サービスへの民間手法の導入，競争原理，成果主義，顧客満足の重視，政策部門と執行部門の分離による効率性への志向といった動向であり，そこでは政策評価，およびアカウンタビリティ（説明責任）の確保が重視されている。こうした動きは，ニュー・パブリック・マネジメント（以下，NPMと略す）といわれる管理方式による。確かに市場では，需要—供給のメカニズムにより価格が合理的に決定されることを想定するが，社会サービスでは，純粋な市場は成り立ちにくく，公共当局，ないしは第三者による評価が不可欠になる。

　NPMは，さまざまな公共分野に導入され，福祉サービスのみならず，医療関係にも導入されるに至っている。医療部門は，財政規模が大きいため，その有効性が期待されている。NPMは，イギリス，アメリカ合衆国，ニュージーランドなどのアングロサクソン系の国家でとくに影響をもたらした。ここでは，こうした3カ国の医療政策におけるNPMの動向を示しつつ，①NPMが注目されるに至った背景に着目しながら，その光と影の部分に焦点を合わせる。②国際比較に基づき各国の普遍性と特殊性に注目し，③政策評価の位置づけを明らかにしつつ，④日本への示唆を示す，といった作業がなされた。

　まず，藤澤由和（国立保健医療科学院）の『ニュージーランドにおける動向』では，①改革のコンテクストとして70年代におけるイギリスのヨーロッパ共同体への加入，その結果としてニュージーランドの輸出マーケットの喪失，さらに，第一次石油ショックによる経済状況の悪化を指摘する。こうした動向を踏まえ，②80年代に行財政改革がなされ，いわゆるニュージーランド型NPMが推進されるようになったといえる。その特色は，理論に基づいた（取引理論，公共選択理論など），一貫性のある改革にある。そこでは，いくつかの法律が制定されたが，政府の経済活動の見直しというところに焦点があり，そのアプローチは，商業化，規制緩和，民営化，そして残された政府の中核となる公的サービスの効率性，効果の重視となっている。

　こうした政府の役割の再定式化を踏まえ，90年代，医療改革が着手された。周知のとおり，ニュージーランドは，医療財源の調達では，8割が公的財源により賄われている。実際には91年，医療制度改革案が示されたが，それは第一にサービス・

アクセスの向上，第二に効率性の向上，第三にサービス供給における柔軟性と革新性を高める，第四に医療サービスの消費者たる患者の選択を広げる，第五に医療従事者の労働環境・条件の向上，第六に公衆衛生の重視であった。しかし反発も多く，改革後，サービス購入者レベルでは公的なサービス購入者のみ創設され，サービス供給レベルでは競争原理が十分には機能せず，サービス供給者と購入者の契約関係の確立も不十分であった。医療領域の改革は，80年代の各種法律を継承したもので，それを医療領域に導入するものであったが，効率性の向上には疑問もあり，福祉，医療での改革の難しさを示しているといえる。

　それに対して，田村誠（国際医療福祉大学）の『アメリカにおける動向』では，まずアメリカ合衆国における戦略計画，政策評価システムの歴史として，70年前後のPPBSの導入と失敗，1993年に立法のGPRAの連邦政府への導入について議論している。こうした点を踏まえて，現在の米国厚生省による戦略の中心的価値，戦略目標と施策目標を明らかにし，①実績評価のための指標，②政策評価を多元的に行うプログラム評価，③政策課題に関わる環境調査，について検討している。アメリカ合衆国では，地方自治体における政策評価の有効性への認識を踏まえつつ，厚生省は予算，インプットとアウトプット，アウトカムの関係について，共通理解を深めている。

　周知のとおり，アメリカ合衆国では，高齢者を対象とした公的医療保障制度，メディケアが採用されていたが，財政均衡法により，メディケア加入者が，追加保険料なしで民間医療保険プランに加入できる従来からあった仕組みをさらに拡大して，給付の拡大と医療費の抑制を同時に図ろうとした。こうしたメディケア・チョイスは，①メディケア加入者がメディケアと契約を結んだ民間保険プランに加入する，②伝統的なメディケアに比べて適用範囲が広い，③民間保険プランには，マネジドケア・プランもあれば，伝統的民間医療保険もある，④プランに関する情報開示もなされている，といった特色がある。しかし，メディケア・チョイスの創設にもかかわらず，加入者は減少し，民間保険プラン撤退という方向を辿った。その背景として，民間企業の不安定さ，公共部門からの過剰期待があるとされている。こうしたメディケア改革の今後としては，さまざまな選択肢を加入者に提供し，給付レベルを高めるという点を挙げることができる。その一方で，計画，評価の流れは進んでいる。評価はインプットのみならず，プロセスやアウトカムに近いものにまで及んでおり，評価技術・体制（データ収集）も確立しつつある，との結論である。

　さらに，近藤克則（日本福祉大学）の『イギリスにおける動向』では，1948年に創設されたNHSに焦点を合わせ，「創立後最大の改革」といわれたブレア政権の

改革を扱っている。こうした改革は公平も効率もともに重視する「第三の道」を目指したものであり、白書「新しい NHS」では残すべきものとして、①医療計画部門と提供部門の分離、②プライマリ・ケアの重視、③中央政府から現場に近い部分へ権限を委譲するという点を挙げている。それに対して廃止、改革すべき点として、①プライマリ・ケアの主体が分断されているので統合する、②財政や競争面ばかり重視されていたが、臨床的ニーズの重要性を認識する、③ベストプラクティスを明らかにし共有する、④効率とともに医療の質を重視し、⑤手続きの煩雑さを排除し取引費用を削減する、⑥単年度主義を改め、3年から5年の契約により「質」を高めるようにする、⑦理事会の閉鎖性をオープンにし、市民参加を歓迎する、といった点を挙げている。

こうした試みは、NPM の枠組みで把握することが可能である。それは第一に、医療の目標を設定し、「根拠に基づく医療」を行うことであり、第二に現場による意思決定を重視するという点であり、第三に評価の重視である。公正を重視する取り組みとしては、「健康の不平等」に関する調査委員会を構成し、健康格差を是正するための計画を策定し、政府文書でも貧困や失業と不健康の関連を認めたという点がある。そして評価のために PAF という数百項目にも及ぶ指標体系を構築している。しかしこうした努力だけでは不十分ということで、現在、医療費を5年間で1.5倍に引き上げる計画を策定し、医療供給面の改革に着手している。

以上、3カ国の NPM の動向について、報告者の論旨をまとめてきた。それを踏まえ、最初の問題意識に遡り、いくつかの点を指摘すると、次のとおりになる。①NPM の運動は、これらの3カ国に大きな影響を与えたが、医療領域においては効率性の側面では、否定的である（ニュージーランドにおける公立病院の独立企業化の失敗など）。とりわけ、低医療費政策によるイギリスの医療現場の荒廃はひどいと指摘されている。②国際比較という面では、いずれもアングロサクソン系とはいえ、もともと民営化、市場が中心で、高齢者、貧困者に限って公的医療保障制度を導入しているアメリカ合衆国と、戦後、福祉国家の代表的存在であって、その後方向転換したイギリス、さらに、イギリスの影響を受けつつ独自の改革を志向しているニュージーランドでは異なるという点を指摘できる。さらに、NPM の射程にとどまらない行政改革を志向している諸国（例：ドイツ、北欧型など）や、日本における行政改革、構造改革の評価も必要であろう。そこでは、財政難という状況のなかで、改革が推進されたという点や、効率性を志向したといった普遍性があるが、現在、公平性との両立がより強く迫られている。

さらに③イギリス、アメリカ合衆国では、とりわけ政策評価が推進されたという

特色がある。両国とも医療関係の指標体系は精緻であり，例えばイギリスでは，すべての病院，トラスト，地域別，全英の数値なども公表されている。また，アメリカ合衆国もデータは豊富で，医療の質を臨床指標で測定し，州ごとに経年変化をみることもなされており，プログラム評価も充実している。わが国の中央官庁レベルの政策評価は，2002年から実施され，実績評価などが行われている。厚生労働省は，他の中央官庁に比較して精緻な指標体系を構築しているが，不十分といえる。またわが国では，日本医療機能評価機構が病院の評価を行っているが，評価を受けている病院数はきわめて不十分である。④NPM改革が成功したかどうか，今後さらなる検証が必要といえる。むしろ改革の結果，医療部門のコストが高まったという事実もあり，次のステップに進むべきかには慎重な検証を要する。本分科会の検討から得られた日本への示唆は，大きくは政策評価および臨床指標の充実ということになるが，そのためには，今後十分な検討が必要とされる。わが国においては，財政難のなかで，現在サラリーマンの本人負担が3割となっているが，効率性と公平性の両立を志向する試み，その評価を医療システムのなかにビルト・インしていくことが必要となろう。

●第8分科会
社会政策の政治学——福祉国家変容と政治対抗——

座長　宮本太郎　Miyamoto Taro

　社会政策学の学際的な発展のなかで，政治学はこれまでもその一端を担ってきたが，今日の社会政策をめぐる内外の状況をみると，政治学がいっそう大きく貢献しうる条件がうまれていることが感じられる。社会政策の枠組みにかかわる大きな変容が次々に生じており，そのマクロな構造分析や背後の権力対抗についての理解を深化することが求められているのである。実際のところ，欧米においては近年，社会政策や福祉国家を対象とした政治学が理論的にも実証的にも数多くの優れた研究をうみだしている。

　この分科会では，社会政策と福祉国家をめぐる近年の政治的対抗をとらえながら，それがいかなる理論的・実証的な研究に結実しているかを概観することを目的として設定された。分科会は3つの報告によって構成された。第1報告は，新川敏光（京都大学）によって行われ，福祉国家をめぐる政治対抗をとらえる理論枠組みがいかに形成され変化をしているかを論じた。住沢博紀（日本女子大学）による第2報告は，これまで福祉国家の主要な推進勢力であった労働運動や社会民主主義の戦略にいかなる変化がうまれ，それが福祉国家の制度や政策にどのような影響を及ぼしているかを検討した。さらに宮本による第3報告は，福祉国家形成に反対してきた右派の勢力が近年どのような動きをみせているかを，欧州の福祉ショービニズムの検討をとおして分析した。3つの報告の要旨は大概以下のようである。

1　福祉国家の政治分析

　政治学あるいは政治社会学の視点からする福祉国家の比較類型モデルは社会政策学にも重要な影響を及ぼした。たとえば，周知のエスピン・アンデルセンの類型モデルをもとに，ジェンダー論などの個別政策の水準で発展，深化させたり，あるいはモデルの妥当性を問い直したりする議論が積み重ねられてきた。この福祉国家の類型モデルの基礎にあったのは，権力資源動員論，すなわち労働運動や社民党の議会議席などの権力資源の動員が福祉国家を発展させ，また逆に，福祉国家の発展がこうした権力資源の動員にとって有利な状況をつくりだす，という考え方であった。労働運動の影響力が社民党をとおして直接に福祉国家形成に反映したケースが社会民主主義モデルであり，保守主義勢力や自由主義勢力によって福祉国家形成が代替

されたケースが保守主義モデルであり，自由主義モデルであった。

権力資源動員論は，福祉国家の制度分析のいわば通説の位置を占めることになったのであるが，これに対して近年，いくつかの批判も現れている。たとえばそれはI・マレスのように，福祉国家の形成にあたって資本あるいは経営者の果たした積極的役割を見直そうとする議論である。福祉国家はある条件のもとでは，労働生産性を向上させることで経営者の利益と一致する。たとえば，失業したとたんに獲得した技能がむだになってしまうようなことがあれば，労使双方にとって能力開発に投資するリスクが大きくなる。こうしたなかで，所得比例型の失業保険制度は，労働者が従前の所得水準を維持しながら同種の仕事を探すことを可能にし，このリスクを軽減する。さらには，資本と労働という対抗関係ではなく，それぞれの一部が福祉国家形成あるいは労使関係の集権化のために相互に連携をするケースも指摘されている。P・スヴェンソンのいう階級交叉連合の形成である。

さらに権力資源動員論に対しては，福祉国家をめぐる政治の構造転換という観点からの批判も現れている。すなわち，たしかに福祉国家の形成過程については労働運動の強いイニシアティブがみられる。しかしながら，福祉の削減が問題となる新しい福祉国家の政治においては，状況は大きく変わっている。ここでは，福祉国家の制度そのものがうみだす新しい利益集団，たとえば年金受給者団体などが，新しいアクターとして登場し，福祉国家の削減に対する抵抗勢力となる。したがって，こうした新しい福祉国家の政治においては，労働運動の政治的影響力が低下しても，それはそのまま福祉国家の後退にむすびつくものではない。同時に，新しい福祉国家の政治を特徴づけるのは，K・ウィーバーのいう非難回避の政治である。ここで福祉削減の旗を振ることは，政治家にとっては再選上決して得策ではないために，その責任を直接問われることがないように，さまざまな政治的手法が動員されるのである。

2 社会民主主義の変容

新しい福祉国家の政治は，たしかにそのアクターや争点を変化させている。ここで問われてくるのは，労働運動や社会民主主義が福祉政治の変化にいかに対応していくかという問題である。いわゆる「第三の道」をめぐる議論は，そのような試みの一端であった。またこれと関連して，90年代の終わりには欧州各国において中道左派勢力が勢力を伸ばした。

住沢によれば，中道左派の復権を支えた条件は以下のようなものである。すなわち，欧州通貨統合第三段階において，緊縮財政がいわば与件化したこと，他方にお

いて，80年代の新保守主義政治の限界が浮き彫りになったこと，フランスやイタリアのように保守主義勢力のなかで極右と保守の分裂傾向が現れたこと，あるいはグローバル化や知識資本主義の新しい可能性を追求しようとする動きが左派のなかで強まったこと等である。

しかし，中道左派と総称された勢力の政治的なアイデンティティや，その改革路線の実現可能性については，その後の展開のなかでさまざまな問題が浮き彫りになった。

まず，いくつかの重要な政策理念にかんして，中道左派のなかでのアプローチの相違は想像以上に大きなものであることが明らかになってきた。たとえばワークフェアや「働くための福祉」といった議論をめぐるイギリスとスウェーデンのアプローチの相違があげられる。前者に対して後者は福祉国家の再分配機能をより重視する姿勢を崩していない。また，労働市場の柔軟性をいかなる条件で承認しすすめるかという問題，すなわちフレクシキュリティ flexicurity をめぐる戦略も，これを積極的にすすめようとするオランダと，どちらかといえば慎重なドイツでは態度が異なっている。

また，とくにドイツ，フランス，イタリア，オーストリアのような，保守主義レジームに括られる国においては，第三の道の提起するような改革を実現することがとくに困難であることがしだいに明らかになっている。

住沢報告は全体としては第三の道アプローチの切り開いた可能性を評価するものであったが，同時に，第三の道が必ずしもひとつのベクトルを示しえたとはいえないことも明確にされた。

3　福祉反動と右翼ショービニズム

欧州政治において，中道左派政権に代わって新たに注目を浴びるに至ったのは，新しい右翼の台頭である。99年のオーストリアの総選挙でハイダーの自由党が大勝した後，排外主義的な右翼政党の進出を背景に右派政権が中道左派政権を次々に覆し，そのうちオーストリア，イタリア，オランダでは右翼政党が政権に加わった。北欧では，2000年にノルウェーにおいて労働党政権が，また2001年にはおいてはデンマークで社民党政権が政権を失い，それぞれ右翼の進歩党（ノルウェー）と国民党（デンマーク）が新政権の政策運営のキャスティングボートを握るに至った。

新しい右翼は，かつてのファシズムに比べて，次のような特徴をもつ。まず，旧中間層の支持が強かったファシズムに対して，労働者階級の支持が目立つ。議会制民主主義に対して真っ向から挑戦したファシズムに対して，新しい右翼は代議制民

主主義を少なくとも表面的には否定しない。さらに，反資本主義的なイデオロギーを前面に出したファシズムに対して，新しい右翼は資本主義的な業績原理の擁護を掲げる傾向がある。

しかし，同時に注目されるのは，北欧などでは新しい右翼は福祉国家を積極的に擁護したうえで，外国人労働者や移民を福祉国家の対象から排除することを主張していることである。この点は先にあげたデンマーク国民党やノルウェー進歩党の主張に明らかである。北欧の福祉国家は，ある種のワークフェアあるいはアクティベーション原理に基づいて構成されていた。したがって，福祉国家を擁護することと，業績原理を掲げて「フリーライダー」を糾弾することは矛盾しないのである。こうした立場は一般に福祉ショービニズムと呼ばれる。つまり，新しい右翼は当該福祉レジームの特徴によって異なったタイプが現れつつあることになる。すなわち，自由主義的レジームでは，より新保守主義的な右翼が台頭した。これはかつて福祉反動 welfare backlash と呼ばれた流れである。これに対して，福祉国家の正統性が定着した社会民主主義レジームでは，福祉ショービニズムが影響力を拡大するのである。

4 ま と め

福祉国家をめぐる政治の変化は，一方においてこれまで福祉国家の推進主体であった社会民主主義の戦略転換を促した。キッチェルトはこの転換が新しい右翼の台頭とも連動していると主張する。キッチェルトが考えているのは，新社会民主主義が環境や女性などより脱近代的な価値を主張するようになったことに対する反動が，新しい右翼というかたちで現れるということであった。もちろん福祉政治の変容と新しい対抗関係は，脱近代―近代軸に還元できるものではなく，より立ち入った分析を必要としている。本分科会における議論は，その手がかりをいくつか提供したといってよいであろう。フロアとの討論のなかでは，福祉国家体制が従来の経路依存型発展を続けているのか，あるいはグローバル化にともなう「底辺への競争」が開始されているのかがひとつの論点となった。この問題に対する解答自体が，福祉国家をめぐる政治的対抗関係のなかで決定されていくということができよう。

●第9分科会
家内労働・小規模生産の可能性―歴史的視点による再評価―

座長　小野塚知二　Onozuka Tomoji

1　企画の趣旨と意味

　「労働」への学問的な関心は，哲学的あるいは法学的なそれを除くなら，イギリス産業革命期に始まるといって大過ないだろう。ことに19世紀初頭から続々と登場したパンフレットやルポルタージュの類は，労働の実態や現場を文字の世界に知らしめ，当時の経済学者，社会改良主義者，そして若き日のマルクスやエンゲルスにもさまざまな刺激を与えた。こうした関心の始まり方は，しかし，労働研究に際だった特徴を付与することになった。すなわち，まず何よりも，機械化された大規模な工場でのフルタイム・専業の労働が注目され，調査され，研究された。人類の歴史とともに古く，さまざまに営まれてきた労働のうち，上に述べたような労働が近代産業社会を代表するものと考えられたのである。
　労働史にも同様の偏りがある。近代的な工場労働に近代産業社会の重要な特質が表現されているとか，工場労働を通じて労働者階級の主体性は形成・陶冶されるとかの論拠が偏りを正当化する理由であった。あるいは，経営内分業の進展，機械・設備への巨額の投資，および動力機の登場が，労働に外在的な規律をもたらし，新しいタイプのフルタイム・専業の働き方を生み出したと考えられてきた。
　さらに，上述の偏りは，変化を解釈するという歴史研究に固有の要素にも影響している。たとえば，機械化された工場は旧来の労働のあり方を，それゆえ生活や家族や地域社会を根本的に変革すると考えられてきた。こうした変化こそがトインビーやマントゥーの「産業革命」の本質的な意味であった。むろん彼らの産業革命論においてすでに，産業革命以降も，家内労働，小規模生産や，機械化されない分野が広範に存在したことは知られているが，それら（変化しない部分）はしばしば，「古いものの残存」と解釈されてきた。
　翻って，いまでは，近代的工場労働なるものがそれほど不変でも普遍的でもないことはよく知られている。大量生産方式とそれに特徴づけられた近代的工場労働の行き詰まりが問題視されるようになって久しく，近年では柔軟な分業，SOHOやテレワークなどの小規模・分散的な労働の可能性が論じられている。実は，大量生産型とは異なる産業と労働のあり方は，近代産業社会においてすでにさまざまな分

野・時期に存在していたのである。この分科会は，小規模・分散的な労働が果たした役割とその基盤，そのありえた可能性を検討することをめざして，第1次大戦前の日本とフランスの織物業の事例を取り上げる。

2 家内労働から工場労働への連続性

佐々木淳氏（龍谷大学）の報告「1910年代における日本在来綿織物業の工場労働」は，播州縞木綿生産の事例から，そこでの工場労働の興味深い特質を描き出した。すなわち，日本の在来綿織物業は日露戦期から第1次大戦期にかけて生産を飛躍的に拡大したのだが，その過程では豊田式力織機をはじめとする簡便・安価な国産の木鉄混製小幅力織機が広く導入された。兵庫県多可・加東・加西の三郡にまたがる先染縞木綿産地でも，1910年前後に小幅力織機を備えた工場（職工50人程度）が織元によって設立された。同地では，こうした織元自家工場に加え，近隣機業家の小幅力織機工場（職工10人程度）に対する前貸し問屋制に補完されて，この時期の堅縞の生産拡大に対応し，小幅力織機では製造できない格子縞は，足踏織機や手織機を備えた零細工場や賃機農家への前貸し問屋制で生産していた。

佐々木報告が注目するのはこのうち，織元自家工場での労働態様である。播州縞木綿産地を代表する織元である岡田家の小幅力織機工場（1907年設立）では，1917年に44台の織機を31人の製織女工が担当していた。就業日数の判明する1〜24号機を操作した10人についてみると，一番長く働いた者でも2ヶ月中の就業日数は24日間に過ぎず，これを含めて20日以上就業が4人であるのに対して，残りの6人は20日未満しか働かなかった。女工が全員出勤しても織機はフル稼働するわけではないし，その女工は毎日出勤したわけでもないのだ。しかも，女工の製織労働には，1人で昼業を繰り返す通常のパターンのほかに，2人1組で交替しながら昼夜業をこなすさまざまなパターンもみられ，就労実態は柔軟かつ多様であった。高価な機械・設備と集中動力を遊休させないために，出退勤，遅刻・早退・欠勤，休憩など労働者の時間を緻密に規律化し，寄宿舎に住み込ませて軍隊的な規律の下に管理するといった，19世紀イギリスの繊維産業や近代日本の製糸工場に観察される労働とは，相当に異なる実態が播州縞木綿産地の工場労働を支配していたのである。

岡田家の製織女工の退職事由で最も多かったのは「家事ノ都合」であったが，報告者はこうした退職および復職の事例から，女工の出勤・就労パターンは，その自宅での家事労働・農作業の都合に大きく左右されていたと推測する。こうして，岡田家工場の女工は，これまで近代的工場労働者としてイメージされてきたフルタイム・専業の労働者ではなく，兼業・パート的な労働者なのである。また，岡田家の

製織女工の労働量は，1回につき20反分の「経布」（整経された経糸）を渡され，それを織り上げると次の20反分の経布が渡されるという仕方で管理されていたのだが，これは外部の賃機に格子縞を委託する際になされていたのと同一の仕方であった。また，上述の柔軟・多様な就労パターンは，工場設立以前になされていた農家女性の副業の就労パターンと変わりがない。

これまで経済史・労働史研究では概して，機械制の工場生産は，旧来の手工的技術に立脚した家内生産はもちろんのこと，集中作業場を有するマニュファクチュアとも隔絶した生産・労働のあり方を産み出さざるをえなかったと考えられてきたのだが，播州岡田家の事例は，機械制工場の成立によって労働の場所こそ変わったものの，工場労働の内実はさまざまな点で，農作業・家事労働の合間の家内製織労働と強く連続していることを示している。それゆえ，播州縞木綿産地が1910年前後に経験した力織機導入・工場設立は，同地の旧来の産業のあり方と革命的に断絶しているわけではない。それは力織機化の不徹底ではなく，むしろ，上述のような機械化・工場化こそが，綿布の需要動向に即応して多品種少量生産を積み重ねる産業発展を可能にした重要な条件でもあったのである。

3　モード産業における小規模生産

人見論典氏（筑波大学）の報告「フランス絹リボン工業における小規模生産と労働」は，これに対して成人男性の専業で担われた産業の独特なあり方を観察する。人見氏は，フランス経済における小規模・分散的な産業のあり方は，フランスの農村社会的特質や，工業化に取り残された伝統的・固定的な要素から説明されてきたと理解するが，この報告は「モード現象」に注目して小規模生産の積極的な意義を問い直す。貴族のように生得的に自己を他の階層から区別しうる社会的記号をもたないブルジョワジーは，消費を通じてかかる記号を獲得しようとし，その結果，奢侈品の需要変化は速まり，不安定となった。サンテティエンヌ（Saint-Étienne，ロワール県）の絹リボン工業は高級品を得意とするだけに，製品はきわめて多種多様であり，しかも，月単位で需要が変動するといった具合で，強くモードに影響されていた。

その生産組織は織元（fabricant）とアトリエ親方（chef d'atelier）から構成される小規模分散的なものだった。サンテティエンヌに200人弱いた織元はそれぞれモードの変遷を読みながら何種類もの見本リボンを製作し，その中から商品化するものを選択して，アトリエ親方に製織を委託する。アトリエ親方は市内および近隣の農村・山間部に6000人ほど存在し，住居兼用の作業場（atelier）に2ないし3台ほど

の織機を所有していた。彼らは織元を訪れてリボンの種類，幅，量，15メートルごとの工賃，納期などについて交渉し，契約が成れば，原料糸と紋紙を受け取って帰宅し，自家作業場で雇い職人や家族とともに，契約されたリボンの製織にあたった。本格的な作業に入る前に，最初の数センチ分のリボンを織元に見せて契約どおりの色・デザインであることを検査されなければならなかった。4～6週間後に織り終えたリボンを納入して，工賃を支払われ，そこから雇い職人の賃金を支出した。

織元は毎年百種類以上のリボンを製造販売したのだが，そのうちには1回しか発注されないものも少なくなかった。1台の織機で新たなリボンを織るためには準備に数日を要するため，こうした極端な多品種少量生産の場合，織元は多数のアトリエ親方に発注を分散させるのが合理的であった。多様な高級品を持続的に生産することがサンテティエンヌ絹リボン工業の強みであると当事者たち（ファブリカンとアトリエ親方の双方）に認識されていたが，その強みはこうした生産組織によって可能となった。低廉均質の製品を供給する大量生産とは異なる，モードという原理に対応するために戦略的に選ばれた生産のあり方だったのである。

4　むすびにかえて

これら両報告のあと，質疑討論に移り，報告者のほかに14人の参加者が発言した。佐々木報告については，岡田家工場の昼・夜業の時間は誰がどのように決めていたのか，また，家内労働・問屋制から工場制への移行を決定した要因は何であったかという議論がなされ，佐々木氏は，報告ではいずれについても労働供給側の要因を重視したが，他の要因の有無・作用についても検討すべきであると応えた。人見報告については，織元とアトリエ親方の関係や交渉・契約プロセスに関して議論が集中し，人見氏はそれらを誘導する何らかの型のありえたことを示唆した。なお，当日は充分に触れることができなかったが，小規模・分散的な労働の可能性に迫るためには，そうした労働がなされ，ありえた条件だけでなく，いかなる状況においてそれが衰退・変質したのかについても考察する必要があるだろう。今後の研究と議論の進展に期待したい。

●第10分科会
雇用保険制度の行方―失業時の所得保障のあり方をめぐって―

座長　大須眞治　Osu Shinji

　本分科会は，都留民子氏（広島女子大学）による「フランスの失業者への生活保障」と布川日佐史氏（静岡大学）による「ドイツにおける失業対策の動向」の2つの報告を柱に構成された。このような分科会を企画した意図は，外国の制度との比較により，日本の雇用・失業政策をどう評価するかという課題に接近することであった。
　現在，日本が深刻な失業に直面していることは周知のことであるが，このような事態に対応して失業者の生活保障の制度としては，雇用保険が現存しているほぼ唯一のものという状況である。この雇用保険も深刻な失業に直面して財政破綻の状況に陥り，2002年4月，2003年5月と相次いで「改正」され，かろうじて破綻を免れているのが現状である。日本のこうした状況に比べてフランス，ドイツの状況はどのようになっているかを参考に，日本の雇用保険の現状を考察する手段を得ようとするのが，本分科会を設定した意図であった。
　当日は100名を超える参加者があったが，日本の雇用保険の現状について，参加者が共通の認識を得るため，私が簡単なコメントを行い，次いで2つの報告が行われた。
　私のコメントは，次のようなものである。現行雇用保険は，もともと離職してから1年以内の失業者に対して求職者給付を行うことを目的とした制度で，給付日数は最高でも330日で，それも解雇・倒産による離職者，被保険者期間20年以上，45～60歳という条件を満たす者に限定されている。雇用保険以外に国家責任による国民の最低生活保障を行うものとして，生活保護法があるが，これは労働能力をもつ者に対する運用が厳しく，失業者の生活を保障する制度になっていないのが現実である。失業者の生活保障としては雇用保険がほぼ唯一の制度であるにもかかわらず，それによる保障は，特に期間の点できわめて薄弱であることを指摘した。
　次いで都留報告が行われ，その内容は次のようなものであった。
　フランスでは1980年代の失業の大量化に対応して，失業者の生活保障施策が実施されてきた。その内容は，消極策である失業保険，失業扶助，参入最低限所得保障（RMI）だけでなく，公的雇用・国庫補助雇用等にまで及んでおり，いずれも，長期失業に対処できている。

Ⅱ　テーマ別分科会・座長報告

　フランスの失業対策を理解するうえで重要な前提は,「誰を失業者とするか」ということで,日本で考えられているよりもずっと広く捉えられている。1967年に雇用庁（ANPE）が創設されて以後,確定してきている考え方は,失業者は,「不就労者」ではなく「求職者」（ANPE に登録している）である。また,ANPE 登録のみで失業者とされる（55歳以上の場合は,求職活動も免除される）失業保険は,労働契約が終わったものを対象とするが,再就職しても月137時間未満の就労であるか賃金が失業以前の70％未満であれば,一定の所得制限のもとで手当は支給される。このように不安定就労者も失業者対策の対象にして1）積極策と,2）消極策が行われている。

　1）については①国・自治体の職業養成,②民間企業への補助金支給による雇用創出,③公的セクター等による補助雇用・雇用創出に対する賃金補助などである。

　2）については①失業保険：雇用喪失（辞職者を含む）し,労働能力のある失業者を対象とするもので,失業以前賃金の最高75％までが補償される制度。②特別連帯手当（ASS）：失業保険を使い切った長期失業者等への国庫による定額給付。③参入最低限所得（RMI）：1988年に,失業保険も失業手当も受けられない失業者に対する第3の失業手当として創設されている。これらの支給期間をみると,①の失業保険では2003年の法改正で,大幅短縮となったが,最高は過去36カ月のうち27カ月以上保険加入した人で50歳以上の場合,36カ月（以前は60カ月）となっている。②の特別連帯手当は①が終わった後に支給されるもので,6カ月ごとにインカム・テストが行われ,条件を満たす限り更新され支給期間の制限はない,とされている。2002年末の失業保険と ASS の需給者は,「完全失業者」245万人を上まわる250万人である。

　このような複合的な失業対策が存在しているにもかかわらず,依然として「貧困」の問題は解決されず,少なくない人がパートや不安定就労を余儀なくされている。1997-98年の冬には ASS と RMI の保障水準の引き上げを求める失業者組織の大集団行動が起こった。失業者たちの要求は「適切な雇用まで待機できる所得を」というものであった。

　続いて布川報告では,都留報告とは異なって地方福祉行政機関へのヒヤリングを基にする調査と断りつつ,最近のドイツにおける失業対策の動向が報告された。報告の焦点にされたのは,2002年8月に発表された「ハルツ委員会報告」で,失業者に対する生活補償金銭給付の改革,就労支援サービスの改革などの状況および2003年4月「アジェンダ2010」について報告され,それについての評価点などが示された。

現行の生活保障金銭給付は①失業保険給付（労働事務所）：給付期間は原則12カ月で，最長は32カ月，②失業扶助給付（労働事務所）③生活扶助給付（社会事務所）の3本立てになっている。そのうち，①を失業手当Ⅰ，②③を統合して失業手当Ⅱとして，2本立てにし，連邦雇用庁の下でジョブセンターなどにより一元的な援助をしていこうとするものである。これによって給付の効率化を図り，早期の職業紹介，相談・紹介・就労支援の統一を図ることが改革の目的とされている。こうした新しい施策を導入するためにすでに，2003年1月1日よりジョブセンターの創設，4月1日より「ミニジョブ」の基準額変更，1月1日より失業扶助運用基準の変更，2002年11月からは失業者新規雇入れ企業への援助などが行われていることが報告された。最後にこれらの改革についての評価が提起された。

改革により，要扶助状態にある失業者の生活保障の水準が失業扶助のそれから社会扶助のそれへと水準が切り下げられること，失業扶助受給者180万人のうち70万人が新しい失業手当Ⅱの対象にならなくなるおそれがあり，給付対象者の削減が行われること，協力義務を満たさない場合，受給権そのものが認められないというように制裁の強化が行われていることなどが問題点として提起された。さらに就労援助についてその人にあった就労先を提供できるようなサービスが可能かどうかなどが課題になるという問題点が示された。

2つの報告に引き続きすぐに討論に入ったが，限られた時間のなかに2つの報告とさらに座長コメントをも含めたため，討論時間は短いものとなってしまった。限られた時間にもかかわらず重要な論点が提起されたが，議論をつくせず，今後さらに検討を深める課題として残された。

出された論点を示すと，以下のようになる。①ドイツにおける1980年代の扶助の増大は，難民の問題と関わっているのではないか。ケルンのNPOの実態はどのようになっているか。労働組合の制度運営への関わりはどのようになっているか。ケルンで若い失業者の多くは外国人難民である。②フランスのRMIは，第3の失業手当として位置づけられるものなのかどうか，RMIの位置づけについて検討が必要ではないか。③ドイツで失業手当が社会扶助にされた場合，スティグマの問題が新たに生じていないのか。④失業保険の運営について，保険原理の場合，管理・運営は当事者管理の思想があるのではないか。⑤ドイツにおいて州・都市での就労促進の効果はどうなっているのか。

●第11分科会
IMF 危機後の韓国社会政策報告

座長　伊藤セツ　Ito Setsu

　社会政策学会幹事会は，学会大会時に国際交流的セッションをもつことを計画してきたが，なかなか具体化しなかった。第106大会で，幹事の一部の努力が実って，試行的に，テーマ別分科会に韓国の研究者2名を招いて国際交流的研究報告セッションがはじめてもたれることとなった。それが，「IMF 危機後の韓国社会政策」という分科会であり，私が幹事会の指名で座長をつとめたので分科会の内容を報告する。
　第1報告は，延世大学社会福祉専門大学院の Lee, Hye Kyung 教授による「金大中政府の"生産的福祉"—その歴史的意味と残された課題」と題するものであった。整然とした長文のフルペーパー，深い内容，あたたかなものごし，冒頭日本語で始まるプレゼンテーションが，会場の一同をひきつけていった。
　Lee, Hye Kyung 教授の報告は次のようであった。
　1997年末韓国を直撃した金融危機後に誕生した金大中政府が，一方で IMF と世銀の構造調整要求を実行に移し，起業，金融，公共部門などあらゆる分野において，グローバル資本主義の標準に合致するための広範囲な新自由主義的経済改革を進めながら，他方で社会民主主義と新自由主義の要素の共存する「生産的福祉」の青写真を提示し，過去の歴史のなかで類例をみない福祉改革と福祉財政充実を推進した。すなわち，金大中政府は，1999年以降に，社会福祉需要の激増に対し，「市場経済」「民主主義」の2つの軸に「生産的福祉」を加え，明確に，公共福祉の整備・拡充を選択し推進したのである。この新自由主義的構造調整と福祉国家の超高速拡大の同時進行という実験の性格と本質は何かを明らかにするというのが報告のねらいであった。
　報告は，①IMF 危機と金大中政府の「生産的福祉」の構造的特徴，②金大中政府の社会福祉改革の具体的内容の紹介，③当面する課題の3部からなりたっていた。
　①では，1999年，金大中は，「中産層の育成と庶民生活の向上を目標とする人間開発中心の生産的福祉」を約束した。大統領秘書室・生活の質の向上企画団による『生産的福祉への道』(1999) によれば，生産的福祉は，人権・労働権・社会的連帯を哲学的基礎とする民主的—福祉—資本主義体制として解釈することができる。言い換えれば，生産的福祉は民主主義と市場経済，そして福祉の統合的な理解を前

提とする民主的―福祉―資本主義体制に関する論議の外延を拡大し内容を深化させたといえる。この生産的福祉体制は3つの構造的特徴をもつ。第1に，福祉に対する国家責任を強調する，第2に，同時に市場の秩序やその機能を最大限に担保する，第3に，労・使・政の社会的パートナーシップを形成する，というものである。Lee, Hye Kyung 教授は，生産的福祉は「基本的保障・人権開発・参画福祉」を根幹とする民主的・福祉・資本主義体系であり，人間開発や参画福祉および福祉多元主義を強調している点では，社会権の積極的拡大を主張する社会民主主義路線と市場経済の活性化を主張する新自由主義路線を統合的に克服しようとするブレア流の「第3の道」に近いが，「第4のモデル」を指向しているかどうか不明であるとしている。

②では，Lee, Hye Kyung 教授は，金大中政府の社会福祉改革の具体的特徴を，総支出規模の増加，国民基礎生活保障制度の実施，社会保険の適用対象の普遍化の3点とし，公的扶助の改革，社会保険の改革（国民年金，医療保険，産災保障保険および雇用保険），社会福祉費支出の拡大の順で改革の内容と争点を詳細に説明された。これらは，盧武鉉政府（参与政府）の「参与福祉」に引き継がれ，その本質はまだみえてこない。

③今後の問題としては，盧武鉉政府の「参与福祉」は，金大中政府の生産的福祉とは差別化した路線になるのではないかと予想される。新政府の課題は，第1に，国民基礎生活保障制度と社会保険制度の内実化，第2に，社会権の保障という古典的課題と，新たなフレキシブルな労働市場と蓄積体制に対する適応である。

第2報告は，ソウル大学社会科学部 Chung, Chingsung 教授の「金大中政府の女性政策」であった。Chung, Chingsung 教授は，東大社会科学研究所にも席をおかれた経験のある方で，社会学が専門である。報告は，1．金大中政府の女性政策を決定した変数，2．金大中政府の女性政策の内容，3．労働者と母としての女性の権利：女性労働および女性福祉政策，4．女性の市民権，5．女性機構および法・制度整備，6．女性運動とジェンダー・ポリティックスという6つの柱が立てられていた。

第1の柱については，韓国の女性政策の歴史は長くはないが，金大中政府は，当初から親女性政府として出発したが，同時に経済危機のもとで，IMF との協定を執行する危機管理政府でもあった。すなわち，金大中政府の女性政策は，民主化以降発展してきた女性政策自体のメカニズムと危機管理および生産的福祉政策という2つの軸が交差してできあがっていた。金大中政府において，女性政策の遂行と市

民社会における女性運動は，人的・物的に深いかかわりをもっている。このようななかで，金大中政府の女性政策を決定した変数は，「危機管理政策のなかでの生産的福祉」，「女性運動」，「民主化」，および，国際社会の圧力・女性運動・民主化による「女性政策の発展」ということができよう。

第2の柱については，韓国では，1995年に女性発展基本法が制定され，1998年から2002年に第1次女性政策基本政策が執行されていたが，金大中政府のもとでは，女性省（部）が設立された。金大中政府の女性政策の内容は，女性を対象とする政策（労働・福祉・性・人権・家族・女性代表制・国際協力・統一への寄与）と，それをサポートする法・制度・機構（政府の女性専門機構および各種法整備）の発展に分けられる。

第3に，労働者と母としての女性の社会的権利を保護するための女性福祉政策について，Chung, Chingsung 教授は，①金大中政府の政治的性格と生産的福祉と女性政策のかかわり，②女性労働政策としての雇用，平等，母性・育児問題の取り組み，③社会保険，公的扶助，社会福祉サービス等の女性福祉政策をとりあげた。

第4に，女性の市民権の問題は，女性政策は経済危機管理政策と生産的福祉と直接関連をもたずに展開され，これまでの民主化路線の延長上でとりあげられた。まず，①女性暴力・人権分野は，韓国では1980年代末に関心がよせられているが，外国人女性・障害者・同性愛者・売春女性等への政策は欠けている。暴力に関しては，1997年「家庭暴力防止法」が制定され，90年代末にかけて補完政策も打ち出されている。売春に関しては，2000年に「青少年の性保護に関する法律」が制定された。また，金大中政府の人権政策の重要なものに日本軍慰安婦問題を政策課題として可視化した点が挙げられる。②2002年に政党法を改正し，議員の一部に女性の割り当て制がとられた。2002年には，これによって地方議会広域議員比例代表の67.1％が，女性となった（国会議員は2000年で6.2％）。各種委員会の女性比率は2002年で30.1％である。

第5に，女性機構としては，IMF 危機管理政策の予算削減，小さな政府志向に反するため，思うような活動はできなかった。まず，大統領直属の女性特別委員会を新設し，さらに法務・行政・保健福祉・農林・教育・労働部における女性政策担当官室を設けた。これは，女性政策の主流化の方向であり，経済危機状況がある程度沈静した後，ナショナル・マシーナリーとしての女性部に発展させたのである。法・制度整備および意識改革政策に関しては，女性政策基本計画樹立と推進のほか，男女差別禁止および救済に関する法律の制定，女性差別を是正する法の改正のほか，金大中任期の5年間に多くの法整備を行った。

第6に，女性運動とジェンダー・ポリティックスについてである。長官をはじめとする女性部の職員，各部署および地方自治体の女性政策担当官には，多くの人々が女性運動団体から採用された。女性政策基本計画など新しい政策が行われる際には，女性団体は事前に案を作成して女性部に提出してきたし，新たな法案の制定・改正の試案を女性団体が作成した。しかしここにも問題があり，政府と市民団体の協力関係のあり方も問われている。

　以上の点をのべたあとで Chung, Chingsung 教授は，一般女性を対象とした政策が拡大される反面，保護を要する女性に対する政策の発展が遅れていること，戸主制度の廃止，ジェンダー統計の構築など課題が残されていることも指摘された。また，ジェンダー主流化が女性政策の基本理念になっているようにみえながら，それに対する体系的な概念定立が行われていないこと，発展の哲学や長期的な展望が粗末に扱われた点が，金大中政府の女性政策の基本的な弱点だったとも指摘されたのである。

　会場は約50人ほどが集まり，報告後の質疑も活発に行われた。質問は主に，第一報告者の Lee, Hye Kyung 教授の金大中政府の社会福祉改革の細部にわたるものが多かった。

　なお，これらの報告と質疑はそれぞれ母語でなされ，韓国からの留学生である東大大学院人文社会系研究科のおふたり（Lee, Hye Kyung 教授のお弟子さんの Kim, Sung-Won さんと Sung, Ensoo さん）によって逐次通訳がなされた。的確な日本語への通訳によって意思疎通がはかられたことに感謝したい。この始めてのセッションの経験を通して，社会政策学会の国際交流が軌道に乗ることを期待したい。

Ⅲ 投稿論文

新自由主義と福祉政策　　　　　　　　金　成垣
　—韓国の「生産的福祉」からの一考察—

新自由主義と福祉政策──韓国の「生産的福祉」からの一考察

金　成垣　Kim Sung-won

はじめに

　福祉問題における新自由主義的言説の核心は，市場経済と福祉国家体制とは両立しえない点であろう。そこで福祉国家体制の再編において何らかの新自由主義的指向のアプローチが台頭しつつある。多くの先進諸国はこのような傾向にあるものの，福祉問題はそれほどの進展がみられないのも現状である。ところで，韓国における特殊な状況による経済危機から発生した，いわば「生産的福祉」という概念は，福祉問題を考えるうえでいくつかの端緒を提供すると思われる。なぜなら，そこには韓国が経験した〈市場経済化と福祉国家化の併行〉という状況が反映されているからである。本稿においては，この「生産的福祉」と，それが反映している韓国的経験を検討することによって，「生産的福祉」の可能性を探ることにする。

1　問題の所在と本稿の課題

　本稿で用いる福祉問題は「福祉国家の危機」に端を発している。その主な原因は，グローバル化や新自由主義的傾向の進展，そしてそれにともなう福祉国家体制の揺らぎへの危機意識であろう。これらの問題点をただ個別的に指定するだけならば，それは容易なことである。より困難な問題は，これらをいかにひとつの枠組みのなかで議論するかであろう。その意味で，この問題は，経済効率を強調する市場経済論だけでも，そして福祉国家の不可逆性を論ずる福祉国家論の枠のなかだけでもおさまる議論ではなさそうにみえる。なぜなら，前

者は経済効率論＝成長論であるといえるのに対して，後者は，いうならば反経済成長論に通ずるからである。前者が自由主義的な含意を包み込んでいるのに対して，後者は共同体主義的な意味に関わりあうからである。今日，グローバル化によって福祉国家の衰退がいわれるなか，こうした互いに矛盾するような2つの立場をいかに読み取るかは，福祉政策研究の重要な課題のひとつであるといえよう。

ところで，このような今日の福祉問題を問うてみるうえで，近年の韓国の経験は注目に値する。なぜなら，韓国では1997年末，IMF救済金融を契機として新自由主義的な構造調整＝市場経済化が急速に進行してきたにもかかわらず，その一方で，福祉政策の分野においては，後で詳しくみるように，社会支出の急速な増加，国民皆年金・皆保険の実施，権利性を明確にした国民基礎生活保護法（以下，基礎法）の制定など，「福祉国家の超高速拡大」（イ・ヘギョン 2002：451）ともいうべきラディカルな変化や成長を経験したからである[1]。通常であれば，新自由主義の広がりは国民国家の自律性を弱体化して福祉国家の縮小をもたらすはずであるが（Mishra 1999：94-100），韓国の場合は，そのような状況でむしろ福祉国家化が積極的に進められたのである。このような〈市場経済化と福祉国家化の併行〉という韓国的経験は，前述の矛盾する立場をそのまま現実に反映しているといえよう。

本稿においては，以上のような韓国的経験と，それを反映している「生産的福祉」の理念と現実を考察することによって，それが今日の福祉問題に対してもちうる含意について考えてみることにしたい。そのため，まず第2節では，新自由主義の言説のなかで福祉というものがいかに捉えられているかを，理論のレベルで考察し，新自由主義と福祉政策との関係を提示しておく。そのうえ，第3節では，経済危機以後，韓国の福祉国家化を可能にした「生産的福祉」という考え方と，それが反映している実際の政策的状況を考察し，そして最後に第4節では，そうした韓国の経験が，新自由主義と福祉政策との関係性に対して示しうる含意を指摘しつつ，「生産的福祉」の可能性を垣間見ることにしたい。

2 新自由主義と福祉国家

(1) 福祉国家の危機と新自由主義の台頭

　今日における新自由主義の（再）登場は、戦後の「黄金時代」を通じて西欧先進諸国で一般的な正当性を確保していたケインジアン福祉国家の危機と関わらせて考えることができよう（ピアソン 1996：chap 2.）。福祉国家の危機を経済的な観点に即して考えてみると、福祉政策における新自由主義的傾向の台頭やその地球規模における拡散には、1970年代以後における西欧の経済停滞による福祉国家体制の破綻という背景があるのである。

　まず、オイルショックを契機として、福祉国家体制は大きな動揺に直面するようになった（武川 1999：chap. 2）。1970年代末以後、サッチャー、レーガン、コールなど、次々と先進諸国で新自由主義（広範にはニューライト）[2]を標榜する政権が誕生し、先進諸国では市場経済化と福祉国家の後退が行われるようになった。新自由主義にとって、福祉政策を含む公的部門の肥大化や完全雇用政策こそが、スタグフレーションを生み出す原因であるという認識が広がって、またそれが一定の影響力をもっていたのである（Mishra 1984：42-46）。このような流れのなかで、「市場の失敗」に対して公的介入政策をとるケインジアンの考え方から、「政府の失敗」に対して市場原理主義的立場をとる新古典派経済学の考え方に移り、公平性を重視する福祉国家体制から市場合理性を重視する新自由主義に転換する傾向が強くなったのである。

　さらに、冷戦時代の終焉後、世界システムにおけるアメリカの支配的地位の確立は、そのような傾向をより強めている。それまで新自由主義的な政策を採用してきたアメリカ経済の繁栄により、アメリカを中心とする新自由主義的なイデオロギーに基づく市場原理がグローバル・スタンダードという名のもとに、世界の隅々まで浸透してきていることは否めないであろう。とりわけ、1990年代以降、世界中の国々がアメリカの作った規則のもとで国際競争を行わなければならなくなり（武川 1999：132）、これまで国民国家という枠組みのなかで行われえた国家介入による経済・社会政策は不可能になりつつ、市場は効率的に

資源を分配し社会の均衡を保障するという前提のうえで，個人主義的で自助能力を基本とする市場原理が自らの領域を広げているのである。

このような新自由主義による市場経済化の進展は，当然ながら，福祉国家体制における福祉政策にも多かれ少なかれ影響を及ぼしており，世界の多くの国々において福祉供給における公的あるいは政府部門の縮小と，それに市場原理の導入がますます進行していることを観察することは難しくなくなっている。

(2) 新自由主義における福祉国家体制

福祉国家の危機に対する理論的な言説を整理したピアソンは，新自由主義による福祉国家批判の論点を次の6点に見出している（ピアソン 1996：96-98）。すなわち，①福祉国家は，投資インセンティブや勤労インセンティブを損なっている点で「非経済的」である，②福祉国家は，官僚制の急速な肥大化をもたらしている点で「非生産的」である，③福祉国家は，福祉供給や福祉制度の創設を独占することによって，消費者の利益よりは生産者の利益にかなうシステムを導くという点で「非効率的」である，④福祉国家は，莫大な資源を投入するにもかかわらず，貧困と欠乏を除去するのに役立たないという点で「非効果的」である，⑤福祉国家は，官僚制支配の拡張により，個々の市民やあらゆる共同体に対して社会統制の拡張を引き起こす点で「専制的」である，⑥福祉国家は，強制的なサービス供給によって個人の選択を否定する点で「自由の否定」である，という点である。ここでは詳細は省くことにするが，これらの諸論点は，結局「福祉国家は，福祉と自由を最大化する自由市場社会の基本原則にたいする，不適切で無原則な侵害であ」り，「それは，自由，正義，および真の長期的な福祉に相反する」ということである（*ibid*：98）。

いずれにせよ，以上のような意味における福祉国家体制の危機的状況であるならば，その解決法をも単純明快であろう。つまり，それは福祉国家体制の「解体」（少なくとも「後退」）に他ならない。伝統的な福祉国家の特徴であった社会権としての福祉を保障する国家の役割は縮小し，そこに何らかの市場メカニズムを導入することである（平岡 2000）。したがって，伝統的な福祉国家の目的が，エスパイン・アンデルセン（1990）が強調したような労働の脱商品化

にあるとすれば,新自由主義においては,労働の(再)商品化が強調される。このためには,国家介入は縮小し,これまで国家が供給してきた多様な福祉給付を可能な限り民営化あるいは市場化しなければならない(Ruggles & O'Higgins 1987)ことになる。

　もちろん,それにしても,新自由主義が福祉国家のすべてを否定するとは限らない。しかし,国家が福祉供給に参加するとしても,何らかの理由で,市場内部で生計をたてることのできない人々に対する最小限の所得を保障することに限定される(ハイエク 1987a:124)。ハイエクによれば,「自由社会は,全ての人に,ある最低水準の厚生を供与することは可能であるが,あらかじめ想定されたある種の正義の概念に従って所得を分配することとは両立しない」(ハイエク 1987b:70)。つまり,何らかの理由から不運に陥った人々に対する最低所得保障を与えることは容認されるにしても,制度的なモデルによる福祉政策は人々の自由を侵害するために,あるいは市場メカニズムを停止させるために認められない。いずれにせよ,ハイエクにとって,福祉政策は「必要悪」としての存在であるとしかいわざるをえない。

　いうまでもないが,以上のような新自由主義の福祉国家体制批判の底辺には,今日の主流経済学(新古典派経済学)の考え方が内在している。つまり,「市場とは(合理的な諸個人が自己利益を追求する「自由」さえ保障されれば)自動的に最適な資源配分を実現」し,「社会の均衡を保障する」という前提のもとで,介入主義的な福祉国家体制は,何らかの意味で悪とみなされ「なるだけ市場に任せて政府の介入は少なくした方がよい」(金子 2001:22-23)ということになるのである。ここから,「市場原理か国家規制か」「小さい政府か大きい政府か」「市場競争による効率性の追求か分配の公平性か」などといった二者択一の思考法が徹底され,その結果,〈市場経済化と福祉国家の後退〉に至るのである。

(3) 新自由主義と韓国的経験,その乖離

　市場原理や「小さい政府」を強調する新自由主義的傾向は,上述したように,今日のグローバル化の広がりとともに,より加速化していることは否めない。西欧先進諸国ではいうまでもなく,政府主導の経済開発を推進してきた開発途

上国では，過去の権威主義的政府の退去と民主政権の登場とともに，新自由主義的な発展戦略が導入されたし，旧ソ連・東欧社会主義の崩壊は世界経済をひとつの資本主義市場経済へと統合させた。さらに，世界貿易秩序としての解放と競争を強調するWTO体制の成立による経済グローバル化の進展によって，市場合理性や市場原理を強調する新自由主義的傾向はますます広がりつつあるといえよう。

事態は韓国でも例外ではなかった。1990年代初頭の金永三政府は，政治的にはこれまでの権威主義的軍事政権と決別するとともに，経済的には1980年代後半から始まった経済停滞を乗り越えようとし，国家主導型の経済構造から脱皮しようとした（ジョン・ムグォン 2000＝2002：42）。1980年代後半以後，漸進的に進行した市場自由化政策は金永三政府以後，規制撤廃や金融自由化につながり，当時の政府によって提示された「新経済5ヵ年計画」には，国家の市場介入の縮小と市場機能の強化という新自由主義の政策的イデオロギーがそのまま受け入れられている。

しかし何よりも，そのような傾向が急進展した契機となったのは，IMF危機と，それにつづく，新自由主義的な構造調整の過程であったことには異論はないだろう。1998年初頭，危機克服という国家的課題を背負って出帆した金大中政府は，金融，財閥，産業，公共，労働分野などさまざまな分野における構造調整政策を推進したが，これらの政策内容をみると，資本市場の自由化，マネタリズムに基づく財政政策，公共部門の民営化，各種の規制撤廃，労働市場のフレキシビリティ等々，その基本的方向は市場の合理性や市場論理を強調する新自由主義的アプローチに基づいていた（キム・セギュン 1998；キム・ソング 1999ほか）。特に，過去十数年間，通貨危機に陥ったラテンアメリカや東欧あるいは東アジアの諸国に救済金融を提供してきたIMFや世銀の政策方向が社会・経済構造の新自由主義的再編であったことを考慮すれば（金子 2000；2002），政策全般の性格を典型的な新自由主義であると規定していいだろう。

既述した新古典派流の二者択一の思考法に従えば，このような新自由主義的構造調整＝市場経済化は，福祉国家にかなり脅威となり（両立しえない！），福祉政策に関する公共支出の大幅な削減を実行し，また政府によって供給されて

きた福祉給付は，民営化されるか，あるいは市場化される傾向がみられるはずである。例えば，「福祉国家の危機」以後，アメリカやイギリスを含む多くの国々においてさまざまな社会支出の抑制策が意図されたし（武川 1999：chap 2.)[3]，個人年金の選択の強調や保健医療サービスの多元化や市場化など，福祉政策の諸領域においても一連の民営化政策あるいは市場重視型政策の実施が重要な課題となっている（平岡 2000）。

しかしながら，IMF 経済危機以降における韓国では，それとは異なるベクトルの福祉政策が推進されてきた。まず，第1に，社会支出の急速な伸びである。IMF 経済危機以後，韓国は，OECD 基準の総社会支出規模をみると，1996年と1999年の間で6.0％から11.8％まで増加しており，また保健福祉部の予算においても，1996年の2兆8512億ウォンから7兆4581億ウォンまで2.5倍以上増加した（イ・ヘギョン 2002：455）。この期間，政府の一般予算の増加率が約1.5倍であったことを考慮すれば社会支出の伸びは非常に大きいものであるといえよう。

第2に，最も注目すべき政策変化は，社会保険の適用拡大である。1999年3月に都市地域の自営業者に国民年金を適用することによって，ほとんどの国民がひとつの制度に統合され，先進諸国を除けばほとんどみられない皆年金を施行した。また医療保険においても，これまで職域と地域別に分立されていた医療保険制度の管理や財政を統合し，国民健康保険制度として一元化した。これによって国民年金や医療保険分野では労働者，自営業者，農民すべてがひとつの制度のなかに包括され，地位の差別化は弱くなり，社会的連帯性が強化された。また，産災保険や雇用保険も2000年7月から1人以上の事業場まで適用範囲を拡大し，すべての労働者をカバーするようになった。このように国民皆年金・皆保険を実施することによって，普遍主義的な制度が構築されたのである。

第3に，公的扶助分野における変化をも見逃すことはできない。従来の生活保護制度（1961年）が，労働能力のない人のみを生計保護対象としたのに対して，新しく制定した基礎法においては労働能力の有無にかかわらず，一定水準の所得や財産などの与件を満たせば，最低生活が保障されるようになった。これによって，基礎生活保障給付の対象者が，従来の50万人から150万人まで3

倍近く増加した。イ・ヘギョンによれば，社会保険や公的扶助分野に関する政府の「社会保障5ヵ年計画や社会的セーフティーネット拡充計画には伝統的な社会民主主義の福祉制度に劣らない広範な社会権保障のビージョンが提示されている」（イ・ヘギョン　2002：456）。

　以上のような変化は，「韓国に近代的な社会福祉制度が導入された1960年代以後，最も革新的」（キム・ヨンミョン　2001＝2002：110）であり，これは確かに福祉国家化の急速な進展であるといえよう[4]。ところで，ここで問題となるのは，このような韓国の福祉国家化が新自由主義傾向の真っ只中で行われたことである。新自由主義の理念とは異なり，韓国における現実的経験は，〈市場経済化と福祉国家化の併行〉ということであったのである。

　では，以上のような理念と現実とのあいだの乖離は何であろうか。この問いを考えるうえで，ひとつの端緒となるのが，「生産的福祉」という考え方である。というのは，IMF危機後，韓国の福祉政策の急激な変化を進めた主な動因は，「生産的福祉」というスローガンのもとで推進された金大中政府の福祉改革であったからである。もちろん，この考え方はひとつの（政治的）レトリックに過ぎないかもしれないが，それは福祉分野に関わる政府の行動指針であり，そこには，経済危機以後における韓国の福祉国家の現実的な問題が濃縮されているように思われる。以下では，「生産的福祉」の概念とそれが反映している経験的事実を検討しつつ，疑問の解を探ってみることにしたい。

3　「生産的福祉」と韓国的経験

（1）「生産的福祉」の概念と韓国福祉国家の政策的課題

　金大中政府の福祉改革は，1999年末に発表された『生産的福祉への道』[5]という報告書（大統領秘書室生活の質向上企画団　1999，以下「企画団」）に集約的に示されている。

　同報告書によれば，生産的福祉の基本構想は，①人権と市民権としての福祉，②労働を通じた積極的福祉，③社会連帯に基づいた参画型福祉体系，という3つの軸から構成されている。まず人権と市民権としての福祉は，「残余的社会

給付ではなく，制度的社会保障の根拠を提示し，最小限の救貧政策から離れて，国民の幸福や健康な生活を積極的に実現する福祉制度と政策を要求」することを意味する（企画団 1999：20）。次に労働を通じた積極的福祉は，「社会的弱者を対象とした伝統的で消極的な福祉を乗り越え，労働権の積極的保障を通じて生産的福祉を追及」することであり（ibid：22），そしてそれによって「国家の再分配のみに依存してきた既存の福祉体系の限界を克服」することを指向する（ibid：23）。最後に，参画型福祉体系としては「雇用創出的な巨視経済政策を通じて完全雇用に接近し，勤労者と使用者，そしてその代表団体，政府，市民社会などの多様な主体が参加」する福祉体系が提示されている（ibid：27）。

まず，①の人権と市民権としての福祉では，「残余的社会給付ではなく，制度的社会保障」という文脈から，T. H. マーシャル（1950；1974）のいう社会権としての福祉概念，あるいは R. M. ティトマス（1974）のいう制度的再分配モデルといった伝統的福祉国家のもつ理念が浮かび上がる。それは共同体が要求する社会秩序にその基盤を置き，市民権の3つの要素のなかの1つとしての社会権と関わるものであり（Marshall 1974：74），また制度的な側面において，「個人で対応できない人々が共通して抱えるリスクを，社会的に共同で処理する仕組み」として，戦後西欧先進諸国に共通にみられた伝統的福祉国家の理念でもある（金子 2002：55）。しかしながら，②の労働を通じた積極的福祉においては，①とは異なる方向性を示している。すなわち，その中心課題である「労働権の積極的保障」ということからすれば，それは労働の（再）商品化を強調するようなアメリカ流のワークフェアやイギリス流の welfare to (for) work に置き換えてもさしつかえないだろう。また，そこには「国家の再分配のみに依存してきた既存の福祉体系の限界を克服」することが強調されていて，これをみる限り，「福祉国家の危機」後に西欧先進福祉国家においてそうであったように，制度的再分配モデルを中心とする伝統的福祉国家体制が克服すべき課題として登場する。さらに③の社会連帯に基づいた参画型福祉体系においては，「多様な主体の参加や協力」をその根拠としているため，新自由主義的な政策傾向との結びつきの強い福祉多元主義（welfare pluralism）的要素あるいは「福祉の混合経済」（mixed economy of welfare）[6]などといった考え方がそ

こに添加される。

　以上のような，政府の福祉改革の戦略である「生産的福祉」はいかに解釈すべきなのか。以上でみる限り，「生産的福祉」には，ある意味で相互矛盾するような福祉に関わる国家の役割と市場の役割とが同時に含まれている。つまり，市民権としての福祉を根幹とする伝統的な福祉国家体制を指向するとともに，同時に労働を通じた積極的福祉を通じて伝統的で制度的な福祉給付の限界を克服しようとする。もちろん，報告書でいうように，従来の福祉政策が「グローバル化による労働権の弱化や知識産業中心社会への転換に対応することは難しい」（企画団：25-7）ことは今日よくいわれていることだが，それにしても，伝統的福祉国家の実現とその限界の克服とを同時に追求することになれば，結局「生産的福祉」が最終的に指向するところはみえにくくなる。実際，このような「生産的福祉」をめぐって多様な解釈が出ているのは，そのことに起因するだろう。例えば，「韓国的生産的福祉とはなにか」という特集で発刊された『月刊福祉動向』（2000）をみると，その評価は，新自由主義的傾向，伝統的福祉国家路線，あるいは第三の道など，その性格に対して多様な解釈が提示されている。このようにみると，「生産的福祉」の基本構想は，福祉改革のための明瞭で首尾一貫した方向を示しておらず，それぞれ異なる方向性がただ並立的にまとめられているようにもみえる。

　しかしながら，以上のような「生産的福祉」という考え方のなかには，韓国の福祉国家が指向すべき政策的課題が適切に示されていると思われる。分析的にみると，異なるベクトルの政策指向を同時に含んでいる「生産的福祉」の概念は，〈生産的〉という言葉と〈福祉〉という言葉に分けて考えることができる。〈福祉〉という言葉には，韓国福祉国家の脆弱性に対する認識とそれに対する対処方向が示されており，〈生産的〉という言葉には，グローバル化に従う福祉国家の再編の方向性が示されているが，これを韓国の歴史的なコンテキストに照らしてみると，上村が指摘しているように，「後発福祉国家である韓国においては，先進諸国がすでに実現し持て余している従来型福祉国家の理念を遅ればせながら確固たるものにしつつ，同時にそれをポスト・サッチャー流に改革しなければならない」（上村 2002：97）ことになる。より具体的にいう

と，当時の福祉改革は，過去の圧縮成長の過程で福祉分野に対する配慮が欠けていたことの反省とともに，〈福祉〉というものを拡大しつつ，それと同時に市場原理や市場合理性を強調する新自由主義的な考え方を念頭に置きつつ，〈生産性〉を担保するような，労働を通じた積極的福祉を追求していると解釈できる。後者が市場志向の新自由主義的政策傾向であるとすれば，前者は伝統的な福祉国家化の傾向であろう。そして後発福祉国家である韓国が，これら2つのベクトルの異なる政策傾向を同時に実現しなければならない政策的課題が，この〈生産的〉と〈福祉〉との組み合わせによってそこに反映されているのである。

　ところで，ここに至って，この本稿の文脈から次のような問題が改めて重要なものとして浮かび上がる。すなわち，第2節で検討したように，福祉問題における新自由主義的な政策傾向が，福祉国家の「解体」(あるいは「後退」)を目指すものであれば，新自由主義的構造調整＝市場経済化のなかにおける急速な福祉国家化の進展は，その必然性をもたないのではないか。というのは，市場経済化を推進しながらも福祉諸政策を拡充しなければならない政策的課題が「生産的福祉」のなかに概念として——あるいはイデオロギーとして——含まれているとしても，それはイデオロギーとしてであって，実際にそうした状況が経験的事実として現れるとは限らないからである。新自由主義でいうように制度的福祉モデルが何らかの意味で「非経済的」とか「非効率的」とするならば，市場経済化のなかで過去の韓国における残余的福祉モデルが問題視されることはなかったはずなのである。一言でいうと，この問題は「IMF危機後の新自由主義的な構造調整と福祉国家の拡大がなぜ両立しえたか」という，韓国福祉国家の現実的状況を探る重要な問いになる。以下では，その疑問を探るべく，「生産的福祉」が反映している実際の政策的状況を検討してみることにするが，前もって指摘すれば，市場経済化のなかにおける福祉国家の急速な拡大という韓国的経験には，「生産的福祉」の基本構想でいうように「市場と福祉との相互補完関係性」(企画団 1999：23)，つまり本稿でいう「新自由主義と福祉政策」の関係性に関する問題が孕まれており，またそこには，市場対国家，「小さい政府」対「大きい政府」などといった従来の二項対立的な概念図式の

革新を迫るような示唆が含まれていると思われる。

（2）韓国の福祉国家体制への新自由主義の影響

「生産的福祉」というスローガンが，政府によって打ち出され，それによるさまざまな福祉改革が推進されたのは，IMF危機とそれにともなう市場経済化が急速に進められてから2年後のことであった。執権初期，危機克服のために「市場経済」を標榜しながら新自由主義的政策を推進してきた政府が，後から「生産的福祉」を国政目標として追加したことには，以下でみるように，今日の福祉問題がもつ意義や意味が示唆されている。

まず，おそらくそれは，福祉問題における新自由主義の言説が，制度的福祉モデルを根幹とする伝統的な福祉国家に対する批判から生まれたとすれば，韓国はそもそもそのような福祉体系をもっていなかったことと関わる。「生産的福祉」という考え方が登場した背景には，西欧先進諸国のような強力な福祉体制が問題となったこととは逆に，むしろこれまでの韓国の脆弱な福祉体制が問題となった事実が存在するのである。

図表1と図表2をみてみよう。ある国が福祉国家としてどれほど充実しているかを知るうえで最も重要な指標の1つは，それぞれの国が福祉政策のためにどれくらいの費用を使っているかということである（武川 1999：61）。図表1と図表2は，それぞれ社会保障規模の国際比較と，それに経済水準を考慮に入れた国際比較である。これら両表からわかるように，韓国の福祉国家体制は，西欧先進諸国はいうまでもなく，福祉国家の比較研究において「萌芽的」（an embryonic form）福祉国家（Bryson 1992），あるいは「低機能福祉国家」（a low performing welfare state）（Hilll 1996）としてみなされてきた日本よりはるかに低い水準であった。

社会保障制度の面からみると，IMF危機以前の制度整備はほとんど整っていなかった。特に社会保険においては数多くの未適用対象者を含んでおり[7]，制度そのものは「『持たざるもの』を保護する制度ではなく，むしろ『持つもの』を保護する反福祉的な制度」（イ・ソンウ＆ヨ・ユジン 2001：28）となっていた。さらに国民の最低生活を保障する公的扶助制度は，資本主義初期の新救

図表1　年度別の社会保障費規模の国際比較（対GDP比，1993年）

	韓国	日本(92)	アメリカ	イギリス	ドイツ	スウェーデン	フランス
老齢現金給付	0.96[1]	5.02	5.21	5.88	8.24	9.73	9.47
障害現金給付	0.10	0.30	0.90	2.07	1.77	0.97	2.57
産業災害給付	0.24	0.21	0.70	0.09	0.86	0.55	0.79
疾病給付	—	0.06	—	0.18	0.40	0.53	1.08
老人・障害者福祉サービス	0.06	0.20	0.06	0.54	0.26	0.70	3.78
遺族給付	0.18	0.68	0.96	1.27	3.00	1.96	0.83
家族現金給付	0.002	0.20	0.35	1.81	1.37	2.12	2.78
家族福祉サービス	0.05	0.22	0.29	0.51	0.75	0.41	2.61
積極的労働市場プログラム	0.07	0.09	0.21	0.58	1.59	1.22	2.95
失業給付[2]	1.12	0.27	0.58	1.20	2.75	2.11	2.89
退職手当	1.12[3]						
保健部門公共支出	1.49	5.07	5.85	5.75	6.43	7.28	6.22
住宅給付	—	—	—	1.84	0.24	0.92	1.17
その他の給付	0.13	0.12	0.55	1.70	0.59	0.22	0.91
総計：対GDP比	4.41	12.44	15.56	23.42	28.27	28.73	38.03

資料：ゴ・キョンファン（1998）とOECD（1996）．ただし，ジョン・ムグォン（2000＝2002）から再引用．

注：1）韓国の国民年金の老齢給付が本格的に行われていなかったため，そのほとんどが軍人・公務員・教員年金である．
　　2）1993年度には韓国で失業（雇用）保険が実施されていない．したがって，韓国の失業給付は企業が支給する退職金手当であり，他の国は社会保険から支給される失業給付である．
　　3）韓国の場合，法定退職手当を失業給付に含んで勘定した．

図表2　経済的水準を考慮に入れた社会保障支出の国際比較

	韓国	日本	アメリカ	イギリス	スウェーデン
社会保障支出／中央政府支出(％)[1]	10.2 (95)	36.8 (93)	29.6 (94) 22.0 (78)[2]	29.6 (92) 27.6 (86)[2]	48.2 (94) 37.8 (80)[2]
社会保障支出／GDP[2]	5.3 (96)	12.4 (92)	15.6 (93) 12.4 (80)[2]	23.4 (93) 21.2 (86)[2]	38.0 (93) 30.4 (80)[2]

資料：IMF, Government Finance Statistics Yearbook (1996), OECD, Social Expenditure Statistic of OCED Member Countries (1996). ただし，ジョン・ムグォン（2000＝2002）から再引用．

注：1）対GDP比の社会保障支出の基準として作成．
　　2）該当国の1人当たりGDPが1万ドルに達した年度．

貧法の原則であった「劣位処遇の原則」(less eligibility) が徹底的に反映されていて，給付基準が所得の有無ではなく，労働能力の有無によって決められていた。このような状況のもとで，これまで韓国社会では，個人の生活保障は，国家より，個人あるいは家族を含む共同体に任せることが多かった。キム・サンギュンとホン・ギョンジュン (1999) が指摘しているように，「立ち遅れた国家，成長した市場，そして変形した共同体」のもとで，社会的リスクに対して国家の制度的措置ではなく，個別的に対処しなければならない状態であったのである。

ここで注目すべきなのは，このような韓国の福祉国家体制のもつ脆弱性の問題が漏出される契機となったのが，他でもなく，IMF危機とそれにともなう新自由主義的な構造調整＝市場経済化であったことである。経済危機克服のために推進してきた市場経済化の過程が，高失業や貧困層の拡大など深刻な社会・経済的問題をもたらした。特に企業倒産や人力削減は失業者を急激に増大させ，貧困層の拡大の主な原因となっていた。1998年以前，20万人であった失業者の数が178万人以上にも達し，失業率も3％前後であったのが8.6％まで増加した。これとともに，貧困人口が大きく増加し (図表3)，全体的に都市勤労者世帯のジニ係数も1997年の0.28から1999年の0.32へと悪化した。極端的にはホームレスの数がIMF危機以後急速に増加した (イ・ソンウ&ヨ・ユジン 2001：25)。

経済危機直後からIMFや世銀主導のもと，新自由主義的改革を推進してきた政府が，「生産的福祉」を国政目標に追加したのは，労働市場のフレキシビリティを拡大させるために推進した整理解雇制や派遣勤労 (有期契約労働) 制などのさまざまな規制撤廃政策が，韓国に類例のない高失業や所得分配構造の悪化など深刻な社会的危機をもたらしたからであろう。そのうえ当時の政府は，福祉というものを縮小するところか，むしろ拡大の方向に向かわなければならなかった。そもそも強力な労働組合と福祉政策に対する反省として登場した新自由主義は，西欧先進諸国の福祉政策そのものにはある程度影響を与えることができたかもしれないが，出発点から制度整備がきわめて弱かった韓国の状況はそれとは異なった。構造調整政策＝市場経済化の追求による社会的不安定化，

新自由主義と福祉政策

図表3　1996年～99年3/4期における全人口および都市勤労者の貧困率推移

(単位：%)

	96	97	97 I	97 II	97 III	97 IV	98	98 I	98 II	98 III	98 IV	99 I	99 II	99 III
都　市（A）	2.2	2.9	3.5	2.8	2.3	3.0	6.3	6.1	6.6	7.0	5.6	7.5	7.3	5.9
勤労者（B）		7.3	8.4	6.3	7.8	6.7	9.7	10.6	10.6	10.1	9.3	10.9	8.7	10.2
全　体（A）	3.6	4.9	5.9	4.7	3.9	5.0	10.9	10.5	11.4	12.1	9.7	12.6	12.2	9.9
人　口（B）		9.3	10.7	8.0	9.9	8.5	12.6	12.6	11.5	13.0	12.0	14.1	11.7	13.2

注：Aは94年度の最低生計費に毎年度の物価上昇率とGNP Deflatorを勘案した数値を貧困線とした貧困率であり、Bは都市勤労者の中位所得の50％を貧困線として貧困率。
資料：パク・ヌンフ（2000）。

それにともなう市場機能の麻痺によって、これまで韓国の福祉国家体制を支えてきた家族やローカルな地域社会は機能不全に陥り、国家レベルにおける雇用保険や年金制度などの諸制度を整っていかなければならなかった。現に、この間の事態が示すように、当時IMFが提案した年金民営化の改革案は拒否され「公的管理、世帯間・階層間の連帯、寛大な給与水準、賃金勤労者と自営業者の統合管理」（キム・ヨンミョン 2001＝2002：120）を特徴とする年金制度が実施されたし、雇用保険の場合は、実施4年ですべての労働者をカバーするようになった[8]。また、当時、政府がIMFによる財政支出の削減要求にもかかわらず、1998年半ばからIMFとの交渉を通じて財政支出を増やしていったこともよく知られていることである[9]（イ・ヘギョン 2002：453）。確かに、IMF経済危機による市場経済化の進展は福祉諸政策の制度化の必要性を増幅させ、結局それが韓国の福祉国家の弱体化ではなく、むしろ成長の機会へとつながったのである。

　さらに、危機状況における社会的不安のなかで、ある種の社会的共同性を要求する市民社会の組織的な働きが目立つようになったことも見逃すことはできない。ソン・ギョンリュンは、例えば、医療保険の統合や基礎法の制定において労働者団体と数多くの市民団体の広範な連帯活動の役割を大きく評価している[10]（ソン・ギョンリョン 2002：512-4）。医療保険においては、民主労総と健康連帯、参与連帯などの市民団体は、企業主や政府官僚などの反対にもかかわらず、医療保険の統合の法制化を主導し、「社会的連帯性を強化」（キム・ヨン

Ⅲ　投稿論文

ミョン 2001＝2002：121-2；ウォン・ソクジョ 2003）するような国民医療保険制度の法的基礎を与えた。公的扶助の場合には，参与連帯や経実連などの30あまりの市民団体が発議し，これに民主労総や韓国労総，そして社会福祉学界や宗教界が加わり入法成立に大きな役割を果たしていた。社会的不安やアノミー状態のなかに社会を統合する力として社会的紐帯が行われたといえよう。

「生産的福祉」は，このような状況で発生した概念である。そしてそこには，市場経済化を推進しながらも，福祉に関わる政府の役割を強調するような伝統的福祉国家の理念を同時に実現しなければならない現実的状況が反映されている。繰り返すが，脆弱な韓国の福祉国家体制のもとで，経済危機や急速な市場経済化の進行は，失業や貧困などといった社会的リスクを増幅させ，それが市場，家族や地域社会などを含む私的部門の福祉的諸機能の弱体化という結果となり，その代わりリスクを社会全体でシェアするような諸政策を整備・拡充する，いわば意図せざる方向性としての福祉国家化の方向へと急速に向かわざるをえなかったのである。このような韓国的経験を反映している「生産的福祉」には，概念としてだけではなく，経験的事実としても制度的福祉を含んでいるといわざるをえない。

4　「生産的福祉」の可能性

では，最後にこれまで検討してきた「生産的福祉」は，冒頭で述べた今日の福祉問題にいかなる含意を示しうるのか。

「生産的福祉」は，市場経済と福祉政策との関係性に対して，新自由主義的理念とは異なる経験的事実を反映している。というのは，IMF危機以後，韓国の福祉国家体制に対する新自由主義の影響は，福祉国家の「解体」でも「後退」でもなかったからである。むしろ，韓国の福祉国家体制が直面した市場経済化は福祉国家化を同時に随伴しなければなれない状況をもたらしたのである。このことは，金子にならっていえば「『制度やルール』と市場経済の相補関係」（金子 2001）とパラレルなものと考えられる。市場とは，新自由主義イデオロギーで想定されるように一様ではなく，ある種の非市場的な制度の領域が背後

に隠されている。同じく金子の言葉を借りれば,「市場の拡大は,非市場的領域を侵食していくたびに,絶えず市場で発生するあらゆる危険や商品化の限界という壁に突き当たっていく」。その限界は,それを論ずる人によって異なってくるだろうが,いずれにせよ,それゆえに「資本主義という体制は決して純粋化することはできなく,前近代的共同性であろうと現代的福祉国家体制であろうと,その限界を社会経済的に処理するシステムを内部に組み込むことによってはじめて,働くことができる」(*ibid*:59-60)。「万物の商品化」(ワラーシュタイン 1983) に何らかの限界がある以上,市場はあくまで福祉諸機能を含む制度の領域との一体性においてのみ機能することになるのである[11]。ただし,福祉政策それ自体は新自由主義でいうような「非経済的」であるとも「非効率的」であるともいえない。なぜなら,本稿における韓国的経験が示すように,市場経済化の進展こそが,福祉政策の発達や成長の契機となったからである。また,市場経済と福祉政策の関係があくまで前者が主役で後者がたんに前者を補っているという関係であるともいえない。IMF 危機後に生じた韓国社会の不安定化の過程に典型的に現れているように,福祉諸政策を含む制度的要素が存在しないと,市場経済化の進展は行き詰まってゆく,という関係性にあるからである。このことは市場か国家か,あるいは公的部門の縮小が私的部門(市場的領域)を拡大させる,などといった新古典派流の二者択一思考からは割り切ることができない。両者は,矛盾することでもなく,両立しえないことでもなく,むしろ切り離せない相互補完関係にあるのである。

　もちろん,以上のようなことは,後発福祉国家である韓国の特殊な経験 particularity であるといえるかもしれない。しかしながら,そのような韓国的経験は,ある意味で普遍的な論点 universality をもつものと考えることもできる。なぜなら,先進諸国における福祉諸政策の発展のなかから市場経済と福祉政策の相補関係性を見出すことが可能であるからである。すなわち,多くの先進諸国における福祉国家化の契機を踏まえるならば,年金や医療,あるいは失業対策を含む福祉諸政策が,戦争や恐慌あるいは大争議などといった市場経済が麻痺する社会的不安期に直接的かつ間接的に絡み合いながら展開された,という一側面をみることもできるのである。例えば,イギリスにおいて,救貧制

度に代わって失業手当制度が本格的に実施されたのは大恐慌期であったし、国民皆年金制度を打ち出し「ゆりかごから墓場まで」のスローガンで有名なベバリッジ報告が出されたのも第2次世界大戦中であった。日本は1961年にようやく国民皆年金・皆保険が実施されたが、それも安保闘争や三井三池闘争といった激しい政治運動や労働運動の高揚期のすぐ後に行われた。本稿の文脈からいえば、市場機能の麻痺は、その性格上、社会不安そのものを産み出すからである（金子 2001：60-61）。また、現在にも多くの西欧福祉国家において新自由主義による福祉の「市場化」や「民営化」とともに、福祉国家の「解体」が追及されているにもかかわらず、それが必ずしも福祉支出の削減には結びついていない（武川 1999：chap 2.）。特に、イギリスでは年金支出、アメリカではメディケア・メディケイドなどの医療支出の伸びは止まっていない。何らかのかたちで市場重視型政策をとっても、貧困層が拡大すればあるいは長期失業者が社会に滞留するようになれば[12]、これらの人々が公的年金、失業手当、公的医療制度などに依存する場合がかえって高まってしまうからである。〈生産的〉と〈福祉〉という2つの概念からなる韓国の「生産的福祉」の示す市場経済と福祉政策の相補関係性が、通時的・共時的にそこに存在していることを垣間見ることができよう[13]。

おわりに

以上、韓国の特殊の状況による経済危機から発生した「生産的福祉」が含意していることは、市場経済と福祉政策とは相互補完関係性にあり、市場経済化の限界に、制度としての福祉政策の発生や発展のゲネシスが存在しているというきわめて古典的な規範的原則であるかもしれない。しかし、それをただたんに古い問題とすることはできないであろう。福祉国家政策に新自由主義的傾向がより拍車をかけているグローバル時代のなかで、その問題は今日の状況に取って代わって「古くて新しい問題」として再び現れているのである。グローバル化によって福祉国家の衰退がいわれるなか、現にいくつかの研究において、福祉国家の意外な持続力を発見していることを鑑みれば（Pierson 1994 ; Garret

2000），本稿で扱った論点は近年の福祉政策研究に意味深いものであるといえよう。

　しかしながら，市場経済化の限界に福祉政策の成立と発展のゲネシスをみる本稿の議論は，新自由主義の理念に反する多数の事例を取り上げることにとどまってはいけない。市場経済と福祉政策が相補関係性にあるとすれば，真に問われるべきなのは，市場経済化に組み込まれている福祉政策の制度化の構造とは何か，という点であろう。というのは，本稿で考察したように市場経済と福祉政策が相補関係性にあるという点では，各福祉国家に共通した条件があるとしても，各国における福祉諸政策の発展経路や政策の具体的なかたちには，実際バリエーションが存在しており，それは市場経済と福祉政策の関係を取り巻く，国ごとの異なる構造的特徴によって決まってくると考えるからである。本稿の文脈からすれば，各国における福祉諸政策の制度化の違いは，市場経済化の限界という共通の課題を処理する制度的枠組みの違いであると認識されるのである。それゆえ「生産的福祉」に対する考察は，市場経済と福祉政策の相補関係性という共通理解の上に立って，市場経済化に組み込まれている福祉政策の制度化の特徴的なあり方から，制度比較を行う方法的視座を包み込まなければならない。さしあたり，その特徴としてみておく必要があるのは，市場経済と福祉政策の関係の間に介在する政治的要因，いうならば福祉政治 welfare politics であろう。西欧あるいは日本と比べて「生産的福祉」を支えた政治的状況や制度のあり方の質的な相違を分析することによって，韓国の経験を位置づける類型論的基礎が与えられると同時に，福祉政策研究に対して「生産的福祉」のもつインプリケーションがより具体的なかたちでみえてくるだろう。

　本稿では IMF 危機以後における韓国福祉国家の経験から，そうした問題の前提となる市場経済と福祉政策の関係性について一考察を行った結果，福祉問題の普遍的な解決策とはいえないものの，少なくとも韓国の経験においては福祉政策の制度的側面のインプリケーションを読み取ることができたと思われる。今後，制度比較の視点を取り入れつつ，市場経済と福祉政策の関係の間に介在する多様なアクターの力関係を考察することの重要性を今後の課題として指摘し，ここではひとまず論を閉じることにしたい。

Ⅲ　投稿論文

1) もちろん，これらの政策すべてが成功したわけではない。しかし，本稿の目的は政府が実施した政策が成功したか否かを評価するものではない。IMF経済危機以後における韓国の福祉政策の変化やその成果に関する議論については『韓国福祉国家性格論争』（2002 ハングル文献），『韓国の社会福祉』（2002 日本語文献）を参照されたい。
2) 実際にニューライトの政治的潮流は，一般的には新保守主義として捉えるが，本稿においては政治的側面と経済的側面に分けて，後者の方を新自由主義として想定しておく。
3) ただし，サッチャー政府のよる削減効果はそれほど大きいものではなかった（武川 1999：chap 2.）。
4) もちろん，これらの変化のなかには，職業訓練や自活支援プログラムなどワークフェア的要素が存在するが，政策全般からみるとそれはそれほど大きいものではない。例えば，基礎法においては，労働能力のある人には「生計給付の条件として勤労や職業訓練を強制している」（ジョ・ヨンフン 2001＝2002：288）というワークフェア的要素が含まれているが，基礎法の予算に占める割合は，非常に低い。つまり，基礎法の予算（医療保護含み）は，過去の生活保護制度が実施されていた1999年の1兆9,451億ウォンから2001年には3兆2,696億ウォンへと増加したが，そのなかでワークフェア（自活事業）の予算は924億ウォンで，その割合は2.8％に過ぎない。そして，ワークフェアの対象者数は，8万3,000名で，基礎法の全体対象者の155万名のなか5.3％に過ぎない。
5) この報告書は日本語の翻訳書が出版されている。『生産的福祉への道』（2002）。
6) もちろん，「福祉多元主義」は新自由主義的論理から発生した概念ではない。しかしながら，政府だけでなく多様な福祉主体を想定する，「福祉多元主義」は福祉国家に対する新自由主義的批判とかなり親和的な関係にある。すなわち，国家による福祉供給を批判する新自由主義にとって，政府以外の福祉主体による福祉供給は選好されるからである。
7) 制度別の適用率をみると，国民年金が47.4％，産災保健が62.4％，雇用保険が51.8％で未適用対象が相当存在していた。
8) 社会保険が全国民をカバーするような普遍主義を前提として拡大したにもかかわらず，多くの排除者が存在することも事実である。ある調査によれば（キム・ユソン 2001），全体労働者のなか，国民年金の加入率は49.5％，医療保険の場合は52.1％，雇用保険の場合は44.1％に過ぎない状態である。非正規職やパート労働者などの労働市場において地位の不安定な階層が排除されているのである。しかし，それにしても，国民皆年金・皆保険の実施によって，保険対象者は相対的にも絶対的にも大幅に増えたことを忘れてはならない。1997年から2000年の間，産災保健は824万名→886万名，雇用保険は430万名→675万名，公的年金は857万名→1,172万名へとその適用者は増加した（キム・ヨンミョン 2001：82）。
9) 医療保険においても金大中政府は世銀が要求していた国民年金の民営化や医療貯蓄口座の導入など新自由主義的な社会政策は拒否された（World Bank 2000）。さらに，医療保険の統合や年金制度の改革をも新自由主義的改革から離れるものである。しかしながらそうはいっても，世銀やIMFの韓国内の活動が韓国福祉国家の発達を防ぐ一方で

はなかったことも見逃すことはできない。なぜなら，制度整備がきわめて弱かった韓国の状況に対して，世銀は失業保険の拡大適用や多様な失業対策を勧告し（ジョン・ムグォン 2002：400；ヤン・ジェジン 2002：542），それが金大中政府の福祉拡大に肯定的な影響をも与えたのである。

10) 経済危機以後における韓国の福祉政策の拡大には当時の金大中政大統領の「親福祉的」性向が重要な要素であったという指摘も存在する（カン・ミョンセ 1999：162；ソン・ホゲン 1999：324）。

11) この問題は，広くは市場と非市場の関係性として捉えることができる。例えば，上野が「市場が〈外部〉から，あるいは〈外部〉が市場から，それぞれ独立した閉鎖系だと考えるものはまちがっている。市場とその〈外部〉との関係は，相互依存的なものである」といったとき（上野 1990：25），彼女のいう〈外部〉というものが非市場的なものであることを考えるならば，まさにそういった問題を念頭においていただろう。市場と非市場の関係性については，金子（2000：chap1），ホジソン（1988＝1997；chap7），金成垣（2002）を参照されたい。

12) 新自由主義的福祉国家における社会的不平等あるいは貧困層の増加傾向に関する議論は多くなされている。武川（1999：109-10）を参照。

13) さらに付け加えるならば，近年におけるNPOやNGOなどの非営利団体による福祉的諸活動の隆盛を新自由主義的な傾向と捉えている諸見解はある意味で間違っていると，筆者は思っている。なぜなら，新古典派流の経済思想を根幹とする新自由主義は，そのような非営利組織の働きを説明する内的論理をもっていないからである。つまり，ボランティア・アソシエーション，相互扶助組織，市民団体などは，何らかの意味で経済活動に関わっているとはいえ，それ自体は利潤最大化を目的としていない。これらの非営利団体は再分配や報酬を目的としており，基本的にこれら非営利団体と市場取引とは代替関係にはなく，むしろ非営利団体の福祉的諸活動と代替関係にあるのは公共部門あるいは家族を含む共同体であるのである。

【参考文献】

（日本語文献）

上野千鶴子［1990］『家父長制と資本制』，岩波書店

金子勝［2000］『市場と制度の政治経済学』，東京大学出版会

金子勝［2001］『セーフティーネットの政治経済学』，ちくま新書

金子勝［2002］『反グローバリズム――市場改革と戦略的思考』，岩波書店

上村泰裕［2002］「書評――韓国社会科学研究所社会福祉研究室『韓国の社会福祉』」，『海外社会保障研究』141号，pp. 95-98

韓国の社会科学研究所社会福祉研究室［邦訳2002］，金永子編訳『韓国の社会福祉』，新幹社

金成垣［2002］「民間営利企業の社会貢献活動」，東京大学大学院人文社会系研究科修

III 投稿論文

土論文
金大中 [2002]『生産的福祉への道』,毎日新聞社
武川正吾 [1999]『社会政策のなかの現代――福祉国家と福祉社会』,東京大学出版会
ハイエク,F. A. [邦訳1987a],気賀健三・古賀勝次郎訳『ハイエク全集 第7巻：自由の条件Ⅲ』,春秋社
ハイエク,F. A. [邦訳1987b],篠塚慎悟訳『ハイエク全集 第9巻：法と立法と自由Ⅱ 社会正義の幻想』,春秋社
平岡公一 [2000]「社会サービスの多元化と市場化」,大山博・炭谷茂・武川正吾・平岡公一編『福祉国家への視座』,ミネルヴァ書房,pp. 30-52
ピアソン,C. [邦訳1996],田中浩・神谷直樹訳『曲がり角にきた福祉国家』,未来社
ホジソン,M. G. [邦訳1997],八木喜一朗・橋本昭一・家本博一・中矢俊博訳『現代制度学派,経済学宣言』,名古屋大学出版会
ワラーシュタイン,I. [邦訳1985],川北稔訳『史的システムとしての資本主義』,岩波書店

(ハングル文献)
カン・ミョンセ [1999]『経済危機と社会協約』,セジョン研究所
キム・ギュン&パク・スンソン [1998]「金大中の経済危機と新自由主義」,『危機,そして大転換』,タンデ
キム・サンギュン&ホン・ギョンジュン [1999]「韓国社会福祉の現実：立ち遅れた国家,成長した市場,そして変形した共同体」,ソウル大学社会福祉研究所,『社会福祉研究』第13号
キム・セギュン [1998]「経済危機,新自由主義,そして労働運動」,『経済危機,新自由主義,そして労働運動』,韓国労働理論政策研究所
キム・ヨンミョン [2001]「非正規勤労者に対する社会保険の拡大：争点と政策」,『韓国社会福祉学』45号,pp. 72-100
キム・ヨンミョン [2001＝2002]「金大中政府の社会福祉政策――新自由主義を超えて」,キム・ヨンミョン編『韓国福祉国家の性格論争』,人間と福祉,pp. 109-141
キム・ユソン [2001]「非正規職労働者の規模と実態」,韓国労働社会研究所（http://klsi.org）
大統領秘書室生活の質向上企画団 [1999]『生産的福祉への道』,トィソルダン
パク・ヌンフ [2000]「生産的福祉――福祉理念としての意義と課題」,韓国社会福祉学会,2000年春季学術大会資料集
ソン・ギョンリョン [2002]「民主主義の強固化と福祉国家の発展――文民政府と国民の政府の比較」,キム・ヨンミョン編『韓国福祉国家の性格論争』,人間と福祉,pp. 487-526

ソン・ホグン [1999]『政治なき政治時代:韓国の民主化と利害衝突』, ナナム
ウォン・ソクジョ [2003]「韓国健康保険統合論争の回顧と展望」,『中央大学校社会福祉学科 創設40周年記念学術大会資料集』pp. 23-38
ヤン・ジェジン [2002]「構造調整と社会福祉——発展国家における社会福祉パラダイムの崩壊と金大中政府の課題」, キム・ヨンミョン編『韓国福祉国家の性格論争』, 人間と福祉, pp. 525-556
イ・ソンウ&ヨ・ユジン [2001]「生産的福祉の背景と目的」, 韓国社会福祉研究会編,『状況と福祉』第9号, 人間と福祉, pp. 13-45
イ・ヘギョン [2002]「韓国福祉国家性格論争の含意と研究方向」, キム・ヨンミョン編『韓国福祉国家の性格論争』, 人間と福祉, pp. 449-484
ジョン・ムグォン [2000=2002]「『国民の政府』の社会政策——新自由主義の拡大? 社会統合への転換?」, キム・ヨンミョン編『韓国福祉国家の性格論争』, 人間と福祉, pp. 29-80
ジョ・ヨンフン [2001=2002]「現政府の福祉政策の性格——新自由主義を超えたのか」, キム・ヨンミョン編『韓国福祉国家の性格論争』, 人間と福祉, pp. 275-295

(英語文献)

Bryson, L. [1992] *Welfare & The State*, Macmillan
Esping-Andersen, G. [1990] *The three worlds of welfare capitalism*, Polity Press
Garret, G. [2000] "Globalization and National Autonomy", N. Wood(ed), *The Political Economy of Globalization*, Macmillan
Hill, M. [1996] *Social Policy: A Comparative Analysis*, Prentice Hall & Harvester Wheatsheaf
Marshall, T. H. [1950] *Citizenship and Social Class*, Cambridge University Press
Mishra, R. [1984] *The welfare state in crisis*, Wheatsheaf Books
Mishra, R. [1999] *Globalization and Welfare State*, Edward Elger
Pierson, P. [1994] *Dismantling the Welfare State?: Reagan, Thatcher, and the Politics of Retrenchment*, Cambridge University Press
Ruggles, P. & O'Higgins [1987] "Retrenchment and the New Right: A Comparative Analysis of the Impact of the Thatcher and Reagan Administrations." In Stagnation and Renewal in Social Policy: The Rise and Fall of Policy Regime. Martin Rein, Gosta Esping-Andersen and Lee Rainwater. Armonk. NY: M. E. Sharpe. Inc. pp. 160-190
Titmuss, R. [1974] *Social Policy*, Allen and Unwin
World Bank [2000] "The Korea Pension System at a Crossroads." World Bank Report No. 20404-KO

SUMMARY

Excellence, Justice, Taxation : Toward Unthinking Social Policies

Takashi KAWAMOTO

In this paper, I attempt—to use the term coined by Wallerstein—"unthinking" (i.e. critically rethinking the tacit and persistent presuppositions of) certain current public policies. For this purpose, I employ three sets of texts in particular.

The first set I consider is Yuichi SHIONOYA's *Economy and Morality* (2002) and the subsequent debate that followed its publication. Shionoya adopts a subtle form of the perfectionist position and argues for social security reform in Japan, and the subsequent controversy concerns fundamental issues such as which ethic is suitable for the reconstruction of a welfare state : the ethic of care or the ethic of excellence.

The second set I consider is that of Jon ELSTER, which adopts an explanatory approach to social justice in *Local Justice* (1992), and that of Haruki MIYOSHI, which follows this line when proposing "the socialization of nursing care within concrete relationships." I emphasize the significance of Miyoshi's contrast between the socialization of caring powers and that of caring relationships.

The third set I consider is Liam MURPHY and Thomas NAGEL's *The Myth of Ownership* (2002). They insist that societal fairness, rather than tax fairness, should be the value that guides tax policy. I suggest that their notion of "societal fairness" is compatible with the progressive expenditure tax system put forth by Toshiaki TACHIBANAKI.

The Basic Income Proposal and the Possibility of a New Social Policy

Shuji OZAWA

A basic income (BI) is one that is unconditionally paid to all individuals on an individual basis, without a means test and work requirement. In other words, BI is a form of guaranteed minimum income that differs from those that now exist in a post-war welfare state on the grounds of being paid (1) to individuals rather than households; (2) irrespective of any income from other sources; and (3) without requiring the performance of any work.

As a matter of fact, as globalization progresses, life security under "full employment" is on the decline owing to an increase in unemployment, increase in the diversification and instability of the employment system, such as part-time labor and dispatch labor, aggravation of social exclusion, etc. The traditional male breadwinner model is becoming nonfunctional with the increase in the number of working women and the diversification of the family. Furthermore, the manner in which the "welfare state" depends on income redistribution based on economic growth that destroys the environment is approaching its limit. This implies that the 20th century premise that a post-war welfare state holds is swinging greatly on several sides of "labor," "family," and the "environment."

Therefore, the above BI design is evaluated as an alternative proposal of a post-war welfare state and has been attracting a great deal of interest.

The Future of Work : Suggestions from Germany

Yoko TANAKA

Since the 1990s, the future of work has been actively discussed in many of the developed countries. Discussions such as those of Jeremy Rifkin, the Roman Club, and Ulrich Beck have pointed out that the global IT economy possesses the possible contradiction of high productivity and high unemployment while simultaneously destroying traditional communities and democracy of citizens. They have proposed a future that would lay more emphasis on non-market social lives such as strong, community-based forces or voluntary circles. In order to revitalize society, the authors have unanimously expressed the need for fundamentally reorganizing the work system itself.

In Germany, these proposals are being taken seriously, and trials for the rearrangement of work are beginning. The primary concept in these proposals is the sovereignty of time throughout one's life. Increasing the flexibility of work time has led not only to the flextime system of weekly work but also to the long-term work time account, which includes possible sabbaticals for retraining, child care, nursing, and so on. The intentional expansion of part-time work as a new type of normal labor relationship is thought to constitute a new social contract. It would make it possible for each individual to adjust their occupational and other activities according to their personal circumstances.

These trials are, however, facing pressure from the global economy. Despite this, new efforts for rearranging the future of work for the entire world are now in great demand by many institutions, unions, and NGOs, from which there is great potential for learning.

SUMMARY

Can We Depart from the "Male Breadwinner" Model? : Gender-mainstreaming of Japan's Social Policy System

Mari OSAWA

Several incidents that have occurred since the end of 2002 suggest the possibility of Japan's departure from the "male breadwinner" model of social policies. Firstly, the Koizumi cabinet decided in January 2003 that the special spouse deduction in the income tax system would be reduced as of January 2004. The report of the Tax Council submitted in June 2003 stated that the spouse deduction itself should be revised as well. Secondly, reform measures of the "third class insured" system in the National Pension Scheme have been proposed by the Ministry of Health, Labor and Welfare (MHLW) and its advisory council. Thirdly, the "Specialist Committee on Gender Impact Evaluation and Assessment," set up under the Council for Gender Equality in the Cabinet Office submitted a report in December, 2002 that proposed the reduction or abolishment of spouse deductions. With regard to the pension scheme and employment system, the Specialist Committee's proposals are as follows: To require the third class insured person to somehow pay premiums and to curtail or abolish family allowances in the pay structure of private corporations. These incidents have not occurred coincidentally. This paper discusses the models of social policies in section two, traces policy developments in Japan since the 1980s in section three, and examines the significance of those recent incidents.

The formation process and current condition of the basic medical insurance scheme in China

Yang YU

Since the late 1990s, China has implemented a new social security system centering on a social insurance system to unite economic reform policy and reform of state-owned enterprises. Currently, four schemes coexist in the medical insurance system. They are as follows: The public expenditure medical insurance scheme, the employees' medical insurance scheme, the basic medical insurance scheme, and a new rural cooperation medical health scheme. In cities, the public expenditure medical insurance scheme and the employees' medical insurance scheme have functioned as the main schemes since the founding of P. R. China. Through the medical insurance system reform trial in the 1990s, the basic medical insurance scheme was implemented in 1999, and it is now becoming the main system. This paper considers the changes in the Chinese medical insurance system and clarifies the formation process of the basic medical insurance scheme as well as its present condition. In addition, since I have limited space, I would like to leave the argument regarding the rural cooperation medical health scheme to other papers.

The Problems regarding Care Work in the Paradigm Shift in the Ethics of Dementia : From a Gender Perspective

Kisuyo KASUGA

With respect to the paradigm-shift in the ethics of care of old people with dementia, the degree of care that should be provided has been undergoing change. That is, so far, "care" implied labor on three physical levels : help in eating, bathing, and defecating. Recently, however, workers have been requested to be more sensitive when interacting with the aged and to be more considerate of their will and motivation. In other words, workers should secure a better "quality of life" for them. Therefore, it is all the more important for workers to develop their communication skills to be able to form a relationship with clients. Such a change has been progressing together with the so-called "progress of market on care," in which workers willingly accept less payment. Consequently, the cost itself does not cover "emotional labor," and the working condition becomes worse.

In this paper, I intend to elaborate on the following : ① The view of unit-care in the training curriculum and its social implications, ② the worker's expectations regarding training and self-consciousness, ③ the trainers' views on gender and sexuality, and ④ the working conditions in the field of "unit-care" (using narrative data gathered from participating trainees and interviewees).

The Welfare Mix in the Care of Older People : Reforms in the Health Care and Personal Care Systems

Makoto KONO

This paper attempts to broaden the understanding of the status quo in the Japanese welfare system by highlighting how unique policies ensure that the state plays only a marginal role in providing and financing care services. The care of older people is used as a case study to explore how this residual system has been developed and how it operates in practice. This study outlines the production of care in each wel-

SUMMARY

fare sector and shows the recent trends in the welfare mix. Due to the process of modernization, some important family functions have been removed from the family system and have been taken on by other sectors. The increase in care needs and the decrease in the capacity for informal care is an outcome of modernization in Japan.

In theory, therefore, family care work in the future will be further externalized, and responsibilities of care provision will be shifted to other sectors. However, the direction of this shift is affected to a great extent by political intentions. Under the present welfare reforms, the private sector will play a larger role as one that assumes externalized family care work. However, a large proportion of care responsibilities continuously lie with family members, and the significance of self-help is projected to increase in the Japanese welfare mix. This paper reveals the residual nature of long-term care policies and the various strategies aimed at minimizing the role of the public sector. It explores the recent development of several schemes that have encouraged private and informal activities in the field of care for older people.

Productive Welfare of the Kim Dae Jung (DJ) Government (1998-2003): Historical Implications of the Outstanding Tasks

Hye-kyung LEE

The Asian financial crisis that struck Korea in October 1997 was of an unprecedented severity, coming after decades of uninterrupted high growth. It was a manifestation of both the enormous power of the newly emerging global financial market based on the so-called Washington Consensus as well as its severe imperfections.

The DJ government was born amidst this crisis and it earnestly pursued broad reform projects in compliance with the structural adjustment requirements of the IMF to attain global standards in all spheres of business, finance, and the public sector. At the same time, it also pursued unprecedented comprehensive reform in social welfare, with the rhetoric of Productive Welfare. This was added to the two pillars of national development with which the DJ Government was launched; that is, the development of democracy and market economy was added as the third pillar of national development.

The DJ government made it clear that the practical and balanced development of democracy and a market economy was impossible without this third pillar of social welfare policies and programs. This paper analyzes the basic structure and strategies of the Productive Welfare of the DJ government and explores the tasks left for the Roh Moo Hyun government (2003-2008).

Women's policies under the Kim Dae-Jung regime

Chin-sung CHUNG

Since the Park Chung-Hee regime established a range of women's policies, including those on population, mobilization of female labor, and suppression of prostitution, the government's stance toward women has leaned toward the promotion of women's welfare. Following the economic crisis of 1997, the Kim Dae-Jung administration developed the so-called productive welfare policy in line with its goals of economic recovery. Women's policies under Kim Dae-Jung were thus the products of these two streams: Women's welfare and economic crisis management. This paper discusses the policies on women of the Kim Dae-Jung government in the following fields: Labor, welfare, sexual violence, women's human rights, political participation, government organizations for women, and other legal and institutional developments. While labor and welfare issues were more directly influenced by Kim Dae-Jung's productive welfare policy, other issues were approached as well, including women's human rights, political participation, and legal and institutional fields. I also explore the relationship between women's movements and gender politics. Finally, the results of this study point to the necessity for Kim Dae Jung's government to implement a more consistent and clear conceptualization and approach to women's policies.

Neo-liberalism and Welfare policy : Korea's experience of "Productive Welfare"

Sung-won KIM

The core of neo-liberalism discourses on today's welfare issues lie in the incompatibility between market economy and welfare policies. Despite the recent sprouting of the neo-liberalist approach for the restructuring of the welfare state, a number of problems remain to be resolved. However, the so-called "productive welfare" concept, which originated under Korea's IMF economic crisis, serves as an important clue in that it represents the "co-existence of a market economy and the movement toward a welfare state." This paper aims at finding the implication that "Productive Welfare" has on the relation between a market economy and welfare policy by reviewing the concept of "Productive Welfare" and Korea's experience of it.

学会記事（2003年度春）

1　大会関係

　社会政策学会は例年春・秋2回の大会を開催してきた。2003年度春は第106回大会を開催した。受付参加者数は404名，その内会員の参加費前納者は261名であった。以下，大会プログラムを掲げる。

▶第106回大会（於：一橋大学国立東キャンパス　実行委員長：藤田伍一）
　　2003年5月17日（土曜）～5月18日（日曜）
　　会場　一橋大学
　【共通論題】　新しい社会政策の構想——20世紀的前提を問う
　　　　　　　　　　　　　座長：武川正吾（東京大学）・木本喜美子（一橋大学）
　1．卓越・正義・租税
　　　—社会政策学の《編み直し》のために—　　　　　川本隆史（東北大学）
　2．ベーシックインカム構想と新しい社会政策の可能性
　　　　　　　　　　　　　　　　　　　　　　　　　　小沢修司（京都府立大学）
　3．労働の未来論
　　　—ドイツからの提言—　　　　　　　　　　　　田中洋子（筑波大学）
　4．「男性稼ぎ主」型から脱却できるか
　　　—社会政策のジェンダー主流化—　　　　　　　大沢真理（東京大学）
　　　　——総括討論——
　【テーマ別分科会】
　《第1分科会》中国の社会保障—失業保険と医療保険制度改革を中心として—
　　　　　　　　　　　　　　　　　　　　　　座長：埋橋孝文（日本女子大学）
　1．中国の失業問題とその展望
　　　　　　　　沙　銀華（ニッセイ基礎研究所・中国人民大学労働人事学院）
　2．新しい基本医療保険制度の形成とその実態　于　洋（早稲田大学大学院生）
　3．中国の「基本医療保険制度」の展開と地域格差
　　　—上海市と青島市を例に—　　　　　　楊　開宇（大阪市立大学大学院生）
　《第2分科会》〈社会政策〉の範疇概念
　　　　　　　　　　　　　　　　　　座長：小笠原浩一（埼玉大学・東北福祉大学）

1．「ひとがひとであること」と公的扶助の哲学的基礎　後藤玲子（立命館大学）
2．「Socially Perceived Necessities」と公的扶助理論の課題
　　　　　　　　　　　　　　　　阿部　彩（国立社会保障・人口問題研究所）
3．「主訴」「能力」および機会保障型社会政策
　　　　　　　　　　　　　　　　小笠原浩一（埼玉大学・東北福祉大学）

《第3分科会》（ジェンダー部会）ジェンダー・ケア労働・セクシュアリテイ
　　　　　　　　　　　　　座長：室住眞麻子（帝塚山学院大学）
1．ケアとジェンダー　　　　　　　　広井良典（千葉大学）
2．高齢者介護倫理のパラダイム転換とケア労働の変化
　　　　　　　　　　　　　　　　春日キスヨ（安田女子大学）
3．デンマークのケアサポート制度にみるジェンダー的平等
　　　　　　　　　　　　　　　　大塚陽子（立命館大学）

《第4分科会》政策分析・政策評価—福祉・保健医療領域を中心に—
　　　　　　　　　　　　　座長：平岡公一（お茶の水女子大学）
1．保健医療福祉サービスにおけるニュー・パブリック・マネジメント論の
　　英国型モデル　　　　　　長澤紀美子（新潟清陵大学）
2．高齢者介護・医療のウェルフェアミックス　　河野　真（兵庫大学）
3．介護サービスの利用を規定する要因について
　　—個票データによる実証分析—　　塚原康博（明治大学短期大学）

《第5分科会》（産業労働部会）変容する労働運動—イギリス，フランス—
　　　　　　　　　　　　　座長：大塚　忠（関西大学）
　　　　　　　　　　コーディネーター：白井邦彦（青山学院大学）
1．ブレア政権下のイギリスにおける労働組合の組織化戦略
　　　　　　　　　　　　　　　　松尾孝一（青山学院大学）
2．フランスの労働組合と労使関係の変化　　松村文人（名古屋市立大学）

《第6分科会》（少子高齢部会）介護保険は地域福祉か
　　　　　　　　　　　　　座長：高田一夫（一橋大学）
1．医師の立場から介護保険を考える　　　新田國夫（医師）
2．地域福祉から介護保険を考える　　水谷詩帆（全国社会福祉協議会）
3．行政から介護保険を考える　　　　上原公子（国立市長）

《第7分科会》医療政策におけるニュー・パブリック・マネジメントの動向
　　　　　　　　　　　　　座長：三重野卓（山梨大学）
1．ニュージーランドにおける動向　　藤澤由和（国立保健科学院）

2．アメリカにおける動向　　　　　　　田村　誠（国際医療福祉大学）
3．イギリスにおける動向　　　　　　　近藤克則（日本福祉大学）
《第8分科会》社会政策の政治学―福祉国家変容と政治対抗―
　　　　　　　　　　　　　　　　　　座長：宮本太郎（北海道大学）
1．福祉国家への政治学的接近　　　　　　　新川敏光（京都大学）
2．新社会民主主義の多様な道―福祉国家の転換―　住沢博紀（日本女子大学）
3．新しい右翼と福祉ショービニズム―北欧福祉国家の揺らぎ―
　　　　　　　　　　　　　　　　　　　　宮本太郎（北海道大学）
《第9分科会》（労働史部会）家内労働・小規模生産の可能性
　　　　　―歴史的視点による再評価―　座長：小野塚知二（東京大学）
1．1910年代における日本在来綿織物業の工場労働　佐々木淳（龍谷大学）
2．フランス絹リボン工業における小規模生産と労働　人見諭典（筑波大学）
《第10分科会》（社会保障部会）雇用保険制度の行方
　　　　　　　―失業時の所得保障のあり方をめぐって―
　　　　　　　　　　　　　　　　　　座長：大須眞治（中央大学）
1．フランスの失業者への生活保障　　　都留民子（広島女子大学）
2．ドイツにおける失業対策の動向　　　布川日佐史（静岡大学）
《第11分科会》IMF危機後の韓国社会政策　座長：伊藤セツ（昭和女子大学）
1．金大中政府の"生産的福祉"―その歴史的意味と残された課題―
　　　　　　　　　　　李　惠炅（Lee, Hye Kyung）（延世大学）
2．金大中政権の女性政策　　　鄭　鎭星（Chung, Chin Sung）（ソウル大学）

【自由論題】
《第1会場　地域通貨とコミュニティ》　　座長：内山哲朗（専修大学）
1．中国のNPOと福祉サービス提供―都市部のコミュニティ開発を中心に―
　　　　　　　　　　　　　　　　　　王　文亮（九州看護福祉大学）
2．地域通貨の可能性―アンペイド・ワーク評価からジェンダー平等政策へ―
　　　　　　　　　　　　　　　　　　斎藤悦子（岐阜経済大学）
3．地域通貨の使用動機および持続性について
　　―経済学的観点からのアプローチ―　石田智宏（早稲田大学大学院生）
《第2会場　社会保険》　　　　　　　座長：本間照光（青山学院大学）
1．後発工業国における社会保険の導入と普及
　　―韓国の医療保険制度を中心に―　　李　蓮花（早稲田大学大学院生）

2．フランスにおける医療保険の財源政策　　松本由美（早稲田大学大学院生）
3．介護保険制度の施行過程―都市型自治体の事例研究を通して―
　　　　　　吉田三知子（英国国立シェフィールド大学社会学部博士課程研究生）
《第3会場　福祉政策》　　　　　　座長：玉井　金五（大阪市立大学）
1．社会政策としての社会福祉政策を考える―国家の役割から―
　　　　　　　　　　　　　　　　　　　　　　　安田三江子（花園大学）
2．社会政策としての社会福祉政策を考える―地方自治体の役割から―
　　　　　　　　　　　渡邊（福富）恵美子（京都市みぶ身体障害者福祉会館）
3．新自由主義と福祉政策―韓国の「生産的福祉」からの一考察―
　　　　　　　　　　　　　　　　　　　　　金　成垣（東京大学大学院生）
《第4会場　公衆衛生と社会福祉》　　座長：岩田正美（日本女子大学）
1．英国における近年の公衆衛生政策の展開―イングランドを中心に―
　　　　　　　　　　　　　　　　　　　　　　　松田亮三（立命館大学）
2．貧困への公的対応とジェンダー　　　　川原恵子（文京学院大学）
3．五泣百笑の奉行・川路聖謨の愛民思想
　　　　　　　　　　　　　　　久田俊夫（名古屋経済大学短期大学部）
《第5会場　ヨーロッパの社会政策》　座長：乗杉澄夫（和歌山大学）
1．ドイツ福祉国家再編をめぐる論議の動向　　森　周子（一橋大学大学院生）
2．ウィリアム＝ベヴァリッジの社会福祉理論と我が国の社会保障
　　　　　　　　　　　　　　　　　　　　　　　柏野健三（東京福祉大学）
3．職業訓練政策と技能形成・能力開発―イギリスNVQsを題材に―
　　　　　　　　　　　　　　　　　　　　　長尾博暢（京都大学大学院生）
《第6会場　労働》　　　　　　　　　座長：二村一夫（法政大学）
1．戦前の日本の女性たちは家のために働いていたのか？
　　　―明治40年代の大阪府泉南地方の事例を中心に―　荻山正浩（千葉大学）
2．ワーカーズ・コレクティブによる高齢者介護労働の経済的自立の可能性
　　　　　　　　　　　　　　　　　　　　　小林治子（龍谷大学大学院生）
3．労働と教育の交錯―大学院修士課程における社会人教育のその後―
　　　　　　　　　　　　　　　　　　　　平尾智隆（立命館大学大学院生）

2　総会関係

▶第106回大会総会
　　　日　時　2003年5月17日（土）17:30～18:30

学会記事（2003年度春）

　場　所　一橋大学国立東キャンパス・東2号館3階2301教室
1．岩田正美会員が議長に選出された。
2．森建資代表幹事より，2002年度の活動報告が行われ，拍手で承認された。
3．佐口和郎幹事より2002年度決算の報告，伊藤セツ監事より会計監査の報告が行われた。双方とも拍手で承認された。
4．森代表幹事より，2003年度の活動方針について説明がなされ拍手で承認された。〈別掲〉
5．木村保茂選挙管理委員長より，本年度の役員選挙の日程について報告が行われた。
6．本年度の社会政策学会賞について，熊沢誠選考委員長より，奨励賞として，小笠原浩一会員の著作『労働外交』が選定されたことが報告された。引き続いて，同会員への表彰が行われた。
7．森代表幹事より，名誉会員として，一番ヶ瀬康子，永山武夫，木元進一郎の各会員が推挙され，拍手で承認された。
8．武川正吾春季大会企画委員長より，国際交流の一環として設定された第11分科会が成功裏に終了したことが報告された。また分科会の公募，提出ペーパーのホームページでの扱い，自由論題等への応募の様式など今後いくつかの点で検討していく課題がある旨が説明された。
9．上掛利博秋季大会企画委員長より第107回大会の準備状況について報告が行われた。
10．松丸和夫編集委員長より，現在レフェリー規程，投稿規程の改定作業を行っていること，今年度も学会誌の出版助成を申請すること等の報告がなされた。
11．森代表幹事から，従来前年秋に提案されていた予算を，当年度春季大会総会時に提案するように改める旨の提案がなされ，拍手で承認された。
12．遠藤公嗣会員より，日本学術会議選挙推薦人会議の状況および結果について報告がなされた。
13．第107回大会の開催校である下関市立大学の山本興治会員より挨拶があった。
14．森代表幹事より，108回大会が，2004年5月22日，23日に法政大学で開催されることが報告され，実行委員長の早川征一郎会員から挨拶があった。

〈別　掲〉2003年度活動方針
1．部会活動の活性化
　学会活動の大きな柱である専門部会，地域部会の活動をさらに活発にしていき

たい。これまでも，専門部会は春季大会で分科会を開催してきたが，秋季大会でもテーマ別分科会を設けたため，春季大会で分科会をもてなかった部会が秋季大会で分科会を開けるようになった。春の大会で分科会を出した部会がさらに秋に分科会をもつこともできる。専門部会，地域部会の活動促進のために，活動費支出のガイドラインを設け，開かれた部会作りにいっそう努力したい。また，会員の方が有志を募って新しい部会を作ることを歓迎したい。これまである専門部会と領域が重なってもかまわないので，意欲的な会員の方々におかれては，開かれた専門部会の創設を積極的に提案してそれを軌道に乗せるようお願いしたいし，学会としてもできる限り応援したい。多くの専門部会が競合して，その結果，学会が活性化するような方向を目指したい。

2．若手，女性研究者の学会活動の促進

　次の学会活動の中心になる若手が学会活動にもっと参加できる機会を広げたい。今から10年後も社会政策学会が影響力をもった学会であり続けるには，30代の会員を中心に若手学会員が学会活動に積極的に参加することが肝心である。専門部会，地域部会に若手の参加促進をお願いしたいし，企画委員会，編集委員会でも積極的に若手を登用していきたい。

　また女性の学会参加を促進する手立てを考えて，実施したい。社会政策学会ではこれまでも女性が学会活動に積極的に参加しているが，さらに女性が意欲的に学会活動に取り組める条件作りを実行したい。

3．国際交流

　2002年度の活動の中で，国際交流への取り組みが十分ではなかったとの反省が出てきた。大会に外国からの研究者を招聘したり，大会外でも外国の研究者との交流の場を設けたり，英文ホームページを作ったりと，これまで以上に国際交流を進めていきたい。すでに学会員のレベルでは多様な国際交流が行われており，学会もこうした学会員の国際交流の実態を知り，そうした会員の努力と提携していく必要がある。

4．学会誌編集体制の強化

　レフェリー体制など学会誌の編集体制を強化して，学会誌の評価をさらに高めていきたい。すでに英文投稿が可能となっているが，国際交流の促進との関連で，学会誌でも国際的な情報発信を進めたい。

第9回（2002年）社会政策学会賞選考経過報告

　2002年はわが学会に属する研究者の著作がとりわけ不作の年であった。出版事

情が一段と困難になったためか，この年に公刊された会員の単独著書はすべてをあわせても15冊を超えない。そのうえ，制度上，会員歴3年未満の会員の著作は選考対象から除外しなければならない。それに，以下の点は各年の選考委員会の裁量に属するであろうが，すでに学術賞を受けた会員の著作，良質のものでも入門書・概説書の性格が濃い書物，資料提供機関などの事情で公刊が難しい研究報告書，さらに小規模な論文（便宜的ながら400字原稿用紙に換算しておよそ100枚以下ほどの論文）などは，やはり選考対象外とすることが妥当であろう。こうして「候補作品」はさらに限定されてくる。以上の制約の上で，選考委員会はまず，学会委託・大原社研作成の会員業績一覧，わずかながら寄せられた推薦，選考委員の第一次討論などによって，次の4作を第二次選考対象，すなわち受賞候補作（アルファベット順）に選び，ついで全員がこれらをくわしく検討することにした。

　　○小笠原浩一『労働外交——戦後冷戦期における国際労働連携』ミネルヴァ書房
　　○櫻井純理『何がサラリーマンを駆りたてるのか』学文社
　　○櫻井幸男『現代イギリス経済と労働市場の変容——サッチャーからブレアへ』青木書店
　　○中野聡『EU社会政策と市場経済——域内企業における情報・協議制度の形成』創土社

　最終選考の結果は以下の通りである。

①今年度の「学術賞」は該当作なしとする。考えうる評価基準——たとえば，問題意識の鮮明さ・新鮮さ，一著作としての構成の緊密さや体系性，実態調査・歴史的考察・文献渉猟・論理展開を通じて行われる論証と叙述の説得性などからみて，圧倒的な印象を与える作品は遺憾ながら見あたらなかったからである。

②小笠原浩一『労働外交——戦後冷戦体制下における国際労働連携』を「奨励賞」とする。

　本書は，戦後冷戦期における国際自由労連，なかんずくゼンセン同盟によるアジアの繊維産業の組織化を克明に追う歴史的研究。この研究が繊維産業の現場労働者の生活や労働運動の全体にとってもつ意味については，なお隔靴掻痒の感じが残る。とはいえ，本書は日本労働運動の国際連帯という総じて未開拓であった分野に本格的に鍬入れした研究であり，このテーマ設定は，たとえば先進国による「公正労働基準」の主張と途上国の産業発展との緊張関係などを考えさせもして，この経済グローバル化の時代にとってあらためて意義深い。プロセスを追う眼は，「反共主義」の枠内ではあれ，うちに欧州 vs. アメリカ，欧米 vs. アジア

の利害対立をはらんで複眼的でもある。また，資料渉猟は広範で丁寧であり，ときにトリビアルの印象を与えるまでに細部にわたる。そんな特質を総合的に評価して受賞としたものである。

③受賞に及ばなかった他の候補作に関して簡単にコメントする。

櫻井純理の著書：日本のサラリーマンの働きすぎの背景を探る本書は，候補作中もっともクリアーで「おもしろく」，チクセントミハイのいう「フロー労働」に従業員を誘う日本労務管理工夫の指摘など，新鮮で学際的なアプローチもみられるとの評価を得た。しかし反面，アカデミックな見地からすれば，諸説の扱い方や資料の読み方がときに一面的であり，後半の調査についても方法の周到さが今ひとつであって，従来の受賞作とくらべると「軽い」感じはまぬかれず，今後の研究に期待するところが大きい。

櫻井幸男の著書：イギリス経済の80年代以降の「復調」を2つの資本蓄積様式，雇用のフレキシビリティ，労働運動の後退を軸に分析する本書は，敬服すべき地道な作業ではあれ，あまりにも統計数値の読みとり（数値を把握する年次にも不揃いが目立つ）に終始して，分析が数値の裏の実態に及ばず，平板な印象を受ける。イギリスの職場における機能的フレキシビリティの進展，かつては強靭であった労働組合規制の後退，労働市場政策の動向などに関する従来の邦文の研究蓄積が吸収されていないことも問題点としてあげられよう。

中野聡の著書：およそ20年余にわたる欧州ワークスカウンシルの制度化を，一方では新自由主義の台頭，他方では各国労使関係の伝統とのせめぎあいのなかで追跡するという本書のテーマは，新鮮で魅力的である。日本人としては未開拓の研究分野にEU指令案の審議過程にも及ぶ資料を用いて挑んだ意義もある。けれども，その追跡はEUのオフィシャルな文書と制度の紹介で満たされ，それらが各国の現実の労働問題や労使関係に及ぼすインパクト（たとえばワークスカウンシルの制度化と，従来のイギリスなどにみられる職場レベルの団体交渉のゆくえとの関係など）は，ほとんど考察されていないゆえに，分析は立体性を欠き，重視されるはずであった制度化をめぐる当事者間の「論争」もつっこみ不足に終わっている。

2003年5月

　　　　　　　　　　　　　　　　　　社会政策学会賞選考委員
　　　　　　　　　　　　　　　　　　熊沢誠（委員長），伊藤セツ
　　　　　　　　　　　　　　　　　　田中洋子，中川清，三富紀敬

◆編集後記

　2年間の編集委員長としての任期満了にあたり，この場を借りて編集委員の皆さん，法律文化社，御茶の水書房，ミネルヴァ書房各社，幹事会を始め会員諸氏の皆さんに感謝のことばを申し上げたい。

　私が，学会誌編集委員に任命されたのは2000年5月，明治大学での第100回大会の時であった。それからの4年間は，学会誌改革のいろいろな場面で新しい課題に直面した。幸い，前任の編集委員長の森廣正会員のリーダーシップのもとで，最初の2年間は他の編集委員の皆さんと楽しく過ごすことができた。アイディアを出し合い，意見交換する編集委員会は，私にとって充実のひとときであった。それを目立たないところで支えてくれた委員長のご努力に後から気づくことになるが，編集委員会の終わった日の深夜に，その日に議論・決定した内容の記録をメールで送ってくださった前編集委員長には頭が下がるばかりであった。しかし，2002年5月に日本女子大学での第104回大会で編集委員長の大役をいただいて以降は，「最終責任者」としての葛藤の連続であった。もともと原稿を督促したり，自分の原稿を期限通りに提出することの不得意な私が，学会誌の刊行スケジュール管理に不向きなことはわかっていた。そんな私が任期を全うできたのは，法律文化社の編集担当者，学会誌編集委員各位の叱咤激励があったからこそで，単なる幸運だと思っている。また，後半の2年間は，幹事会に出席し，学会誌改革について忌憚のないご意見を寄せていただいた。編集の「現場」と幹事会から出される「理想」論のギャップに何度か不如意におちいったこともあったが，レフェリー規程の整備と施行，2回目の学術定期刊行物出版助成への申請，学会誌還元金の実現など，少しずつではあるが改革の成果が目に見えるようになってきたと思う。

　さて，本号の編集過程でも論文執筆者と編集委員会，そして出版社との間で相当数の頻度で連絡のやり取りがあった。執筆者の方々には，ご多忙のなか，そして度重なる督促の非礼にもかかわらず，本誌の刊行期限に間に合うように執筆作業を急いでいただいた。この間，出版社とりわけ編集実務をご担当いただいた編集部の浜上知子氏には多大なご迷惑をおかけした。この場を借りてお詫び申し上げたい。

　最後になるが，大会内容を中心に編集してきた学会誌の春季号・秋季号年2回刊行体制が定着するのにともない，より会員に開かれた学会誌，内外に情報を発信しそれに対するフィードバックを受け止められる学会誌をめざして，今後も改革が進められてゆくものと期待する。　　　（松丸　和夫）

『社会政策学会誌』投稿論文募集について

『社会政策学会誌』に掲載する論文を,下記の【投稿規程】により募集いたします。投稿ご希望の方は,封筒に「社会政策学会誌・投稿論文在中」と朱書きのうえ,法律文化社編集部宛に簡易書留でお送り下さい。

なお,送付先は学会本部(東京大学大学院経済学研究科)とは別の所ですので,ご注意下さい。

　　送付先:〒603-8053 京都市北区上賀茂岩ヶ垣内町71
　　　　　㈱法律文化社編集部(担当　田靡純子)
　　問合せ先:松丸和夫　Tel:0426-74-3422　Fax:0426-74-3425
　　　　　　E-mail: kazuom@tamacc.chuo-u.ac.jp

【投稿規程】

1. 『社会政策学会誌』の投稿資格は,社会政策学会の会員とします。
2. 会員が代表執筆者である場合は,共同執筆論文の投稿を認めます。
3. 投稿原稿の種類は論文とし,未発表のものに限ります。和文原稿の場合は400字詰め原稿用紙50枚以内(図表を含む),英文原稿の場合はA4用紙にダブルスペース(1枚28行,1行10〜15単語)で25枚以内(図表を含む)とします。その他,詳細については,学会公式サイトの【執筆要領】を参照して下さい。
4. 論文締切日は,7月20日と1月20日(いずれも当日消印有効)です。締切日までに,和文原稿の場合は英文タイトルと英文要旨(200単語程度)を,英文原稿の場合は和文タイトルと英文要旨(200単語程度)を付して,正1部,副2部を法律文化社編集部宛に送るものとします。その際,論文の電子ファイルをFDその他の媒体によって提出して下さい。

　　なお,英文タイトル・英文要旨・英文原稿については,執筆者があらかじめ英語を自国語とする人のチェックを受けた原文を提出して下さい。
5. 投稿論文の採否は,社会政策学会誌編集委員会が指名するレフェリーの審査を経て,社会政策学会誌編集委員会が決定します。

　　なお,不採択の理由について編集委員会より説明します。
6. 採用原稿の執筆者校正は再校までです。なお,校正時の加筆・修正を含む改訂は認められません。編集委員会の指示に従わずに,校正段階で論文内容の変更がおこなわれた場合,学会誌への掲載を取り消すことがあります。
7. 投稿原稿および電子ファイルは,採否に関わりなく返却致しません。
8. 原稿料は,支払いません。
9. 『社会政策学会誌』に掲載された論文を執筆者が他の出版物に転載する場合は,あらかじめ文書によって編集委員長の了承を得なければなりません。

Shakai-seisaku Gakkai Shi
(The Journal of Social Policy and Labor Studies)

March 2004   No. 11

Thinking About New Social Policy

1 Excellence, Justice, Taxation : Toward
   Unthinking Social Policies .... Takashi KAWAMOTO (3)
2 The Basic Income Proposal and the Possibility of
   a New Social Policy... Shuji OZAWA (18)
3 The Future of Work : Suggestions from Germany.............. Yoko TANAKA (32)
4 Can We Depart from the "Male Breadwinner" Model ? :
   Gender-mainstreaming of Japan's Social Policy System .... Mari OSAWA (52)
5 Thinking About New Social Policy .... Shogo TAKEGAWA (67)

From the Sub-sessions

1 The formation process and current condition of the basic
   medical insurance scheme in China.. Yang YU (81)
2 The Problems regarding Care Work in the Paradigm Shift
   in the Ethics of Dementia : From a Gender Perspective..... Kisuyo KASUGA (100)
3 The Welfare Mix in the Care of Older People : Reforms
   in the Health Care and Personal Care Systems .... Makoto KONO (116)
4 Productive Welfare of the Kim
   Dae Jung (DJ) Government (1998-2003) :
   Historical Implications of the Outstanding Tasks .... Hye-kyung LEE (134)
5 Women's policies under the Kim Dae-Jung regime .... Chin-sung CHUNG (149)

Comments by Sub sessions Chairs.. (167)

Articles

Neo-liberalism and Welfare policy : Korea's experience of
   "Productive Welfare" .... Sung-won KIM (215)

Summary .... (239)

Edited by
SHAKAI-SEISAKU GAKKAI
(Society for the Study of Social Policy)
c/o Professor Tateshi Mori
The Graduate School of Economics, The University of Tokyo
7-3-1 Hongo, Bunkyo-ku, Tokyo, 113-0033, JAPAN
URL http://oisr.org/sssp/
E-mail : tmori@e.u-tokyo.ac.jp

＜執筆者紹介＞（執筆順）

川本　隆史	東北大学大学院文学研究科
小沢　修司	京都府立大学福祉社会学部
田中　洋子	筑波大学大学院人文科学研究科
大沢　真理	東京大学社会科学研究所
武川　正吾	東京大学大学院人文社会系研究科
于　　　洋	早稲田大学大学院経済学研究科・客員研究助手
春日キスヨ	安田女子大学文学部
河野　　真	兵庫大学経済情報学部
李　　惠炅	延世大学社会福祉学科
鄭　　鎭星	ソウル大学社会科学部
埋橋　孝文	日本女子大学人間社会学部
小笠原浩一	埼玉大学経済学部
室住眞麻子	帝塚山学院大学人間文化学部
平岡　公一	お茶の水女子大学文教育学部
大塚　　忠	関西大学経済学部
高田　一夫	一橋大学大学院社会学研究科
三重野　卓	山梨大学教育人間科学部
宮本　太郎	北海道大学大学院法学研究科
小野塚知二	東京大学大学院経済学研究科
大須　眞治	中央大学経済学部
伊藤　セツ	昭和女子大学女性文化研究所
金　　成垣	東京大学大学院人文社会系研究科・院生

新しい社会政策の構想
――20世紀的前提を問う――

社会政策学会誌第11号

2004年3月31日　初版第1刷発行

編　集　社　会　政　策　学　会
（代表幹事　森　建資）

発行所　社会政策学会本部事務局

〒113-0033　東京都文京区本郷7-3-1
東京大学経済学部気付
電話 03-5841-5510／Fax 03-5841-5521
URL http://oisr.org/sssp/
E-mail:tmori@e.u-tokyo.ac.jp

発売元　株式会社　法律文化社

〒603-8053　京都市北区上賀茂岩ケ垣内町71
電話 075(791)7131　FAX 075(721)8400
URL:http://www.hou-bun.co.jp/

©2004 社会政策学会 Printed in Japan
内外印刷株式会社・藤沢製本所
装幀　石井きよ子
ISBN 4-589-02723-2

講座・福祉国家のゆくえ〈全5巻〉既刊　各三六七五円

① 福祉国家再編の政治
宮本太郎編著　「三つの世界」を越え出て、福祉国家はどこに行くのか。新たな視点から、21世紀福祉国家を見通す。

② 比較のなかの福祉国家
埋橋孝文編著　福祉国家の今後進むべき道を探り、比較福祉国家論の理論的・実証的精緻化をめざす。

③ 福祉国家のガヴァナンス
武智秀之編著　社会保障と政府システムの交錯する領域を焦点に、福祉ガヴァナンスの多角的分析を行う。

④ アジア諸国の福祉戦略〔近刊〕
大沢真理編著　社会保障制度だけでなく労働、家族、政治、国際環境にも留意しつつ、各国の福祉戦略の実像に迫る。

⑤ 福祉国家／社会的連帯の理由
齋藤純一編著　従来の枠組を問い直しつつ互いの生命／生活を保障し合う社会的連帯の理由を改めて考える。

高度成長のなかの社会政策
玉井金五・久本憲夫編著●日本における労働家族システムの誕生　四二〇〇円

福祉国家・スウェーデンの労使関係
猿田正機著　国民生活と労使関係の実態を検証し、その特質を描き出す。　五〇四〇円

転換期のアメリカ労使関係
篠田健一著●自動車産業における作業組織改革　交渉の構造と運用実態。　三六七五円

アメリカ・新たなる繁栄へのシナリオ
オスターマン著／伊藤健市・佐藤健司・田中和雄・橋場俊展訳　その未来像。　三六七五円

高田保馬　社会学セレクション

① 勢力論
解説／盛山和夫　勢力を独創的に理論化。　七八七五円

② 階級及第三史観
解説／金子　勇　　七三五〇円

③ 社会学概論
解説／富永健一　高田社会学の真髄。　七八七五円

ミネルヴァ書房　〒607-8494 京都市山科区日ノ岡堤谷町1番地　宅配可・価格は税込
TEL075-581-0296　FAX075-581-0589　http://www.minervashobo.co.jp/

【全9巻、10冊刊行開始】

マルクス経済学の現代的課題

編者＝SGCIME（エス・ジー・シム）（「マルクス経済学の現代的課題」研究会）

菊判・上製・布クロス・カバー付　各巻平均360頁

──────【シリーズ第Ⅰ集　グローバル資本主義】──────

第1巻 グローバル資本主義と世界編成・国民国家システム
　──世界政治経済体制の再編と国民国家システムの転換
　Ⅰ　世界経済の構造と動態　第1回配本　定価3255円
　　　刊行世話人：河村哲二、宮嵜晃臣
　Ⅱ　国民国家システムの再編　第2回配本　定価3255円
　　　刊行世話人：岡本英男、池上岳彦

第2巻 情報技術革命の射程（2004年9月刊行予定）
　　　刊行世話人：半田正樹、石橋貞男、佐藤公俊、福田豊

第3巻 グローバル資本主義と企業システムの変容（2004年6月刊行予定）
　　　刊行世話人：菅原陽心、今東博文

第4巻 グローバル資本主義と景気循環（2004年12月刊行予定）
　　　刊行世話人：星野富一、栗田康之

第5巻 金融システムの変容と危機（2004年10月刊行予定）
　　　刊行世話人：稲富信博、清水敦

第6巻 模索する社会の諸相（2004年6月刊行予定）
　　　刊行世話人：木前利秋、竹野内真樹

──────【シリーズ第Ⅱ集　現代資本主義の変容と経済学】──────

第1巻 資本主義原理像の再構築　第3回配本　定価3255円
　　　刊行世話人：小幡道昭

第2巻 現代資本主義の歴史的位相と段階論（2004年11月刊行予定）
　　　刊行世話人：新田滋、加藤國彦、河村哲二、岡本英男

第3巻 現代マルクス経済学のフロンティア（2004年12月刊行予定）
　　　刊行世話人：植村高久、野口眞、星野富一、榎本里司

御茶の水書房

〒113-0033 東京都文京区本郷5-30-20／電話 03-5684-0751／FAX 03-5684-0753
ホームページ　http://homepage1.nifty.com/ochanomizu-shobo/

日本の労働調査 1945〜2000年

山本 潔（やまもときよし）（東京大学名誉教授）

戦後半世紀を「戦後動乱期」「高度成長期」「転換期」の三篇に分けて、各時期ごとに日本資本主義が直面していた労働問題をテーマとした労働調査（主要調査10）を取上げ分析したものである。日本労働調査史をたどるための縦走路を拓く初めての書。

A5判・六三二頁／定価（本体価格一三〇〇〇円＋税）
ISBN4-13-051118-1

《主要目次》
第1篇 戦後動乱期（1945〜54年）敗戦と「思想動向」・No.5 日本産業労働調査局「労働者思想動向調査」等／民主化と「労働組合」／『戦後労働組合の実態』／自立再建と「労働力」・No.11〜19 労働問題調査研究所『京浜工業地帯調査』／『戦後労働組合の実態』 第2篇 高度成長期（1955〜73年）移行期と「労働組合調査会」・No.29 労働組合の構造と機能／高度成長と「労働市場・賃金」・No.30 明治大学社会科学研究所『佐久間ダム』・No.38 日本人文科学会『雇用・賃金』・No.45 日本人文科学会『鉄鋼業の合理化と労働』等／技術革新と「職場秩序」・No.68 労使関係調査会『技術革新の社会的影響』等 第3篇 転換期（1974〜2000年）石油危機と「労使関係」・No.73 ANA52・植田山本『日本産業の階層的構造』／国際化と「生産構造」／植田・山本比較経済研究所『中国の電子・鉄鋼産業』等／中国社会主義の変貌と「国有企業」・法政大学比較経済研究所『中国の電子・鉄鋼産業』等

○戦後日本の労働調査 労働調査論研究会編 六四〇〇円（本体価格）

資本主義はどこに行くのか
二十世紀資本主義の終焉

加藤榮一（かとうえいいち）（東京大学名誉教授）
馬場宏二（ばばひろじ）（大東文化大学経営学部教授）
三和良一（みわりょういち）（青山学院大学名誉教授）編

A5判・二五六頁／定価（本体価格三八〇〇円＋税）
ISBN4-13-046080-3

グローバリズムの進展や市場原理主義の台頭などに見られるように、資本主義は新たな段階に到達しつつある。二十世紀型の資本主義の歴史的位相とその終焉を描き出すことで、混沌のなかにある資本主義を批判的に考察する手がかりを提示する。

《主要目次》
序 章 資本主義はどこに行くのか（三和良一）
第1部 二十世紀資本主義の歴史的位置
第一章 資本主義の発展段階――経済史学からの接近（三和良一）／第二章 二十世紀福祉国家の形成と解体（加藤榮一）／第三章 資本主義の越し方行く末――過剰富裕化の進展と極限（馬場宏二）
第2部 二十世紀資本主義への視座
第四章 アメリカ型資本主義の創出と経済政策思想（平出尚道）／第五章 ドイツ資本主義とナチズム（田野慶子）／第六章 バブル崩壊とグローバル資本主義（上田章）／第七章 欲望の「見えざる手」（杉浦勢之）

〒113-8654 東京都文京区本郷7-3-1
TEL 03-3811-8814 FAX 03-3812-6958
東京大学出版会
「図書目録」送呈 http://www.utp.or.jp/

ドイツ自治体の行財政改革　武田公子著
●4515円
●分権化と経営主義化　3つのキーワードから現代の分権化を定義づけ，会計制度や社会扶助費などドイツ自治体が抱える具体的な問題を素材に，行財政再編の方向を考察する。NPO論議が盛んな日本の参考にもなる研究書。

欧米のホームレス問題　中村健吾ほか編著
●(上)4725円 (下)4410円
●(上)実態と政策 (下)支援の実例　各国の事情に即した象徴的かつ具体的な支援策を紹介，検証。長い歴史をもつ諸国の問題の捉え方や正負双方の経験から，貧困・社会的排除に対する日本の施策のあり方，福祉国家とは何かを考える。

都市失業問題への挑戦　玉井金五・松本淳編著
●2940円
●自治体・行政の先進的取り組み　新しい自治体雇用政策の時代が到来した。雇用対策の変遷をたどり，都市の雇用・失業問題の本質に迫る。大阪府下のハローワークの実態調査，国内外の先進的事例を紹介し，課題と今後の方向をさぐる。

各国の社会保障〔第3版〕　足立正樹編著
●2730円
医療・老齢保障を中心に，イギリス，スウェーデン，ドイツ，フランス，イタリア，アメリカ，韓国，日本の社会保障の歴史・現状を概観し，その全体像と特徴を明らかにする。この10年の変化に対応し，介護保障事情を紹介した最新版。

社会保障の基本原理と将来像　芝田英昭編著
●2415円
「誰の，何のための社会保障か」―社会保障の原理を歴史から問い直し，国民的立場から年金・医療保障，社会保障の将来像とその財源のあり方の基本原則を示す。今日の動向と政策課題を盛りこみ，運動の指針となる書。

図説 日本の社会福祉　真田是・宮田和明・加藤薗子・河合克義編
●2520円
財政緊迫の状況のなかで私たちは暮らしをいかに護っていくべきか。国民の立場から年金・医療・介護などの「福祉」を将来展望を視野に入れながら解説する。図表と解説の見開き頁で学習の理解を助ける。

介護保険運営における自治体の課題　佐藤進著
●3150円
先駆的・特徴的な介護保険の実践を行ってきた7市町村の運営実態を実証的かつ多面的に分析し，直面している問題と今後の課題を浮き彫りにする。権利としての介護保障を求めて，筆者が足を運んで考察した法社会学的調査の成果。

――― 法律文化社 ―――

表示価格は定価（税込価格）です。

社会政策学会誌

第7号　経済格差と社会変動〔2002年〕　●3150円
- I　共通論題＝経済格差と社会変動
  1. 経済格差と経済政策……………………………………………橘木俊詔
  2. 日本のベルト的労働市場の現況について……………………大須眞治
  3. 「規模別格差」と分業構造……………………………………植田浩史
  4. 女性と階級構造…………………………………………………橋本健二
  - 〔座長報告〕社会変動と不平等への視点……………………中川　清
- II　テーマ別分科会＝報告論文と座長報告
- III　投稿論文

第8号　グローバリゼーションと社会政策〔2002年〕　●3045円
- I　共通論題＝グローバリゼーションと社会政策の課題
  1. グローバリゼーションと地域統合の時代における社会政策の可能性…中村健吾
  2. グローバリゼーションと外国人IT労働者………………………夏目啓二
  3. グローバリゼーションとインドネシアにおける労働組合政策と労働組合…………………………………………………………水野広祐
  4. 21世紀におけるグローバリゼーションと政策・制度課題……井口　泰
  - 〔座長報告1〕「グローバリゼーションと社会政策」について…相澤與一
  - 〔座長報告2〕グローバリゼーションの多面性………………竹内敬子
- II　テーマ別分科会＝報告論文と座長報告
- III　書評

第9号　雇用関係の変貌〔2003年〕　●3150円
- I　共通論題＝雇用関係の変貌
  1. 雇用関係の変化をどのようにとらえるか……………………森　建資
  2. パートタイマーの基幹労働化について………………………脇坂　明
  3. 労働者派遣の拡大と労働法……………………………………中野麻美
  4. 働き方の変化と労働時間管理弾力化…………………………佐藤　厚
  - 〔座長報告〕我々はどこに向かっているのか？……………佐口和郎
- II　テーマ別分科会＝報告論文と座長報告
- III　投稿論文

第10号　現代日本の失業〔2003年〕　●2940円
- I　共通論題＝現代日本の失業
  1. 現代日本の失業と不安定就業…………………………………伍賀一道
  2. 世代対立としての失業問題……………………………………玄田有史
  3. 職業能力開発からみた今後の雇用形態………………………久本憲夫
  - 〔座長報告〕「逆生産性交渉」の可能性………………………石田光男
- II　書評
- III　投稿論文

法律文化社

表示価格は定価（税込価格）です。